시험 영단어의 모든 것

시험 영단어의 모든 것_TOEIC · TEPS · TOEFL 완벽대비

2017년 5월 15일 초판 1쇄 인쇄
2017년 5월 20일 초판 1쇄 발행

지은이 이서영
발행인 손건
편집기획 김상배, 홍미경
마케팅 이언영
디자인 김선옥
제작 최승용
인쇄 선경프린테크

발행처 LanCom 랭컴
주소 서울시 영등포구 영신로 38길 17
등록번호 제 312-2006-00060호
전화 02) 2636-0895
팩스 02) 2636-0896
홈페이지 www.lancom.co.kr

ISBN 979-11-88112-02-9 13740

TOEIC · TEPS · TOEFL 완벽대비

시험 영단어의 모든 것

이서영 지음

LanCom
Language & Communication

머리말

영어공부의 기본은 누가 뭐래도 영단어 공부입니다. 문장은 결국 단어의 조합이니까요. 단어를 가장 빨리, 가장 많이, 가장 효과적으로 공부하는 방법은 뭘까요?

바로 단어장을 활용하는 것입니다. 사전식의 학습서는 한정된 지면에 최대한의 정보를 수록하기 때문에 상세한 어구 해설이나 문법 설명을 한 번에 다 볼 수 있다는 장점이 있지만, 초급자나 많은 단어를 한꺼번에 외워야 하는 수험생들에게는 그런 의미에서 오히려 방해가 됩니다.

단어만 모아놓은 단순한 단어장은 이런 저런 잡다한 설명 없이 단어만 집중적으로 외울 수 있기 때문에 짧은 시간에 많은 단어를 암기할 수 있고, 게다가 그런 식으로 암기한 단어는 그 의미가 단어와 머릿속에서 직관적으로 결합됩니다. 영어가 다의어라고는 하지만 English 하면 '영어' book 하면 '책' 식으로 딱 떠오르는 대표적인 의미가 있기 마련이잖아요?

TOEIC, TEPS, TOEFL에 자주 출제되는 단어들을 우선적으로 추려서 모았습니다. 각각의 특성상 출제되는 단어의 우선순위도 다르고 난이도도 다르고 중복되는 단어들도 있어서 단어를 공부하는 색다른 재미를 느낄 수 있을 것입니다.

총 8천여 단어들 속에서 아는 단어, 모르는 단어, 쉬운 단어, 어려운 단어, 난생 처음 보는 단어들을 만나는 즐거움을 누려보시기 바랍니다.

No pains No gains!

차례

PART 1	**TOEIC** 토익 기본 영단어 Basic Words	15
PART 2	**TOEIC** 토익 필수 영단어 Essential Words	93
PART 3	**TEPS** 텝스 기본 영단어 Basic Words	173
PART 4	**TEPS** 텝스 필수 영단어 Essential Words	251
PART 5	**TOEFL** 토플 테마 영단어 Theme Words	333

시험 안내

TOEIC은 어떤 시험?

TOEIC은 Test Of English for International Communication의 약자로 영어가 모국어가 아닌 사람들을 대상으로 언어 본래의 기능인 '커뮤니케이션' 능력에 중점을 두고 일상생활 또는 국제 업무 등에 필요한 실용영어 능력을 평가하는 시험이다.

1979년 미국 ETS(Educational Testing Service)에 의해 개발된 이래 전 세계 약 90개 국가 9,000여 기관에서 승진 또는 해외 파견 인원 선발 등의 목적으로 널리 활용되고 있으며 우리나라에는 1982년 도입되었다. 현재 전 세계적으로 해마다 약 500만 명 이상이 응시하고 있다.

1. 시험의 특징

- 영어의 4대 기능인 말하기, 듣기, 읽기, 쓰기의 종합적인 구사 능력을 측정, 개인이 국제무대에 나아가 영어를 사용하여 어느 정도로 유창한 의사소통을 할 수 있는지 알아보기 위해 개발된 시험이다.
- 타 영어 시험들은 수험자가 학교에서 배운 문법, 어휘, 독해 등에 관한 지식을 측정하는데 반해, TOEIC은 커뮤니케이션 수단으로서의 영어의 기능, 실용성을 측정 목표로 한다.
- 배운 내용을 바탕으로 하는 성취도 측정이 아니라 평소 가지고 있는 영어 활용 능력을 테스트하기 때문에 미리 준비하기가 쉽지 않다. 그러므로 평소에 미리 TOEIC의 구성과 특징, 출제 경향, 수험 요령 등을 숙지해 둘 필요가 있다.
- 2006년 5월부터는 현실적인 커뮤니케이션에 가까운 형태의

'New TOEIC'을 시행 중이다.
- 개정 NEW TOEIC은 실제적인 커뮤니케이션에서 필요로 하는 영어 능력을 평가하기 위해 보다 현실에 입각한 상황 설정을 위한 방편으로 이전 토익보다 지문을 장문화하고, 발음을 다양화(미국, 영국, 캐나다, 오스트레일리아, 뉴질랜드)하였으며, 틀린 문장 고치기는 삭제되었다.

2. 출제분야 및 기준

TOEIC은 전 세계의 일상생활과 비즈니스 현장에서 자주 사용되는 말들이 문제로 출제된다. 이외 모든 응시자에 대한 타당한 시험이 될 수 있도록 다음과 같은 기준을 적용하고 있다.
- 어휘, 문법, 관용어 가운데 미국 영어에만 쓰이는 특정한 것은 피한다.
- 특정 문화에만 해당되거나 일부 문화권의 응시자에게는 생소할 수 있는 상황은 피한다.
- 여러 나라 사람의 이름을 고르게 등장시킨다.
- 다양한 문화와 성에 대한 편견이 없도록 유의한다.
- 듣기 평가에서는 다양한 국가(미국, 영국, 캐나다, 호주, 뉴질랜드)의 발음 및 악센트가 출제된다.

3. 구성 및 등급

TOEIC은 Listening Comprehension(L/C)과 Reading Comprehension (R/C)으로 나뉘어 있으며, 각 섹션별로 100문항씩 총 200문항으로 이루어져 있다. 시험에 소요되는 시간은 대략 2시간 정도지만, 시험 전에 응시자들의 개인적인 신상이나 학력 그리고 경력 등에 관한 간단한 설문조사를 하는 답안지 Orientation 시간이 추가적으로 필요하므로 약 2시간 30분 정도가 소요된다.

● 구성

구성	Part	Part별 내용		문항수	시간	배점
LC	1	사진 묘사		10	45분	495점
	2	질의 응답		30		
	3	짧은 대화		30		
	4	설명문		30		
RC	5	단문 공란 메우기 (문법/어휘)		40	75분	495점
	6	장문 공란 메우기		12		
	7	독해	1개의 문장	28		
			2개의 문장	20		
Total		7Parts		200문제	120분	990점

● 토익 점수와 의사소통 능력 상관표

Level	점수	내용
A	860 이상	**Non-native로서 충분한 커뮤니케이션을 할 수 있다.** Native speaker의 수준에는 아직 미달되지만, 어휘, 문법 구문을 정확하게 파악하고 유창하게 영어를 구사할 수 있다.
B	730 이상	**어떤 상황에서도 적절한 커뮤니케이션을 할 수 있는 바탕을 갖추고 있다.** 일상 회화는 완전히 이해하고 응답도 빠르다. 정확성과 유창함에는 개인차가 있으며, 문법, 구문상의 잘못이 발견될 수 있으나 의사소통에 지장을 줄 정도는 아니다.

C	470 이상	**일상생활의 필요를 충족하고, 한정된 범위 내에서는 업무상의 커뮤니케이션이 가능하다.** 기본적인 문법, 구문은 익히고 있으며, 표현은 부족하지만 그런대로 자기 의사를 전달하는 어휘력을 갖추고 있다.
D	220 이상	**일상 회화에서 최저한의 커뮤니케이션이 가능하다. 상대방이 천천히 말하거나 되풀이 하여 말하면, 간단한 회화는 이해할 수 있다.** 회화 문법 구문 모두 불충분한 점이 많으나, 상대방이 Non-native에게 각별한 배려를 해주면 의사소통을 할 수 있다.
E	220 미만	**커뮤니케이션을 할 수 있는 단계에 이르지 못했다. 간단한 회화를 상대방이 천천히 말해도 부분적으로 밖에 이해하지 못한다.** 단편적으로 단어를 나열하는 정도로서, 실질적인 의사소통은 어려운 단계이다.

TEPS는 어떤 시험?

TEPS는 Test of English Proficiency developed by Seoul National University의 약자로 서울대학교 언어교육원에서 개발하고, TEPS관리위원회에서 주관하는 국가 공인 영어시험이다.

1. 시험의 특징

- TEPS는 서울대학교 언어교육원(구 어학연구소)이 집중적인 연구를 통해 개발한 영어능력 평가시험이다.
- 서울대학교 언어교육원(구 어학연구소)은 대한민국 정부가 공인하는 외국어 능력 측정기관으로 32년간 정부기관, 각급 단체 및 기업체를 대상으로 어학능력을 측정해 왔다.
- TEPS는 청해, 문법, 어휘, 독해로 구성되어 있으며 총 200

문항, 990점 만점의 시험이다.
- TEPS는 100여명의 국내외 대학의 영어전문가들이 출제한다.
- TEPS는 언어 테스팅 분야의 세계적 권위자인 Bachman 교수(미국UCLA)와 Oller 교수(미국 뉴멕시코대)에게서 타당성을 검증받았으며, 지금까지 진행된 특별시험으로 신뢰성과 타당도가 입증된 시험이다.
- TEPS는 우리나라 사람들의 살아있는 영어 실력, 즉 의사소통 능력을 가장 효과적으로 정확하게 측정해주는 시험이라고 할 수 있다. TEPS는 진정한 실력자와 비실력자를 확실히 구분할 수 있도록 구성된 시험으로써 변별력에 있어서 본인의 정확한 실력 파악에 실제적인 도움이 된다. 또한 TEPS 성적표는 수험생의 영어 능력을 영역별로 세분화한 평가를 해주기 때문에 수험자의 어느 부분이 탁월한지 잘 알 수 있을 뿐만 아니라 효과적인 영어공부 방향을 제시해 주기도 한다.
- TEPS는 다양하고 일반적인 영어능력을 평가하는 시험으로 대학교, 기업체, 각종 기관 및 단체, 개인이 다양한 목적을 위해 응시할 수 있는 시험이다.

2. 구성 및 등급

Section		Part별 내용	문항수	시간·배점
청취	Part I	**질의응답**(문장 하나를 듣고 이어질 대화 고르기)	15	55분 400점
	Part II	**짧은 대화**(3 문장의 대화를 듣고 이어질 대화 고르기)	15	
	Part III	**긴 대화**(6-8 문장의 대화를 듣고 질문에 해당하는 답 고르기)	15	
	Part IV	**설명문**(담화문의 내용을 듣고 질문에 해당하는 답 고르기)	15	

문법	Part I	**짧은 대화**(대화문의 빈칸에 적절한 표현 고르기)	20	25분 100점
	Part II	**문어체**(문장의 빈칸에 적절한 표현 고르기)	20	
	Part III	**대화문**(대화에서 어법상 틀리거나 어색한 부분 고르기)	5	
	Part IV	**설명문**(문단에서 문법상 틀리거나 어색한 부분 고르기)	5	
어휘	Part I	**구어체**(대화문의 빈칸에 적절한 단어 고르기)	25	15분 100점
	Part II	**문어체**(단문의 빈칸에 적절한 단어 고르기)	25	
독해	Part I	**빈칸 넣기**(지문을 읽고 질문의 빈칸에 들어갈 내용 고르기)	16	45분 400점
	Part II	**내용 이해**(지문을 읽고 질문에 가장 적절한 내용 고르기)	21	
	Part III	**흐름 찾기**(지문을 읽고 문맥상 어색한 내용 고르기)	3	
총계		13개의 Part	200 문항	140분 990점*

TOEFL은 어떤 시험?

TOEFL은 영어가 모국어가 아닌 학생들이 대학 학업에 필요한 읽기, 말하기, 쓰기, 듣기 영역의 영어 능력을 갖추었는지 측정하는 시험이다. 미국, 영국, 캐나다, 호주 등 영어권 국가에서 대학이나 대학원에 입학하려는 외국인 유학생들의 영어 실력을 평가하는 시험으로 활용되고 있으며, 국내 대학들과 연구소 등에서 TOEFL 점수를 사용하고 있다.

TOEFL은 1964년부터 시험 개발과 시행을 미국 ETS가 담당하고 있으며 ETS는 TOEFL 시험의 객관성과 공정성을 향상하고 대학의 요구를 반영하기 위하여 그 동안 2차례 시험 형식을 변경하였고 현재는 대부분의 국가에서 iBT(Internet Based Test) 형식으로 시험을 실시하고 있다. 한국에서는 2006년 7월부터 인터넷 기반의 TOEFL iBT®를 제공하고 있다.

1. TOEFL iBT 특징

● 4가지 커뮤니케이션 능력의 종합 측정

TOEFL은 언어 능력을 구성하는 4가지 영역인 이해 능력(Reading, Listening)과 표현 능력(Speaking, Writing)을 종합적으로 평가한다. 영어에 대한 지식을 평가하지 않으며 통합적인 영어 사용 능력을 평가한다.

● 영어권 대학에서 학업에 필요한 영어 능력 기준으로 평가

TOEFL은 TOEFL 점수의 사용 기관인 대학의 요구에 따라 영어권 대학에서 학업에 필요한 영어 능력을 기준으로 학생들의 영어 능력을 평가한다.

● 100% 학문적 콘텐츠와 학문적 구성

TOEFL은 대학의 필요와 연구에 기초하여 시험 문항을 개발하며 실제 대학 교재와 강의 내용을 시험 문항에 사용하고 있다. 따라서 시험 콘텐츠는 실제 대학 영어를 가장 잘 반영하고 있다. 그러나 시험 문항들은 주제에 대한 지식을 평가하지 않으며 주제에 대한 사전 지식이 없어도 충분히 해답을 찾을 수 있도록 문항들을 구성하여 영어 능력을 평가한다.

- **최첨단 시험 보안**

  TOEFL 점수의 공정성과 신뢰성을 최고 수준으로 제공하기 위하여 전 세계 180개국에 4,300개의 표준화된 전용 테스트 센터를 운영하고 있으며 매 시험마다 까다로운 수험생 인증 절차와 감독 규정을 적용하고 있다.

- **엄격한 채점 과정이 공정성을 보증**

  ETS가 선발하고 훈련한 채점관들은 채점 시 매 회마다 적격 검사를 통과해야 채점을 할 수 있다. 채점관은 수험생과 접촉하거나 수험생의 신상정보를 알 수 없도록 해 채점관의 편견 개입을 방지한다. 한 학생의 말하기와 쓰기 답안은 3~6명의 채점관이 나누어 채점하여 점수의 신뢰성을 높힌다.

2. TOEFL iBT 구성

TOEFL iBT는 Reading, Listening, Speaking, Writing의 4가지 영역으로 구성되어 있다. 총 시험 시간은 4시간이며, 모든 영역을 시간 내에 끝마쳐야 한다.

- TOEFL iBT는 보안상 안전한 인터넷 기반의 시험 네트워크를 통해 컴퓨터로 시행된다.
- 각 영역별로 시험 방법에 대한 안내문이 제공된다. 컴퓨터 사용법(computer tutorial)은 제공되지 않는다.
- 시험 시간 동안 메모가 가능하다. 시험이 끝나면 보안을 위해 모든 메모를 수거하여 폐기한다.
- Speaking 영역을 보는 동안 응시자들은 소음방지용 헤드셋을 착용하고 마이크에 본인의 답변을 녹음한다. 답변은 디지털로 녹음되어 ETS의 Online Scoring Network로 전송된다.

- Writing 영역의 경우, 응시자들은 본인의 답안을 직접 입력해야 한다. 입력된 답안은 ETS의 Online Scoring Network로 전송된다.
- ETS가 훈련하고 인증한 채점자들이 Speaking과 Writing 영역을 채점한다.

아래 표는 각각의 영역별 문항 수와 시간을 나타낸다. 영역별 제한시간은 출제문항 수에 따라 달라진다. 모든 테스트는 Reading과 Listening 영역에 연구용 문항을 포함하고 있다.

Section	구성	시간
Reading	3~5개의 지문, 지문당 12~14문항	60~100분
Listening	4~6개의 강의, 각 6문항 2~3개의 대화문, 각 5문항	60~90분
휴식		10분
Speaking	6개 과제 : 2개의 독립형 과제와 4개의 통합형 과제	20분
Wrighting	1개의 통합형 과제	20분
	1개의 독립형 과제	30분

○ 일러두기

n. 명사 *v.* 동사 *a.* 형용사 *ad.* 부사 *prep.* 전치사 *conj.* 접속사

PART 1

TOEIC
Basic Words

TOEIC 준비생들이 기본적으로 알아야 할 단어를
최대한 빨리 많이 효과적으로 마스터한다.

0001.	**boycott**	n. v. 거부, 불매 운동, 배척(하다)
0002.	**imitation**	n. 모조품, 모방
0003.	**budget**	n. 예산(안), 재정
0004.	**neighborhood**	n. 근처, 이웃
0005.	**species**	n. 〈생물〉 종(種)
0006.	**variation**	n. 변화, 차이
0007.	**occasionally**	ad. 가끔, 때때로
0008.	**ruin**	v. 망치다, 폐허로 만들다 n. 붕괴, 몰락
0009.	**bother**	v. 괴롭히다 n. 성가심
0010.	**orientation**	n. 지향, 성향, 예비 교육
0011.	**freshman**	n. 〈고교, 대학〉 1학년, 신입생
0012.	**sophomore**	n. 〈고교, 대학〉 2학년생
0013.	**junior**	n. a. 대학 3학년, 연하(의), 청소년(의)
0014.	**senior**	n. a. 대학 4학년, 연상(의), 성인(의)
0015.	**tutor**	n. 개인 교사 v. 개인교습을 하다
0016.	**ashamed**	a. 창피한, 부끄러운
0017.	**circumstance**	n. 환경, 상황
0018.	**pillow**	n. 베개
0019.	**persuade**	v. 설득하다
0020.	**register**	v. 등록하다 n. 등기부, 명부

check! 1☐ 2☐ 3☐ 4☐ 5☐

0021.	**awful**	*a.* 끔찍한, 심한 *ad.* 되게, 굉장히
0022.	**historical**	*a.* 역사의, 실제 있었던
0023.	**characteristic**	*a.* 특유의 *n.* 특성, 특징
0024.	**illustrate**	*v.* 그림을 넣다, 분명히 보여주다
0025.	**originate**	*v.* 비롯되다, 유래하다
0026.	**substance**	*n.* 물질, 실체
0027.	**leak**	*v.* 새다, 누설하다 *n.* 누출, 새는 곳
0028.	**decline**	*n.* 감소, 하락 *v.* 줄어들다, 거절하다
0029.	**livestock**	*n.* 가축
0030.	**amaze**	*v.* 무척 놀라게 하다
0031.	**uncomfortable**	*a.* 불편한, 불쾌한
0032.	**exhibit**	*v.* 전시하다, 보이다 *n.* 전시품
0033.	**disappoint**	*v.* 실망시키다
0034.	**recently**	*ad.* 최근에
0035.	**pill**	*n.* 알약
0036.	**further**	*a.* 더 먼, 더 심한 *ad.* 더 멀리, 더 심하게
0037.	**suck**	*v.* 빨다, 빨아먹다 *n.* 빨기
0038.	**flatter**	*v.* 아첨하다, 자기가 잘난 줄 착각하다
0039.	**bud**	*n.* 봉오리, 꽃눈 *v.* 싹을 틔우다
0040.	**struggle**	*n. v.* 투쟁(하다) 발버둥(치다)

0041.	**lack**	n. 부족함, 결핍 v. 부족하다, 없다
0042.	**ordinary**	a. 평범한
0043.	**popular**	a. 인기 있는, 대중적인
0044.	**unfortunately**	ad. 불행히도, 운 없게도
0045.	**normally**	ad. 정상적으로, 평소대로
0046.	**relax**	v. 푹 쉬다, 긴장을 풀다
0047.	**operation**	n. 작동, 수술
0048.	**fix**	v. 확정하다, 고치다
0049.	**sack**	n. 자루, 포대
0050.	**dumb**	a. 멍청한, 말을 못하는
0051.	**crush**	v. 으깨다, 진압하다
0052.	**progress**	n. 발전, 진보, 진척
0053.	**positive**	a. 긍정적인, 양성의 n. 긍정적인 것
0054.	**cash**	n. 현금 v. 현금으로 바꾸다
0055.	**denial**	n. 부정, 부인, 거절
0056.	**alternative**	n. 대안 a. 선택적인
0057.	**coworker**	n. 동료
0058.	**specific**	a. 구체적인, 명확한
0059.	**refill**	v. 다시 채우다 n. 보충물, 다시 채운 것
0060.	**application**	n. 신청, 적용, 응용

check! 1☐ 2☐ 3☐ 4☐ 5☐

0061.	**equipment**	n. 기구, 장비
0062.	**institution**	n. 기관, 조직, 제도
0063.	**medical**	a. 의학의, 의료의
0064.	**reward**	n. v. 보상(하다)
0065.	**nearly**	ad. 거의
0066.	**outer**	a. 외부의, 맨 바깥의
0067.	**penny**	n. 〈화폐 단위〉 페니
0068.	**profit**	n. 이익, 수익
0069.	**resource**	n. 자원
0070.	**gallery**	n. 전시관, 2층석
0071.	**luxury**	n. 사치, 호화, 호사
0072.	**well-known**	a. 유명한, 널리 알려진
0073.	**sensitive**	a. 민감한, 예민한
0074.	**conclude**	v. 결론짓다
0075.	**accurate**	a. 정확한
0076.	**reaction**	n. 반응, 반작용
0077.	**length**	n. 길이, 기간
0078.	**oven**	n. 오븐, 화덕
0079.	**ceremony**	n. 예식, 의식
0080.	**quantity**	n. 양, 분량

0081.	**rapid**	a. 빠른, 급격한
0082.	**block**	n. 사각형 덩어리, 구획 v. 막다, 차단하다
0083.	**employee**	n. 직원, 고용인
0084.	**custom**	n. 관습, 습관
0085.	**close**	v. 영업을 끝내다 a. 가까운 ad. 가까이
0086.	**talent**	n. 재능, 인재
0087.	**experiment**	n. 실험 v. 실험하다
0088.	**influence**	n. 영향 v. 영향을 주다
0089.	**exist**	v. 존재하다, 생존하다
0090.	**duty**	n. 세금, 관세, 의무, 업무
0091.	**expand**	v. 늘다, 확장하다
0092.	**minimum**	n. a. 최소(의)
0093.	**presentation**	n. 발표, 제시
0094.	**rush**	v. 급히 몰다[가다] n. 다급함
0095.	**annoy**	v. 짜증나게 하다
0096.	**treatment**	n. 취급, 치료
0097.	**crash**	n. v. 충돌(하다), 추락(하다)
0098.	**pale**	a. 혈색이 없는, 창백한
0099.	**principle**	n. 원리, 원칙
0100.	**sell**	v. 팔다, 팔리다

check! 1□ 2□ 3□ 4□ 5□

0101.	**capital**	*n.* 수도, 대문자, 자본
0102.	**sight**	*n.* 시력, 광경, 명소
0103.	**dramatic**	*n.* 극적인, 감격적인, 인상적인
0104.	**delicious**	*a.* 맛있는, 맛·향기가 좋은
0105.	**aware**	*a.* 알고 있는, 의식하는
0106.	**popularity**	*n.* 인기
0107.	**population**	*n.* 인구, 개체수
0108.	**upset**	*v.* 언짢게 하다, 뒤엎다 *a.* 속상한
0109.	**preserve**	*v.* 보호하다, 보존하다
0110.	**discuss**	*v.* 논의하다, 토론하다
0111.	**disease**	*n.* 질병
0112.	**benefit**	*n.* 이익, 이득
0113.	**typical**	*a.* 전형적인, 대표적인
0114.	**offer**	*v.* 제공하다, 제안하다 *n.* 제안
0115.	**available**	*a.* 쓸 수 있는, (만날) 시간이 있는
0116.	**variety**	*n.* 다양함
0117.	**laundry**	*n.* 빨래거리, 세탁, 세탁소
0118.	**farm**	*n.* 농장, 사육장 *v.* 재배하다, 사육하다
0119.	**firm**	*a.* 단단한, 변치 않는, 확실한
0120.	**hurt**	*v.* 다치게 하다

0121.	**form**	n. 서류 양식, 형식
0122.	**order**	n. 명령, 순서, 주문 v. 명령하다, 주문하다
0123.	**flow**	v. 흐르다 n. 흐름
0124.	**hole**	n. 구멍
0125.	**quarter**	n. 4분의 1, 25센트, 15분, 분기
0126.	**site**	n. 장소, 부지, 웹사이트
0127.	**dessert**	n. 디저트, 후식
0128.	**lie**	n. 거짓말 v. 거짓말을 하다, 눕다, 놓이다
0129.	**loyal**	a. 충성스러운, 진실한
0130.	**elect**	v. 선출하다 a. 당선된 n. 당선자
0131.	**sum**	n. 합계, 금액
0132.	**pair**	n. 한 쌍
0133.	**straight**	ad. 똑바로, 곧장 a. 곧은
0134.	**brake**	n. 브레이크, 제동기
0135.	**product**	n. 제품
0136.	**wear**	v. 착용하다, 닳다, 닳게 하다 n. –복
0137.	**tail**	n. 꼬리
0138.	**cloud**	n. 구름
0139.	**correct**	a. 옳은 v. 수정하다, 바로잡다
0140.	**climb**	v. 오르다, 등반하다

check! 1☐ 2☐ 3☐ 4☐ 5☐

0141.	**royalty**	n. 저작권료, 로열티
0142.	**thigh**	n. 넓적다리, 허벅지
0143.	**save**	v. 구하다, 아끼다, 저축하다
0144.	**owner**	n. 소유자, 주인
0145.	**crowd**	n. 군중
0146.	**honor**	n. 명예 v. 영예를 주다
0147.	**career**	n. 직업, 경력
0148.	**weigh**	v. 무게를 재다, 무게가 ~이다, 신중히 고려하다
0149.	**course**	n. 강좌, 교육 과정
0150.	**weak**	a. 약한, 묽은
0151.	**weekly**	a. 매주의 ad. 1주일 단위로
0152.	**steel**	n. 강철
0153.	**stair**	n. 계단
0154.	**sweet**	a. 달콤한, 향기로운, 친절한 n. 단것
0155.	**waist**	n. 허리
0156.	**waste**	n. v. 낭비(하다), 쓰레기 a. 버려진
0157.	**steal**	v. 훔치다, 조용히 움직이다
0158.	**root**	n. 뿌리 v. 뿌리를 내리다, 뒤적거리다
0159.	**pain**	n. 고통, 〈-s〉 노력

0160.	**hardware**	n. 하드웨어, 철물
0161.	**sound**	n. 소리 v. ~처럼 들리다 a. 건전한
0162.	**turn**	v. 돌다; 돌리다 n. 차례, 회전
0163.	**last**	a. 마지막의 v. 지속되다, 견디다
0164.	**point**	n. 점, 점수, 요점
0165.	**story**	n. 이야기; (건물의) 층
0166.	**community**	n. 공동체
0167.	**brain**	n. 뇌, 지능
0168.	**defeat**	n. 패배 v. 패배시키다, 이기다
0169.	**destruction**	n. 파괴
0170.	**confuse**	v. 혼란하게 하다, 혼동하다
0171.	**complex**	a. 복잡한 n. 복합 시설, 단지
0172.	**destroy**	v. 파괴하다
0173.	**collection**	n. 수집, 모금
0174.	**suffer**	v. 시달리다, 고통을 겪다
0175.	**job**	n. 일, 일자리
0176.	**spray**	n. v. 물보라(를 내뿜다)
0177.	**finance**	n. 재무, 금융 v. 자금을 대다
0178.	**episode**	n. 사건, 일화
0179.	**military**	n. a. 군대(의)

check! 1☐ 2☐ 3☐ 4☐ 5☐

0180.	**wool**	*n.* 털실, 양모
0181.	**technology**	*n.* 기술
0182.	**data**	*n.* 자료, 정보, 데이터
0183.	**supply**	*n.* 공급 *v.* 공급하다
0184.	**economy**	*n.* 경제
0185.	**cook**	*n.* 요리사, 음식 만드는 사람 *v.* 음식을 만들다
0186.	**accept**	*v.* 받아들이다, 수락하다
0187.	**manual**	*n.* 설명서 *a.* 손의, 육체의
0188.	**network**	*n.* 네트워크, 연계 체제
0189.	**source**	*n.* 원천, 정보원, 근원
0190.	**salary**	*n. v.* 봉급(을 주다)
0191.	**select**	*v.* 고르다
0192.	**reduce**	*v.* 줄이다
0193.	**common**	*a.* 흔한, 공통된
0194.	**project**	*n.* 사업, 과업
0195.	**individual**	*n.* 개인 *a.* 개인적인, 구별되는
0196.	**furniture**	*n.* 가구
0197.	**leisure**	*n.* 여가, 한가함
0198.	**quality**	*a.* 고급의, 질 높은 *n.* 질

0199.	**chart**	n. 도표, 순위 목록
0200.	**propose**	v. 제안하다, 청혼하다
0201.	**bottom**	n. 바닥, 맨 밑
0202.	**drug**	n. 약, 마약
0203.	**tip**	n. 도움말, 팁 v. ~에게 팁을 주다
0204.	**amateur**	n. 아마추어
0205.	**communication**	n. 의사소통, 통신
0206.	**scandal**	n. 추문, 치욕
0207.	**apartment**	n. 아파트
0208.	**engineer**	n. 기술자, 엔지니어
0209.	**warning**	n. 경고, 경고문
0210.	**contest**	n. 경연대회 v. 대회에 참가하다, 이의를 제기하다
0211.	**review**	n. 검토, 복습 v. 검토하다, 평가하다
0212.	**imagine**	v. 상상하다
0213.	**language**	n. 언어, 말
0214.	**meeting**	n. 회의, 만남
0215.	**image**	n. 이미지, 그림 또는 사진
0216.	**industry**	n. 산업
0217.	**location**	n. 장소, 위치; 야외 촬영지

check! 1☐ 2☐ 3☐ 4☐ 5☐

0218.	**chief**	*a.* 주된, 우선적인, 제1의 *n.* 추장
0219.	**cancel**	*v.* 취소하다
0220.	**concept**	*n.* 개념
0221.	**remain**	*v.* 남아 있다, ~인 그대로이다
0222.	**request**	*n.* 요청 *v.* 요청하다
0223.	**structure**	*n.* 구조(물), 건물
0224.	**neat**	*a.* 깔끔한, 말끔한
0225.	**price**	*n.* 가격, 물가
0226.	**novel**	*n.* 소설
0227.	**veil**	*n.* 베일, 은폐 *v.* 베일로 덮다, 감추다
0228.	**delay**	*n.* 미룸 *v.* 미루다
0229.	**quit**	*v.* 그만두다, 사직하다
0230.	**boom**	*n.* 호황, 붐 *v.* 급격히 성장하다
0231.	**option**	*n.* 선택사항, 선택과목, 구매 권한
0232.	**equal**	*a.* 같은 *v.* 같다, 맞먹다
0233.	**experience**	*n.* 경험, 경력 *v.* 경험하다
0234.	**difficulty**	*n.* 어려움, 난관
0235.	**detail**	*n.* 자세함, 상세함
0236.	**focus**	*n.* 초점 *v.* 초점을 맞추다, 집중하다
0237.	**require**	*v.* 요구하다, 필요로 하다

TOEIC

Basic Words

Essential Words

0238.	**purpose**	n. 목적, 목표
0239.	**reply**	n. v. 대답(하다)
0240.	**amount**	n. 분량, 총액, 총계
0241.	**insist**	v. 주장하다
0242.	**risk**	n. 위험 v. 위험을 감수하다
0243.	**nervous**	a. 신경의, 초조한
0244.	**virus**	n. 바이러스, 악성 프로그램
0245.	**grace**	n. 아름다움, 우아함, 유예 (기간)
0246.	**glory**	n. 영광, 찬사, 위용
0247.	**pure**	a. 순수한, 완전한
0248.	**casual**	a. 격식 없는, 느긋한 n. 평상복
0249.	**trend**	n. 경향, 추세
0250.	**digest**	v. 소화하다, 요약하다 n. 요약(문)
0251.	**resort**	n. 휴양지, 최후의 보루, 의지
0252.	**mode**	n. 상태, 방식, 모드
0253.	**actual**	a. 실제의, 현실의
0254.	**activity**	n. 활동, 활발함
0255.	**teenage**	a. 십대의
0256.	**parade**	n. 행진, 퍼레이드
0257.	**mild**	a. 온화한, 순한, 가벼운

check! 1☐ 2☐ 3☐ 4☐ 5☐

0258.	**lazy**	*a.* 게으른, 귀찮아하는, 나른한
0259.	**distant**	*a.* 먼, 멀리 있는
0260.	**sample**	*n.* 견본, 샘플, 표본 집단
0261.	**ambulance**	*n.* 구급차
0262.	**smooth**	*a.* 부드러운, 원만한
0263.	**slide**	*v.* 미끄러지다 *n.* 미끄럼틀, 슬라이드
0264.	**plastic**	*n.* 플라스틱 *a.* 가소성의, 가짜의
0265.	**manner**	*n.* 태도, 말투, (-s)예절
0266.	**weight**	*n.* 무게, 체중
0267.	**mineral**	*n.* 광물질, 미네랄
0268.	**stranger**	*n.* 낯선 사람, 처음 온 사람
0269.	**pose**	*n. v.* 자세(를 취하다); (문제를) 제기하다
0270.	**profile**	*n. v.* 정보, 옆얼굴, 개요(를 알려주다)
0271.	**motive**	*n.* 동기, 이유
0272.	**spectacle**	*n.* 굉장한 볼거리, 장관
0273.	**realistic**	*a.* 현실적인, 현실에 맞는
0274.	**highlight**	*v.* 강조하다 *n.* 주요 장면[부분]
0275.	**fiction**	*n.* 소설, 허구, 지어낸 것
0276.	**whistle**	*n.* 휘파람, 호루라기 *v.* 휘파람 불다
0277.	**rental**	*a.* 임대, 임대료, 사용료

0278.	**ad**	n. 광고
0279.	**sensor**	n. 센서, 감지 장치
0280.	**wit**	n. 재치, 재능
0281.	**license**	n. (자동차) 면허
0282.	**permit**	v. 허가하다 n. 허가증
0283.	**shutter**	n. 덧문, (카메라의) 셔터
0284.	**staff**	n. 직원, 참모
0285.	**stuff**	n. 물건, 물체
0286.	**absent**	a. 결석한, 불참한
0287.	**reverse**	v. 뒤집다 a. 반대의 n. 반대, 후진
0288.	**track**	n. 철도, 길, 자국 v. 쫓다, 추적하다
0289.	**release**	v. 풀어주다, 방출하다 n. 석방
0290.	**mad**	a. 미친, 무척 화난, 무척 좋아하는
0291.	**mud**	n. 진흙
0292.	**matter**	n. 물질, 문제 v. 중요하다
0293.	**fan**	n. 부채, 선풍기, 좋아하는 사람
0294.	**funny**	a. 웃기는, 이상한
0295.	**check**	n. 수표, 계산서
0296.	**restroom**	n. 공중 화장실
0297.	**journal**	n. 신문, 잡지, 일기

check! 1□ 2□ 3□ 4□ 5□

0298.	**deadline**	n. 최종시한, 마감일
0299.	**update**	v. 최신으로 만들다, 갱신하다
0300.	**invest**	v. 투자하다
0301.	**shy**	a. 부끄럼 많은, 수줍은
0302.	**reception**	n. 접수, 환영식, 기념식
0303.	**monitor**	n. 모니터 v. 감시하다, 관찰하다
0304.	**clinic**	n. 진료소
0305.	**homemade**	a. 집에서 만든
0306.	**selfish**	a. 이기적인
0307.	**survival**	n. 생존
0308.	**studio**	n. 스튜디오, 작업장, 원룸
0309.	**basement**	n. 지하층, 지하실
0310.	**increase**	v. 늘리다, 늘다 n. 증가, 인상
0311.	**justice**	n. 정의, 사법
0312.	**sensation**	n. 느낌, 소동, 화제
0313.	**deaf**	a. 귀가 안 들리는
0314.	**cement**	n. 시멘트 v. 굳히다, 강화하다
0315.	**catalog**	n. 일람표, 카탈로그
0316.	**seminar**	n. 세미나, 집중강의
0317.	**exam**	n. 시험

0318.	**fear**	n. 두려움 v. 두려워하다
0319.	**credit**	n. 신용, 외상, 공로
0320.	**statement**	n. 성명(서), 진술, 거래 명세서
0321.	**various**	a. 많은, 다양한
0322.	**decrease**	n. 감소 v. 줄어들다
0323.	**doubt**	n. v. 의심하다, (하다), 의문(을 갖다)
0324.	**wrap**	v. 포장하다, 감싸다
0325.	**operate**	v. 작동하다, 수술하다
0326.	**aid**	n. 도움, 원조 v. 도와주다
0327.	**environment**	n. 환경, 여건
0328.	**lonely**	a. 외로운, 외딴
0329.	**boil**	v. 끓다, 삶다
0330.	**position**	n. 위치, 직위
0331.	**copy**	n. (책) 1권, 1부, 사본
0332.	**element**	n. 성분, 요소
0333.	**solid**	a. 고체의, 단단한 n. 고체
0334.	**cubic**	a. 입방의, 세제곱의
0335.	**flu**	n. 유행성 감기, 인플루엔자
0336.	**liquid**	n. 액체 a. 액상의, 유동적인
0337.	**gas**	n. 휘발유, 기체

check! 1□ 2□ 3□ 4□ 5□

0338.	**insect**	n. 곤충
0339.	**delight**	n. 즐거움 v. 즐겁게 하다, 즐거워하다
0340.	**planet**	n. 행성, 지구
0341.	**shore**	n. 바닷가, 호숫가, 강가
0342.	**serving**	n. (음식의) 1인분
0343.	**current**	a. 현재의 n. 흐름, 해류, 전류
0344.	**publicity**	n. 언론의 조명, 홍보
0345.	**pressure**	n. 압력 v. 압력을 가하다
0346.	**average**	n. 평균
0347.	**atom**	n. 원자
0348.	**nuclear**	a. (원자)핵의
0349.	**oxygen**	n. 산소
0350.	**combination**	n. 결합, 연결, 연계
0351.	**manufacture**	v. 대량 생산하다 n. 제조
0352.	**parallel**	a. 평행한 n. 비슷한 것, 견줄 만한 것
0353.	**delicate**	a. 섬세한, 연약한, 미묘한
0354.	**activate**	v. 활성화하다, 작동하다
0355.	**vote**	n. v. 투표(하다)
0356.	**volume**	n. 책, 부피, 음량
0357.	**yell**	v. 외치다 n. 외침

0358.	**odd**	*a.* 기묘한, 홀수의, 짝이 안 맞는
0359.	**equator**	*n.* 적도
0360.	**scratch**	*n.* 긁힌 자국 *v.* 긁다
0361.	**scatter**	*v.* 뿌리다, 흩어지다
0362.	**revolutionary**	*a.* 혁명적인, 파격적인
0363.	**industrial**	*a.* 산업의, 공업의 *n.* 산업근로자
0364.	**interior**	*a.* 실내의 *n.* 실내
0365.	**enormous**	*a.* 거대한, 엄청난
0366.	**universal**	*a.* 보편적인, 우주의
0367.	**palm**	*n.* 손바닥
0368.	**mosquito**	*n.* 모기
0369.	**appropriate**	*a.* 적당한, 타당한
0370.	**splash**	*v.* (물 등을) 튀기다, 튀다
0371.	**trial**	*n.* 시도, 재판
0372.	**religion**	*n.* 종교, 종파, 신앙(심), 신조
0373.	**harvest**	*n.* 수확 *v.* 수확하다
0374.	**gravity**	*n.* 중력, 심각성
0375.	**arithmetic**	*n.* 산수, 계산
0376.	**thermometer**	*n.* 온도계, 체온계
0377.	**meadow**	*n.* 풀밭, 초원

check! 1☐ 2☐ 3☐ 4☐ 5☐

0378.	**remarkable**	*a.* 주목할 만한, 무척 놀라운
0379.	**tissue**	*n.* 신체 조직, 화장지
0380.	**statue**	*n.* 상(像)
0381.	**proportion**	*n.* 비율, 비례
0382.	**radiator**	*n.* 난방기, 냉각기
0383.	**vibration**	*n.* 진동
0384.	**rage**	*n.* 분노
0385.	**launch**	*v.* 발사하다, 출시하다, 시작하다
0386.	**numerous**	*a.* 매우 많은
0387.	**combine**	*v.* 연결하다, 합치다
0388.	**accompany**	*v.* 동행하다, 반주하다
0389.	**mechanical**	*a.* 기계의, 틀에 박힌
0390.	**contract**	*n.* 계약(서)
0391.	**agriculture**	*n.* 농업, 농학
0392.	**sore**	*a.* 아픈, 쓰린, 뻐근한
0393.	**convert**	*v.* 개조하다, 바꾸다
0394.	**policy**	*n.* 정책, 보험 증권
0395.	**peninsula**	*n.* 반도
0396.	**formal**	*a.* 형식을 갖춘, 정식의, 격식을 차린
0397.	**protein**	*n.* 단백질

0398.	**adopt**	v. 채택하다, 입양하다
0399.	**adjust**	v. 조절하다, 적응하다
0400.	**secretary**	n. 비서, 서기
0401.	**swell**	v. 부풀다, 부풀리다
0402.	**medium**	n. 중간, 매체
0403.	**efficient**	a. 능률적인
0404.	**assemble**	v. 모으다, 조립하다, 모이다
0405.	**assure**	v. 보증하다, 장담하다
0406.	**cure**	n. 치료 v. 치료하다
0407.	**pursue**	v. 추구하다, 뒤쫓다
0408.	**smash**	v. 산산이 부수다, 후려치다
0409.	**suspect**	v. ~일 거라고 의심하다, 수상히 여기다
0410.	**internal**	a. 내부의, 국내의
0411.	**terror**	n. 무서움, 공포
0412.	**density**	n. 밀도, 빽빽함
0413.	**intelligence**	n. 지능, 이해력
0414.	**curiosity**	n. 호기심
0415.	**typhoon**	n. (서태평양에서 발생하는) 태풍
0416.	**impulse**	n. 충동
0417.	**contractor**	n. 계약자, 도급업자

check! 1☐ 2☐ 3☐ 4☐ 5☐

0418.	**oyster**	*n.* 굴
0419.	**debt**	*n.* 빚
0420.	**magnificent**	*a.* 웅장한, 굉장한
0421.	**output**	*n.* 출력, 생산량
0422.	**rectangle**	*n.* 직사각형
0423.	**welfare**	*n.* 복지
0424.	**calculate**	*v.* 계산하다
0425.	**judgment**	*n.* 판단, 판결
0426.	**alternate**	*a.* 번갈아 하는 *v.* 번갈아 하다
0427.	**logical**	*a.* 논리적인
0428.	**legal**	*a.* 법률의, 합법적인
0429.	**dimension**	*n.* 차원, 측면, 치수
0430.	**recognition**	*n.* 인식, 인정
0431.	**democracy**	*n.* 민주주의
0432.	**chemistry**	*n.* 화학
0433.	**guarantee**	*n.* 보증 *v.* 보증하다
0434.	**gauge**	*n.* 측정기 *v.* 측정하다, 가늠하다
0435.	**potential**	*n.* 잠재력 *a.* 잠재력 있는
0436.	**neutral**	*a.* 중립적인
0437.	**reform**	*n.* 개혁, 개선 *v.* 개혁하다, 개선하다

0438.	**analysis**	*n.* 분석
0439.	**deadly**	*a.* 치명적인, 완전한
0440.	**notorious**	*a.* 악명 높은
0441.	**decay**	*v.* 썩다 *n.* 부패
0442.	**conscience**	*n.* 양심, 자제심, 분별
0443.	**institute**	*n.* (학문, 연구) 기관
0444.	**dedicate**	*v.* 바치다, 헌신하다
0445.	**fatal**	*a.* 생명이 걸린, 치명적인
0446.	**cooperation**	*n.* 협력, 협조
0447.	**stray**	*v.* 떠돌다 *a.* 길 잃은, 주인이 없는
0448.	**astronomy**	*n.* 천문학
0449.	**cultural**	*a.* 문화적인
0450.	**accuse**	*v.* 고발하다, 비난하다
0451.	**funeral**	*n.* 장례식
0452.	**square**	*n.* 정사각형, 제곱, 광장
0453.	**circulation**	*n.* 순환, 유통, 판매부수
0454.	**reproduction**	*n.* 복사, 번식, 재생
0455.	**energetic**	*a.* 정력적인, 강력한
0456.	**privilege**	*n. v.* 특권(을 주다)
0457.	**bruise**	*n.* 멍 *v.* 멍들게 하다

check! 1☐ 2☐ 3☐ 4☐ 5☐

0458.	**suspense**	*n.* 긴장, 불안
0459.	**delegate**	*n.* 대리인 *v.* 맡기다
0460.	**ultimate**	*a.* 궁극의, 기본적인
0461.	**designate**	*v.* 지정하다, 임명하다
0462.	**evaporate**	*v.* 증발하다, 증발시키다
0463.	**conceive**	*v.* 마음에 품다, 임신하다
0464.	**durable**	*a.* 오래 가는, 내구력이 있는
0465.	**findings**	*n.* 연구 결과
0466.	**radical**	*a.* 급진적인, 과격한
0467.	**congress**	*n.* 회의, 〈미〉 의회
0468.	**sink**	*n.* 싱크대, 세면대 *v.* 가라앉다
0469.	**survey**	*n.* 설문 조사 *v.* 조사하다, 살펴보다
0470.	**tidy**	*a.* 깔끔한, 정돈된 *v.* 정돈하다
0471.	**aspect**	*n.* 측면, 양상
0472.	**tow**	*v.* 차를 끌고 가다 *n.* 차 견인
0473.	**theme**	*n.* 주제
0474.	**memo**	*n.* 메모
0475.	**lifetime**	*n.* 평생, 살아 있는 동안
0476.	**extension**	*n.* 연장, 늘임, (전화) 교환
0477.	**cut**	*v.* 자르다, 줄이다

0478.	**corporation**	*n.* 대기업, 법인, 조합
0479.	**alarm**	*n.* 경보 *v.* 불안하게 만들다
0480.	**book**	*v.* 예약하다
0481.	**auction**	*n. v.* 경매(에 부치다)
0482.	**vacancy**	*n.* 빈 방, 일자리
0483.	**opportunity**	*n.* 기회
0484.	**downturn**	*n.* 경기 침체, 부진
0485.	**suburb**	*n.* 교외, 변두리
0486.	**personality**	*n.* 성격, 개성, 유명인사
0487.	**tie**	*n.* 넥타이 *v.* 묶다
0488.	**friendly**	*a.* 다정한, (복합어로) ~친화적인
0489.	**primary**	*a.* 가장 중요한, 근본적인
0490.	**reference**	*n.* 언급, 참고, 신원 보증인
0491.	**commit**	*v.* 맡기다, 얽매다, 저지르다
0492.	**breakdown**	*n.* 고장, 실패
0493.	**checkup**	*n.* 검사, 건강검진
0494.	**cashier**	*n.* 계산원, 현금출납계
0495.	**wastepaper**	*n.* 휴지
0496.	**illegal**	*a.* 불법의
0497.	**recommendation**	*n.* 추천, 권유

check! 1☐ 2☐ 3☐ 4☐ 5☐

0498.	**disorder**	*n.* 무질서, (신체, 정신) 장애
0499.	**assume**	*v.* 가정하다, 떠맡다
0500.	**routine**	*n.* 반복되는 일, 틀에 박힌 일
0501.	**ache**	*v.* 아프다 *n.* 아픔
0502.	**mend**	*v.* 고치다, 수선하다
0503.	**fit**	*n.* 경련, 발작
0504.	**handle**	*n.* 손잡이 *v.* 다루다
0505.	**arrange**	*v.* 배열하다, 준비하다
0506.	**barely**	*ad.* 간신히, 거의 ~아닌
0507.	**vary**	*v.* 다양하다, 다르다
0508.	**bark**	*v.* 짖다 *n.* 나무껍질
0509.	**rub**	*v.* 문지르다
0510.	**urban**	*a.* 도시의
0511.	**locate**	*v.* 위치시키다, ~의 위치를 찾다
0512.	**shelf**	*n.* 선반, 책꽂이
0513.	**remote**	*a.* 멀리 떨어진, 외딴 곳에 있는
0514.	**maintain**	*v.* 유지보수하다, 주장하다
0515.	**previous**	*a.* 이전의, 앞선
0516.	**deposit**	*v.* 예금하다, 맡겨두다 *n.* 보증금, 선금
0517.	**maintenance**	*n.* 유지 보수

0518.	**laboratory**	*n.* 실험실, 실습실
0519.	**satisfy**	*v.* 만족시키다, 충족시키다
0520.	**contribute**	*v.* 기부하다, (…의) 한 원인이 되다
0521.	**procedure**	*n.* 절차, 진행
0522.	**sustain**	*v.* 지속시키다, 뒷받침하다
0523.	**attractive**	*a.* 매력적인
0524.	**fascinating**	*a.* 매혹적인
0525.	**significant**	*a.* 중대한, 의미심장한
0526.	**rarely**	*ad.* 드물게, 좀처럼 ~않는
0527.	**concentrate**	*v.* 집중하다, 농축하다
0528.	**terrific**	*a.* 대단한, 엄청난
0529.	**barren**	*a.* 생물이 못 사는, 임신을 못 하는
0530.	**assignment**	*n.* 임명, 과제
0531.	**lecture**	*n. v.* 강의(하다)
0532.	**semester**	*n.* 학기
0533.	**dormitory**	*n.* 기숙사
0534.	**skip**	*v.* 껑충 뛰다, 거르다
0535.	**candidate**	*n.* 입후보자, 지원자
0536.	**ideal**	*n.* 이상형 *a.* 이상적인
0537.	**monument**	*n.* 기념관, 기념물

check! 1□ 2□ 3□ 4□ 5□

0538.	**grocery**	*a.* 식료[잡화]의 *n.* 식료잡화
0539.	**descend**	*v.* 내려가다, 줄어들다
0540.	**garbage**	*n.* 쓰레기
0541.	**coastal**	*a.* 해안의
0542.	**administration**	*n.* 관리, 행정, 정부
0543.	**exhausted**	*a.* 무척 지친, 다 써 버린
0544.	**fatigue**	*n.* 피로
0545.	**screw**	*n.* 나사 *v.* 나사를 박다
0546.	**architect**	*n.* 설계사, 기획자
0547.	**evident**	*a.* 명백한, 분명한
0548.	**definitely**	*ad.* 분명히, 확실히
0549.	**artistic**	*a.* 예술적인, 예술가의
0550.	**flexible**	*a.* 유연한, 융통성 있는
0551.	**foggy**	*a.* 안개가 자욱한
0552.	**recipe**	*n.* 조리법, 방법, 비법
0553.	**cough**	*n. v.* 기침(하다)
0554.	**isolation**	*n.* 고립, 소외
0555.	**volunteer**	*n.* 지원자, 자원봉사자 *v.* 자원하다
0556.	**imply**	*v.* 내포하다, 넌지시 비치다
0557.	**enthusiastic**	*a.* 열렬한

0558.	**endurance**	n. 참을성, 지구력
0559.	**insight**	n. 통찰력, 이해
0560.	**forecast**	n. 예측 v. 예보하다
0561.	**drought**	n. 가뭄
0562.	**therapy**	n. 치료, 요법
0563.	**epidemic**	n. 유행, 급속한 확산 a. 유행[전염]의
0564.	**supervise**	v. 감독하다
0565.	**librarian**	n. 사서, 도서관원
0566.	**vicious**	a. 나쁜, 악랄한
0567.	**resident**	n. 거주자, 주민
0568.	**utility**	n. (전기, 가스 등) 공공 서비스
0569.	**cafeteria**	n. 구내식당
0570.	**inheritance**	n. 상속, 물려받음
0571.	**luggage**	n. 짐
0572.	**diminish**	v. 줄다, 줄이다
0573.	**hatch**	v. 알을 까다, 부화하다
0574.	**firecracker**	n. 폭죽
0575.	**inconvenience**	n. 불편, 성가신 것
0576.	**recycle**	v. 재활용하다
0577.	**peep**	v. 몰래 들여다보다

check! 1☐ 2☐ 3☐ 4☐ 5☐

0578.	**commuter**	*n.* (장거리) 출퇴근하는 사람
0579.	**retrieve**	*v.* 되찾다, (정보를) 검색하다
0580.	**donor**	*n.* 기증자, 제공자
0581.	**gloomy**	*a.* 컴컴한, 암울한
0582.	**priority**	*n.* 우선하는 것, 우선순위
0583.	**batter**	*v.* 계속 두드리다, 마구 때리다
0584.	**clash**	*n.* 다툼, 부딪힘 *v.* 싸우다
0585.	**shatter**	*v.* 산산조각 나다[내다]
0586.	**herd**	*n.* 떼, 군중
0587.	**personnel**	*n.* 직원들, 총 인원, 인사과
0588.	**stir**	*v.* 휘젓다, 뒤척이다
0589.	**carve**	*v.* 조각하다, 새기다
0590.	**curve**	*n.* 곡선, 굽은 길
0591.	**yearn**	*v.* 간절히 바라다, 열망하다
0592.	**leave**	*n.* 휴가 *v.* 놔두다, 남겨 두다
0593.	**foam**	*n.* 거품, 발포제
0594.	**saw**	*n.* 톱 *v.* 톱으로 자르다
0595.	**sow**	*v.* 씨를 뿌리다
0596.	**sew**	*v.* 꿰매다, 바느질하다
0597.	**odor**	*n.* 악취, 냄새

0598.	**owe**	v. 빚을 지다, 은혜를 입다
0599.	**quote**	v. 인용하다
0600.	**lawn**	n. 잔디밭
0601.	**aboard**	ad. 탈것에 탄
0602.	**bald**	a. 대머리의, 머리가 벗겨진
0603.	**bold**	a. 대담한, 글씨체가 굵은
0604.	**choke**	v. 숨이 막히다, 목을 조르다
0605.	**glow**	v. 빛나다, 발그레해지다
0606.	**load**	n. 짐, v. 짐을 싣다
0607.	**lay**	v. 놓다, 눕히다, 알을 낳다
0608.	**supervisor**	n. 감독관
0609.	**ray**	n. 빛, 광선
0610.	**lot**	n. 터, 부지
0611.	**rot**	v. 썩다
0612.	**collect**	v. 모으다
0613.	**crime**	n. 범죄
0614.	**flee**	v. 떠나다, 도망치다
0615.	**prejudice**	n. 편견 v. 편견을 갖게 하다
0616.	**testimonial**	n. (전 직장의) 추천(서), 평가
0617.	**debut**	n. 데뷔, 첫 등장

check! 1☐ 2☐ 3☐ 4☐ 5☐

0618.	**raw**	*a.* 날것의, 익히지 않은
0619.	**advance**	*n.* 전진, 선금 *v.* 진전하다 *a.* 사전의
0620.	**rate**	*n.* 비율, 요금, 등급 *v.* 등급을 매기다
0621.	**flight**	*n.* 비행, 항공편
0622.	**fright**	*n.* 공포, 두려움
0623.	**flame**	*n.* 불꽃, 불길 *v.* 타오르다
0624.	**frame**	*n.* 체격, 액자
0625.	**clue**	*n.* 실마리, 단서
0626.	**crew**	*n.* 승무원, 전 직원
0627.	**leap**	*v.* 뛰다, 재빨리 움직이다, 급격히 늘다
0628.	**reap**	*v.* 거두다, 얻다
0629.	**frank**	*a.* 솔직한
0630.	**fairly**	*ad.* 어느 정도, 공평하게
0631.	**lap**	*n.* 무릎, (트랙의) 한 바퀴
0632.	**lid**	*n.* 뚜껑, 마개
0633.	**rid**	*v.* 제거하다
0634.	**limb**	*v.* 팔다리, 가지
0635.	**rim**	*n.* 가장자리, 테
0636.	**bloom**	*n.* 꽃 *v.* 꽃 피다
0637.	**tear**	*n.* 눈물

0638.	**broom**	n. 〈청소용〉 비
0639.	**bleed**	v. 피를 흘리다
0640.	**breed**	v. 번식하다, 키우다 n. 품종
0641.	**literally**	ad. 글자 그대로, 정말로
0642.	**youth**	n. 젊음, 청년
0643.	**face**	v. 마주보다, 맞닥뜨리다
0644.	**faith**	n. 신뢰
0645.	**path**	n. 오솔길, 작은 길
0646.	**sin**	n. (윤리적) 죄
0647.	**thin**	a. 가느다란, 얇은, 야윈
0648.	**imaginary**	a. 상상 속의
0649.	**soak**	v. 적시다, 담그다, 젖다
0650.	**worth**	a. ~의 가치가 있는 n. 가치
0651.	**criminal**	n. 범죄자 a. 범죄의
0652.	**thumb**	n. 엄지
0653.	**sigh**	n. v. 한숨(을 쉬다)
0654.	**shave**	n. v. 면도(하다)
0655.	**ship**	v. 보내다, 배송하다
0656.	**siege**	n. 포위(공격)
0657.	**cease**	v. 중지하다

check! 1☐ 2☐ 3☐ 4☐ 5☐

0658.	**seize**	v. 쥐다, 체포하다
0659.	**vanish**	v. 사라지다
0660.	**breathe**	v. 숨 쉬다
0661.	**breeze**	n. 산들바람
0662.	**carry-on**	n. (비행기에 갖고 탈 수 있는) 작은 짐
0663.	**carrier**	n. 운반인, 항공사, 보균자
0664.	**impatient**	a. 참을성 없는, 성급한,
0665.	**jealous**	a. 시샘하는, 시기하는
0666.	**circulate**	v. 순환하다, 유통시키다
0667.	**lessen**	v. 줄다, 줄이다
0668.	**sacrifice**	n. v. 희생(하다)
0669.	**violate**	v. 어기다, 위반하다, 침해하다
0670.	**heir**	n. 상속인, 후계자
0671.	**hoarse**	a. 목소리가 쉰
0672.	**plain**	a. 명백한, 쉬운 n. 평야
0673.	**raise**	v. 올리다, 키우다, 모금하다, 거론하다
0674.	**flour**	n. 밀가루 v. 가루로 빻다, 가루가 되다
0675.	**florist**	n. 꽃집 주인
0676.	**dye**	v. 염색하다, 물들이다
0677.	**temperature**	n. 온도, 체온

0678.	**bear**	v. 참다, 갖고 있다
0679.	**largely**	ad. 크게, 대체로, 주로
0680.	**break**	n. 휴식
0681.	**turbulence**	n. 난기류, 혼란
0682.	**tale**	n. 이야기
0683.	**seed**	n. 씨앗
0684.	**desert**	v. 저버리다, 버리고 떠나다
0685.	**cell**	n. 작은 방, 세포, 전지
0686.	**fair**	a. 공평한; 상당한 n. 박람회
0687.	**fare**	n. 승차 요금
0688.	**stare**	v. 빤히 보다, 멍하니 보다
0689.	**principal**	a. 주된, n. 교장, 원금
0690.	**suite**	n. 한 벌, 한 조, (호텔) 특별실
0691.	**route**	n. 길, 노선
0692.	**value**	n. 가치, 가격
0693.	**traffic**	n. 교통
0694.	**bury**	v. 파묻다
0695.	**male**	n. a. 남성(의), 수컷(의)
0696.	**heal**	v. 아물다, 치료하다
0697.	**suitable**	a. 적합한, 적절한

0698.	**sole**	*a.* 유일한 *n.* 발바닥, 밑창
0699.	**vain**	*a.* 헛된, 허영심이 강한
0700.	**alter**	*v.* 변하다, 달라지다, 바꾸다
0701.	**slightly**	*ad.* 조금, 약간
0702.	**serious**	*a.* 진지한, 심각한
0703.	**aisle**	*n.* 통로
0704.	**session**	*n.* 활동시간, 회기, (대학) 학기
0705.	**complement**	*v.* 보충하다, 보완하다 *n.* 보완물
0706.	**redundant**	*a.* 중복되는, (직원이) 필요 없어 해고된
0707.	**idle**	*a.* 게으른 *v.* 빈둥거리다, 공회전하다
0708.	**tension**	*n.* 긴장
0709.	**intention**	*n.* 의도, 의지
0710.	**renounce**	*v.* 포기하다, 거부하다
0711.	**painful**	*a.* 고통스러운
0712.	**fragile**	*a.* 부서지기 쉬운, 약한
0713.	**long**	*v.* 간절히 바라다
0714.	**mean**	*a.* 비열한, 평균적인 *n.* 평균
0715.	**well**	*v.* (액체가) 솟아나다
0716.	**room**	*n.* 공간, 여지
0717.	**consistency**	*n.* 일관성, 꾸준함

0718.	**rest**	*n.* 휴식, 나머지 *v.* 쉬다, 받치다
0719.	**bill**	*n.* 고지서, 계산서, 지폐
0720.	**missing**	*a.* 행방불명된, 없어진
0721.	**fine**	*n. v.* 벌금(을 부과하다)
0722.	**soil**	*n.* 땅, 흙 *v.* 더럽히다
0723.	**row**	*n.* 줄, 열 *v.* (배를) 젓다
0724.	**term**	*n.* 학기, 용어, 측면, 조건
0725.	**graduate**	*v.* 졸업하다 *n.* 졸업생, 학사
0726.	**effect**	*n.* 영향, 결과
0727.	**major**	*n.* 전공, 전공 학생 *v.* 전공하다
0728.	**charge**	*n.* 요금, 부과금 *v.* 요금을 물리다
0729.	**tax**	*n.* 세금 *v.* 세금을 부과하다
0730.	**article**	*n.* (신문잡지) 기사, 품목, 법 조항
0731.	**characterize**	*v.* 특징짓다
0732.	**post**	*n.* 직책 *v.* 배치하다, 게시하다
0733.	**function**	*n.* 기능 *v.* 기능을 하다, 작용하다
0734.	**lean**	*v.* 몸을 기울이다, 기대다 *a.* 홀쭉한
0735.	**respect**	*n.* 존경, 존중 *v.* 존경하다, 존중하다
0736.	**tide**	*n.* 조수, 밀물과 썰물
0737.	**department**	*n.* 부서, 학과

check! 1☐ 2☐ 3☐ 4☐ 5☐

0738.	**bound**	*a.* ~로 가는, ~할 것 같은, ~해야 하는
0739.	**port**	*n.* 항구
0740.	**tend**	*v.* ~하는 경향이 있다, 돌보다
0741.	**rear**	*n.* 뒤쪽 *v.* 키우다, 세우다
0742.	**issue**	*n.* 발행, (잡지) 호, 화제 *v.* 발행하다
0743.	**shed**	*n.* 헛간, 창고 *v.* 없애다, 떨구다
0744.	**pitcher**	*n.* 주전자, 투수
0745.	**faint**	*a.* 희미한, *v.* 기절하다
0746.	**tense**	*a.* 팽팽한, 긴장한
0747.	**spark**	*n.* 불꽃 *v.* 갑자기 일으키다
0748.	**wage**	*n.* 임금, 급여
0749.	**diet**	*n.* 식생활, (특별)식단
0750.	**plot**	*n.* (작은) 땅, 줄거리, 음모
0751.	**grave**	*n.* 묘지 *a.* 심각한
0752.	**sequence**	*n.* 연속, 순서
0753.	**capacity**	*n.* 수용력, 자격, 구실
0754.	**tackle**	*v.* 해결에 나서다, 대면하다
0755.	**utter**	*v.* 말하다 *a.* 완전한, 그야말로 ~한
0756.	**sovereign**	*a.* 국가 주권의, 주권을 가진
0757.	**facility**	*n.* 시설, 설비

0758.	**distinction**	n. 구별, 특징
0759.	**faculty**	n. 능력, 학부
0760.	**government**	n. 정부, 통치
0761.	**period**	n. 기간, 수업시간
0762.	**innate**	a. 타고난, 천성적인
0763.	**depression**	n. 우울, 불황
0764.	**reduction**	n. 감소, 할인
0765.	**tragedy**	n. 비극
0766.	**absurd**	a. 말도 안 되는, 웃기는
0767.	**instance**	n. 예, 경우
0768.	**sculpture**	n. 조각(상)
0769.	**nominate**	v. 후보로 지명하다, 임명하다,
0770.	**generate**	v. 발생시키다, 일으키다
0771.	**pollute**	v. 오염시키다
0772.	**slogan**	n. 슬로건, 표어
0773.	**superstition**	n. 미신
0774.	**assumption**	n. 가정, 전제, 맡음
0775.	**summon**	v. 호출하다, 소집하다, 이끌어내다
0776.	**undergo**	v. 겪다
0777.	**abstract**	n. 요약문 v. 요약하다

check! 1☐ 2☐ 3☐ 4☐ 5☐

0778.	**employment**	*n.* 고용, 이용
0779.	**nationality**	*n.* 국적, 국민성
0780.	**academic**	*a.* 학문의
0781.	**beverage**	*n.* (물 이외의) 음료
0782.	**accommodate**	*v.* 수용하다, 참작하다
0783.	**liberate**	*v.* 해방하다
0784.	**accelerate**	*v.* 촉진하다, 가속하다
0785.	**discrimination**	*n.* 구별, 차별
0786.	**merit**	*n.* 가치, 장점 *v.* 받을 만하다
0787.	**recruit**	*n.* 신병, 신입사원 *v.* 모집하다
0788.	**torment**	*n.* 괴로움 *v.* 괴롭히다
0789.	**diplomacy**	*n.* 외교
0790.	**sociable**	*a.* 사교적인
0791.	**reconcile**	*v.* 화해시키다, 타협하다
0792.	**manipulate**	*v.* 조작하다, 조종하다
0793.	**denominate**	*v.* 칭하다, (금액을 단위로) 표시하다
0794.	**tolerate**	*v.* 참다, 견디다
0795.	**captivate**	*v.* 매혹하다,
0796.	**incentive**	*n.* 유인책, 하고 싶게 만드는 것
0797.	**include**	*v.* 포함하다

0798.	**inflation**	n. 통화팽창, 인플레이션
0799.	**extinction**	n. 멸종
0800.	**prosecution**	n. 검찰 기소, 검찰당국
0801.	**admit**	v. 인정하다, 들여보내다
0802.	**ambiguous**	a. 모호한, 불분명한
0803.	**imprisonment**	n. 투옥, 징역
0804.	**intimate**	a. 친밀한, 밀접한, 사적인
0805.	**brutal**	a. 잔혹한, 무자비한
0806.	**autonomy**	n. 자율, 자치
0807.	**evolution**	n. 진화, 진보
0808.	**cancer**	n. 암
0809.	**deprive**	v. 빼앗다, 박탈하다
0810.	**gym**	n. 체육관, 학교 체육, 헬스클럽
0811.	**elastic**	a. n. 신축성 있는 (소재)
0812.	**marketplace**	n. 시장
0813.	**casualty**	n. 사상자, 희생자
0814.	**obtain**	v. 따내다, 획득하다
0815.	**opposite**	a. 맞은편의 n. 반대 prep. 맞은편에
0816.	**prefer**	v. 선호하다
0817.	**acquire**	v. 습득하다, 얻다

check! 1□ 2□ 3□ 4□ 5□

0818.	**earn**	v. 벌다, 얻다
0819.	**secure**	a. 안심한, 안전한 v. 확보하다
0820.	**unique**	a. 고유의, 독특한
0821.	**distinct**	a. 분명한, 구별되는, 확실한
0822.	**proceedings**	n. 법적 절차, 회의록
0823.	**partial**	a. 부분적인, 편애하는
0824.	**exclude**	v. 제외하다, 배제하다
0825.	**portion**	n. 부분, 1인분, 몫
0826.	**section**	n. 부분, 부서
0827.	**profession**	n. 전문직
0828.	**vocation**	n. 천직, 직업
0829.	**commentary**	n. 해설
0830.	**widely**	ad. 널리, 흔히
0831.	**grab**	v. 쥐다, 포착하다
0832.	**interact**	v. 상호 작용하다
0833.	**capture**	v. 사로잡다, 장악하다
0834.	**massive**	a. 거대한, 엄청난
0835.	**deficit**	n. 적자
0836.	**identical**	a. 똑같은
0837.	**consider**	v. 고려하다, 검토하다

0838.	**immigration**	n. (입국)이민
0839.	**suppose**	v. 추측하다, 여기다
0840.	**display**	n. 진열 v. 전시하다, 보여주다
0841.	**demonstrate**	v. 시범을 보이다, 보여주다
0842.	**favor**	n. 부탁, 호의, 찬성
0843.	**present**	n. a. 현재(의) v. 주다, 제시하다
0844.	**provide**	v. 제공하다
0845.	**award**	n. 상 v. 수여하다
0846.	**diverse**	a. 다양한
0847.	**separate**	v. 분리하다 a. 따로따로인
0848.	**gain**	v. 얻다 n. 이익, 증가
0849.	**grasp**	v. 쥐다, 이해하다
0850.	**category**	n. 범주, 분류 기준
0851.	**attempt**	n. v. 시도(하다), 노력(하다)
0852.	**inquire**	v. 묻다, 문의하다
0853.	**petition**	n. v. 탄원(을 넣다)
0854.	**modify**	v. 고치다, 조정하다
0855.	**switch**	v. 바꾸다, 교환하다
0856.	**reserve**	v. 예약하다, 보류하다
0857.	**sufficient**	n. 충분한

check! 1☐ 2☐ 3☐ 4☐ 5☐

0858.	**fire**	v. 해고하다
0859.	**local**	a. 현지의, 지방의
0860.	**consumer**	n. 소비자
0861.	**hire**	v. 고용하다
0862.	**shuttle**	n. 정기 왕복 차[비행기]
0863.	**protest**	v. 저항하다, 항의하다 n. 저항
0864.	**rescue**	n. v. 구출(하다)
0865.	**firm**	a. 단단한, 확실한
0866.	**management**	n. 경영(진), 관리
0867.	**employ**	v. 고용하다, 이용하다
0868.	**workshop**	n. 공동 교육, 작업장
0869.	**press**	n. 인쇄매체, 언론
0870.	**tender**	a. 다정한, 연한, 예민한 v. 제출하다
0871.	**direct**	a. 직접적인 v. 이끌다
0872.	**director**	n. 감독, 이사, 중역
0873.	**export**	v. 수출하다 n. 수출
0874.	**introduce**	v. 소개하다, 도입하다
0875.	**invent**	v. 발명하다, 지어내다
0876.	**expert**	n. 전문가
0877.	**cutback**	n. 감소, 감축

0878.	**goods**	n. 제품, 상품
0879.	**customs**	n. 세관, 관세
0880.	**committee**	n. 위원회
0881.	**sidewalk**	n. 보도, 인도
0882.	**crosswalk**	n. 횡단보도
0883.	**endeavor**	n. 시도, 노력 v. 노력하다
0884.	**barrier**	n. 장벽, 장애물
0885.	**factor**	n. 요소, 요인
0886.	**pleasant**	a. 유쾌한, 즐거운
0887.	**index**	n. 색인, 지수
0888.	**mechanic**	n. 정비공, 수리공
0889.	**vision**	n. 시력, 미래상
0890.	**employer**	n. 고용주, 사장
0891.	**directory**	n. 목록, 명부, (컴퓨터) 디렉토리
0892.	**import**	v. 수입하다 n. 수입
0893.	**introduction**	n. 소개, 도입
0894.	**invention**	n. 발명, 날조
0895.	**customer**	n. 고객, 손님
0896.	**housing**	n. 주택(공급)
0897.	**column**	n. 기둥, 기고문

check! 1☐ 2☐ 3☐ 4☐ 5☐

0898.	**agency**	*n.* 대행사, 정부 부서
0899.	**classical**	*a.* 고전적인
0900.	**garage**	*n.* 차고, 정비소
0901.	**union**	*n.* (노동)조합, 연합
0902.	**economic**	*a.* 경제의
0903.	**glue**	*n.* 풀, 접착제
0904.	**inferior**	*a.* 열등한, ~보다 못한
0905.	**flashlight**	*n.* 손전등
0906.	**nickel**	*n.* 5센트 동전
0907.	**clerk**	*n.* 점원, 호텔 접수직원
0908.	**absorb**	*v.* 흡수하다, 몰두하게 하다
0909.	**income**	*n.* 소득, 수입
0910.	**cellphone**	*n.* 휴대전화
0911.	**debtor**	*n.* 채무자
0912.	**regret**	*v.* 후회하다, 유감스러워하다
0913.	**election**	*n.* 선거, 선출
0914.	**freeway**	*n.* 고속도로
0915.	**consume**	*v.* 소비하다, 섭취하다
0916.	**unemployed**	*a.* 실업 상태인, 일이 없는
0917.	**handy**	*a.* 쓸모 있는, 가까운 곳에 있는

0918.	ladder	n. 사다리
0919.	passenger	n. 승객
0920.	purse	n. (여성용) 지갑, 핸드백
0921.	agent	n. 대행인, 요원
0922.	figure	n. 숫자, 통계 수치
0923.	interviewee	n. 면접 보는 사람
0924.	comprehension	n. 이해
0925.	address	n. 연설 v. ~에게 말을 걸다
0926.	prepare	v. 준비하다, 마련하다
0927.	booklet	n. 소책자
0928.	regular	a. 정기적인, 규칙적인
0929.	shortly	ad. 곧, 금방
0930.	fiber	n. 섬유, 섬유질
0931.	broadcast	v. 방송하다
0932.	dime	n. 10센트 동전
0933.	burden	n. 짐, 부담
0934.	attic	n. 다락방
0935.	endure	v. 참다, 견디다,
0936.	jail	n. 감옥, 교도소
0937.	initials	n. (이름의) 머리글자

check! 1□ 2□ 3□ 4□ 5□

0938.	**party**	*n.* 일행, 단체
0939.	**relieve**	*v.* 덜어주다, 완화하다
0940.	**surgeon**	*n.* 외과 의사
0941.	**unemployment**	*n.* 실업
0942.	**upward**	*a.* 위를 향한, 증가하는
0943.	**lately**	*ad.* 최근에
0944.	**wallet**	*n.* (남성용) 지갑
0945.	**label**	*n.* 딱지, 라벨
0946.	**chef**	*n.* (전문) 요리사
0947.	**affect**	*v.* 영향을 미치다, ~인 척하다
0948.	**cooperate**	*v.* 협조하다
0949.	**receipt**	*n.* 영수증, 수신
0950.	**nearby**	*a.* 근처의 *ad.* 근처에
0951.	**mayor**	*n.* 시장
0952.	**mass**	*n.* 대량, 대중
0953.	**role**	*n.* 역할, 배역
0954.	**household**	*n.* 가정, 한 집 식구들
0955.	**highway**	*n.* 간선 도로
0956.	**due**	*a.* 기한이 된, 지불해야 하는
0957.	**highly**	*ad.* 매우, 무척, 크게, 대단히

0958.	**quite**	*ad.* 매우, 완전히
0959.	**retirement**	*n.* 퇴직, 은퇴
0960.	**proclaim**	*v.* 선언하다, 분명히 보여주다
0961.	**blue-chip**	*a.* 안전성과 수익성을 갖춘, 우량한
0962.	**item**	*n.* 품목, 제품
0963.	**reservation**	*n.* 예약
0964.	**rent**	*n.* 임대(료) *v.* 세를 놓다, 세를 내다
0965.	**reunion**	*n.* 재회, 오랜만에 만남
0966.	**shopper**	*n.* 구매하는 사람, 사는 사람
0967.	**drawer**	*n.* 서랍
0968.	**abroad**	*ad.* 외국에, 외국으로
0969.	**hallway**	*n.* 복도
0970.	**terrible**	*a.* 끔찍한, 무서운
0971.	**eventually**	*ad.* 결국은
0972.	**partly**	*ad.* 일부는, 부분적으로는
0973.	**celebrate**	*v.* 기리다, 축하하다
0974.	**anniversary**	*n.* 기념일
0975.	**cab**	*n.* 택시
0976.	**debate**	*n.* 토론 *v.* 토론하다
0977.	**landscape**	*n.* 경치, 풍경, 가로로 긴 인쇄

check! 1☐ 2☐ 3☐ 4☐ 5☐

0978.	**documentation**	*n.* 증빙 서류, 서류 기재
0979.	**midday**	*n.* 정오, 한낮
0980.	**plural**	*a.* 여러 개의 *n.* 복수형
0981.	**replacement**	*n.* 후임, 대체
0982.	**respectable**	*a.* 무난한, 괜찮은
0983.	**moreover**	*ad.* 더구나, 더욱이
0984.	**harbor**	*n.* 항구 *v.* 숨겨주다
0985.	**miserable**	*a.* 비참한, 무척 가난한
0986.	**extend**	*v.* 늘리다, 부풀리다
0987.	**vehicle**	*n.* 차량
0988.	**tool**	*n.* 도구, 기구
0989.	**practical**	*a.* 실용적인, 해볼 만한
0990.	**cupboard**	*n.* 찬장
0991.	**downtown**	*ad.* 시내에, 시내로 *a.* 시내의
0992.	**extra**	*a.* 추가적인, 덤인 *n.* 추가되는 것
0993.	**package**	*n.* 소포, 꾸러미, 한 세트
0994.	**outlet**	*n.* 발산 수단, 할인점, 전기 콘센트
0995.	**photocopier**	*n.* 복사기
0996.	**crossing**	*n.* 건널목, 횡단보도, 교차로
0997.	**destination**	*n.* 목적지, 가는 곳

0998.	**eager**	*a.* 열망하는, 무척 바라는
0999.	**lane**	*n.* 도로, 차선
1000.	**official**	*a.* 공식적인 *n.* 고위직 관리
1001.	**sweep**	*v.* 쓸다, 비질하다
1002.	**especially**	*ad.* 특히, 특별히
1003.	**closet**	*n.* 벽장
1004.	**armchair**	*n.* 안락의자
1005.	**client**	*n.* 고객, 의뢰인
1006.	**digital**	*a.* 디지털의
1007.	**curious**	*a.* 궁금한, 이상한
1008.	**memorize**	*v.* 외우다, 암기하다
1009.	**tag**	*n.* 딱지, 꼬리표 *v.* 딱지[별명]를 붙이다
1010.	**theory**	*n.* 이론
1011.	**surface**	*n.* 표면, 겉 *v.* 떠오르다, 나타나다
1012.	**exchange**	*n. v.* 교환(하다)
1013.	**microwave**	*n.* 전자레인지, 극초단파
1014.	**contain**	*v.* 함유하다, 담다
1015.	**worthwhile**	*a.* 할 가치가 있는
1016.	**meaningful**	*a.* 의미 있는, 진지한
1017.	**dull**	*a.* 우둔한, 지루한

check! 1☐ 2☐ 3☐ 4☐ 5☐

#		
1018.	**caution**	n. 조심 v. 주의를 주다
1019.	**unbelievable**	a. 믿기지 않는, 굉장한
1020.	**branch**	n. 지사, 부서, 가지
1021.	**avenue**	n. 거리, ~가(街), (나아갈) 길, 방안
1022.	**besides**	prep. ~이외에 ad. 게다가
1023.	**confident**	a. 자신 있는, 확신하는
1024.	**dishwasher**	n. 식기 세척기
1025.	**perform**	v. 실행하다, 공연하다, 작동하다
1026.	**respectful**	a. 존경하는, 존중하는
1027.	**unexpected**	a. 예상치 못한, 예기치 않은
1028.	**valuable**	a. 귀중한
1029.	**backup**	n. 지원, 여벌, 예비, 백업 (파일)
1030.	**microscope**	n. 현미경
1031.	**editor**	n. 편집자
1032.	**essential**	a. 필수적인, 기본적인 n. 필수 사항
1033.	**dairy**	n. 낙농업체 a. 낙농업의
1034.	**chat**	n. 수다 v. 수다 떨다
1035.	**brush**	v. 붓질하다, 쓸어내다, 스치다 n. 붓
1036.	**automaker**	n. 자동차 회사, 차 제조업체
1037.	**annual**	a. 1년의, 1년에 한 번씩 있는

1038.	**complain**	v. 불평하다, 이의를 제기하다
1039.	**practice**	n. 습관, 실행, 연습 v. 연습하다
1040.	**responsible**	a. 책임 있는, 책임지는
1041.	**blend**	v. 섞다, 어우러지다 n. 혼합물
1042.	**charity**	n. 자선(단체)
1043.	**evidence**	n. 증거, 증언
1044.	**nowadays**	ad. 요즘에
1045.	**regulation**	n. 규정, 법규
1046.	**transport**	v. 실어 나르다, 수송하다
1047.	**tight**	a. 꽉 조이는, 빡빡한, 촉박한
1048.	**shortage**	n. 부족
1049.	**technical**	a. 기술적인
1050.	**responsibility**	n. 책임
1051.	**notice**	n. 사전 통보, 공고 v. 알아채다
1052.	**complaint**	n. 불만, 이의 제기
1053.	**confirm**	v. 확인하다
1054.	**briefcase**	n. 서류가방
1055.	**billion**	n. 10억
1056.	**urge**	v. 강력히 권하다 n. 욕망, 충동
1057.	**ambassador**	n. 대사

check! 1☐ 2☐ 3☐ 4☐ 5☐

1058.	**allow**	*v.* 허락하다
1059.	**negotiation**	*n.* 협상, 협의
1060.	**apply**	*v.* 신청하다, 적용하다
1061.	**postmark**	*n.* 소인 *v.* 소인을 찍다
1062.	**emergency**	*n.* 응급, 비상
1063.	**performance**	*n.* 성과, 공연
1064.	**emotion**	*n.* 감정, 정서
1065.	**engage**	*v.* 고용하다, 관여하다, 약혼하다
1066.	**beside**	*prep.* ~옆에
1067.	**interpersonal**	*a.* 사람들 사이의, 대인관계의
1068.	**reliable**	*a.* 믿음직한, 의지할 수 있는
1069.	**venture**	*n.* (고위험) 사업, 투자
1070.	**convention**	*n.* 회의, 회동, 관습
1071.	**proposal**	*n.* 제안, 청혼
1072.	**pile**	*n.* 더미, 무더기 *v.* 쌓다
1073.	**atmosphere**	*n.* 대기, 분위기
1074.	**compete**	*v.* 경쟁하다, 대회에 참가하다
1075.	**attend**	*v.* 참가하다, 참석하다
1076.	**container**	*n.* 용기, 컨테이너
1077.	**praise**	*n. v.* 칭찬(하다)

1078.	**vacant**	*a.* 빈, 공석인
1079.	**amusing**	*a.* 즐거운, 즐겁게 하는
1080.	**prime**	*a.* 우선하는, 가장 중요한
1081.	**discount**	*n.* 할인 *v.* 할인하다
1082.	**approach**	*n.* 해결책, 접근방법 *v.* ~에 접근하다
1083.	**amazing**	*a.* 아주 놀라운
1084.	**carpenter**	*n.* 목수
1085.	**genetic**	*a.* 유전자의, 유전의
1086.	**toast**	*n.* 건배, 토스트
1087.	**outline**	*n.* 개요, 윤곽 *v.* 개요를 보여주다
1088.	**lock**	*v.* 잠그다 *n.* 자물쇠
1089.	**well-being**	*n.* 행복, 건전함
1090.	**competition**	*n.* 경쟁, 대회
1091.	**announce**	*v.* 발표하다, 안내 방송을 하다
1092.	**barbershop**	*n.* 이발소
1093.	**attention**	*n.* 주의, 정신 집중
1094.	**promotion**	*n.* 승진, 판촉, 촉진
1095.	**audience**	*n.* 청중, 관중
1096.	**newsletter**	*n.* 소식지
1097.	**convenience**	*n.* 편의, 편리

check! 1☐ 2☐ 3☐ 4☐ 5☐

#		
1098.	**therefore**	*ad.* 그러므로, 따라서
1099.	**applicant**	*n.* 신청자, 지원자
1100.	**urgent**	*a.* 긴급한, 다급한
1101.	**tropical**	*a.* 열대의
1102.	**tradition**	*n.* 전통
1103.	**substitute**	*v.* 대체하다 *n.* 대신하는 것[사람]
1104.	**security**	*n.* 보안, 경비
1105.	**store**	*n.* 상점, 저장물 *v.* 저장하다
1106.	**construction**	*n.* 공사, 건축
1107.	**bumpy**	*a.* 울퉁불퉁한, (차량이) 흔들거리는
1108.	**obligation**	*n.* 의무, 강제
1109.	**neglect**	*v.* 소홀히 하다, 게을리 하다
1110.	**observation**	*n.* 관찰, 감시, 논평
1111.	**stability**	*n.* 안정
1112.	**boundary**	*n.* 경계선
1113.	**applaud**	*v.* 박수 치다, 갈채를 보내다
1114.	**plant**	*n.* 설비, 공장, 식물 *v.* 심다
1115.	**spare**	*a.* 여분의, 예비용의
1116.	**apparently**	*ad.* 전해들은 바로는, 보아하니
1117.	**omit**	*v.* 생략하다, 빠뜨리다

1118.	**humidity**	n. 습도
1119.	**province**	n. 지방, 행정 단위
1120.	**fuel**	n. 연료
1121.	**explore**	n. 탐험하다, 탐구하다
1122.	**couch**	n. 소파
1123.	**decade**	n. 10년
1124.	**attraction**	n. 매력, 명소
1125.	**instrument**	n. 기구, 악기
1126.	**confidence**	n. 확신, 믿음, 자신감
1127.	**colleague**	n. 동료
1128.	**represent**	v. 대표하다, 나타내다
1129.	**witness**	v. 목격하다 n. 목격자, 증인
1130.	**proper**	a. 적절한, 적당한
1131.	**determined**	a. 굳게 결심한
1132.	**even**	a. 고른, 평평한 ad. 심지어
1133.	**negative**	a. 부정적인, 음성의
1134.	**symptom**	n. 증상, 징후
1135.	**promote**	v. 승진시키다, 판촉하다, 촉진하다
1136.	**council**	n. 지방 의회, 협의회
1137.	**device**	n. 도구, 장치

check! 1☐ 2☐ 3☐ 4☐ 5☐

#		
1138.	**generous**	*a.* 인심 좋은, 관대한, 푸짐한
1139.	**fasten**	*v.* 매다, 꽉 조이다
1140.	**representative**	*n.* 대표자, 대리인, 변호사 *a.* 대표하는
1141.	**intelligent**	*a.* 영리한, 지능이 높은
1142.	**deserve**	*v.* ~할 만하다, ~할 자격이 있다.
1143.	**layoff**	*n.* (일시적) 해고, 결근, 결장
1144.	**dispute**	*n.* 토론, 논쟁 *v.* 토론하다
1145.	**punish**	*v.* 처벌하다
1146.	**beneficial**	*a.* 이득이 되는, 혜택이 가는
1147.	**grade**	*n.* 성적, 등급, 학년 *v.* 점수를 매기다
1148.	**subtle**	*a.* 미묘한, 교묘한, 잘 안 보이는
1149.	**former**	*a.* 이전의
1150.	**up-to-date**	*a.* 최신의
1151.	**observe**	*n.* 관찰하다, 발언하다, 준수하다
1152.	**jam**	*n.* 막힘, 체증 *v.* 막히다, 고장 나다
1153.	**cargo**	*n.* 화물
1154.	**moderate**	*a.* 중간 수준의, 온건한
1155.	**pavement**	*n.* 보도, 포장 도로, 차도 표면
1156.	**install**	*v.* 설치하다
1157.	**frequently**	*ad.* 자주, 빈번히

1158.	**convey**	v. 전달하다, 수송하다
1159.	**successive**	a. 연이은, 연속적인
1160.	**conference**	n. 회의, 회합
1161.	**foundation**	n. 기반, 설립, 기관
1162.	**tendency**	n. 경향, 성향
1163.	**embarrass**	v. 당황케 하다, 창피를 주다
1164.	**corridor**	n. 복도
1165.	**interrupt**	v. 말을 자르다, 잠시 중단하다
1166.	**artificial**	a. 인공적인, 인위적인, 가짜인
1167.	**decision-maker**	n. 의사 결정권자
1168.	**shift**	v. 옮기다, 바꾸다 n. 이동, 변화
1169.	**modest**	a. 크지 않은, 겸손한
1170.	**greed**	n. 욕심, 식탐
1171.	**decorate**	v. 장식하다, 꾸미다
1172.	**transfer**	v. 옮기다, 갈아타다 n. 환승, 전근
1173.	**rare**	a. 드문, 고기를 거의 안 익힌
1174.	**desperate**	a. 필사적인, 절망적인
1175.	**grateful**	a. 고마워하는
1176.	**gradually**	ad. 점차
1177.	**insurance**	n. 보험, 보증

check! 1□ 2□ 3□ 4□ 5□

1178.	**premium**	n. 보험료, 할증금
1179.	**collaboration**	n. 협력, 합작
1180.	**layout**	n. 터 잡기, 지면 배정, 배치
1181.	**theft**	n. 도둑질, 절도
1182.	**rebate**	n. 환불 금액, 할인 금액
1183.	**mileage**	n. 주행거리, 연비
1184.	**describe**	v. 묘사하다, 설명하다
1185.	**favorable**	a. 호의적인, 유리한
1186.	**signature**	n. (서류상의 공식) 서명
1187.	**coordinate**	v. 조정하다, 조율하다
1188.	**intern**	n. 수습사원, 의대 인턴
1189.	**enthusiasm**	n. 열정, 정열
1190.	**blueprint**	n. 청사진, 설계도, 계획
1191.	**candid**	a. 솔직한
1192.	**concern**	n. 관심사, 우려 v. 영향을 주다, 관련되다
1193.	**lottery**	n. 복권
1194.	**poll**	n. 설문조사, 투표(수)
1195.	**currency**	n. 통화, 돈
1196.	**claim**	n. v. 지급요청(하다), 소유권(을 주장하다)
1197.	**proof**	n. 증거

1198.	**latter**	n. a. 후자(의)
1199.	**indicate**	v. 보여주다, 가리키다, 암시하다
1200.	**object**	n. 물체, 대상, 목표
1201.	**critical**	a. 중대한, 비판적인
1202.	**overcome**	v. 극복하다, 압도하다
1203.	**deny**	v. 부정하다, 부인하다
1204.	**identification**	n. 신분 증명, 신분증 ID
1205.	**resistance**	n. 저항, 반항
1206.	**width**	n. 폭, 너비
1207.	**voluntary**	a. 자원하는, 스스로 하는
1208.	**following**	a. n. 다음에 나오는 (것)
1209.	**departure**	n. 출발, 출발하는 차편
1210.	**note**	n. 메모, 쪽지, 간단한 필기 v. 주목하다
1211.	**absolutely**	ad. 물론, 절대적으로, 무척
1212.	**visible**	a. 눈에 보이는, 명백한
1213.	**method**	n. (체계적) 방식
1214.	**reasonable**	a. 합리적인, 적절한,
1215.	**appointment**	n. 약속, 임명, 지정
1216.	**associate**	v. 연관짓다, 제휴하다, 어울리다 n. 동료
1217.	**maximum**	n. a. 최대(의)

check! 1☐ 2☐ 3☐ 4☐ 5☐

1218.	**horizon**	*n.* 지평선, 수평선, 영역
1219.	**appreciate**	*v.* 진가를 알다, 감사하다
1220.	**attach**	*v.* 붙이다, 첨부하다
1221.	**beg**	*v.* 빌다, 애원하다
1222.	**carry**	*v.* 팔다, 취급하다, 재고로 갖고 있다
1223.	**analyze**	*v.* 분석하다
1224.	**range**	*n.* 범위
1225.	**draft**	*n.* 초안 *v.* 초안을 잡다
1226.	**correspondence**	*n.* 편지, 서신 왕래, 연관
1227.	**affair**	*n.* 업무, 일
1228.	**decisive**	*a.* 결정적인, 결단력 있는
1229.	**fundamental**	*a.* 기본적인, 근본적인, 필수적인
1230.	**remind**	*v.* 생각나게 하다, 상기시키다
1231.	**emphasize**	*v.* 강조하다
1232.	**counselor**	*n.* 상담사
1233.	**requisition**	*n.* 요구, 요청
1234.	**authority**	*n.* 권위, 당국, 공식 인가
1235.	**appliance**	*n.* 전자제품
1236.	**executive**	*n.* 임원, 중역 *a.* 관리직의, 행정의
1237.	**reject**	*v.* 거절하다, 거부하다

1238.	**recognize**	v. 알아보다, 인식하다
1239.	**meet**	v. 충족시키다, 맞추다
1240.	**remove**	v. 없애다, 벗다, 옮기다
1241.	**bargain**	n. 싸게 산 것, 합의 v. 협상하다
1242.	**disgusting**	a. 역겨운, 어처구니없는
1243.	**distribution**	n. 분배, 분포, 유통
1244.	**majority**	n. 다수
1245.	**interest**	n. 이자, 이해관계
1246.	**capable**	a. 능력 있는, 감당할 수 있는
1247.	**declare**	v. 선언하다, 선포하다, 신고하다
1248.	**investigate**	v. 조사하다, 알아보다
1249.	**exceed**	v. 초과하다, 넘어서다
1250.	**cultivate**	v. 재배하다, 함양하다
1251.	**instruction**	n. 교육, 지시, 설명문
1252.	**permanent**	a. 지속적인, 늘 있는, 확정된
1253.	**split**	v. 나누다, 쪼개다, 나뉘다
1254.	**feature**	n. 특징, 외모 v. 특징으로 삼다
1255.	**objective**	n. 목표
1256.	**loaf**	n. 덩어리
1257.	**dim**	a. 흐린, 어둑어둑한, 암울한

check! 1☐ 2☐ 3☐ 4☐ 5☐

#		
1258.	**compromise**	*n. v.* 타협(하다)
1259.	**obey**	*v.* 복종하다, 준수하다
1260.	**conceal**	*v.* 숨기다
1261.	**abolish**	*v.* 폐지하다
1262.	**ban**	*n.* 금지 *v.* 금지하다
1263.	**sponsor**	*n.* 후원사, 후원인 *v.* 후원하다
1264.	**speculation**	*n.* 추측, 투기
1265.	**prompt**	*a.* 즉각적인, 시간을 엄수하는 *v.* 유발하다
1266.	**defect**	*n.* 결함, 흠
1267.	**agenda**	*n.* 의제, 안건
1268.	**decent**	*a.* 번듯한, 괜찮은
1269.	**fertile**	*a.* 비옥한, 생산적인
1270.	**freeze**	*v.* 얼다, 얼리다 *n.* 동결, 중단
1271.	**frown**	*v.* 찡그리다, 찌푸리다
1272.	**innovate**	*v.* 혁신하다, 도입하다
1273.	**paycheck**	*n.* 급여 수표, 소득
1274.	**legitimate**	*a.* 합법적인, 합당한,
1275.	**relate**	*v.* 연관 짓다, 진술하다
1276.	**hike**	*n.* 증가, 등산 *v.* 늘리다

1277.	**considerate**	*a.* 신중한, 배려를 잘 하는
1278.	**yield**	*v.* 굴복하다, 양보하다, (성과를) 내다
1279.	**ignore**	*v.* 무시하다, 못 본 척하다
1280.	**detect**	*v.* 탐지하다, 찾아내다
1281.	**glance**	*v.* 흘깃 보다, 훑어보다
1282.	**sue**	*v.* 소송을 걸다
1283.	**fold**	*v.* 접다
1284.	**response**	*n.* 반응, 대응
1285.	**particular**	*a.* 특정한, 특별한
1286.	**temporary**	*a.* 일시적인, 임시의
1287.	**blanket**	*n.* 모포, 이불, 두터운 층
1288.	**interfere**	*v.* 간섭하다
1289.	**restore**	*v.* 회복하다, 재도입하다
1290.	**solution**	*n.* 해결책, 대책
1291.	**extent**	*n.* 정도, 규모
1292.	**compensate**	*v.* 보상하다, 벌충하다
1293.	**contrast**	*n.* 대조 *v.* 대조하다
1294.	**asset**	*n.* 자산, 재산
1295.	**host**	*n.* 주최인, 진행자 *v.* 개최하다, 소개하다
1296.	**considerable**	*a.* 상당한, 꽤 많은[큰]

check! 1□ 2□ 3□ 4□ 5□

1297.	**prevention**	n. 방지, 예방
1298.	**virtually**	ad. 거의
1299.	**dependent**	a. 의존하는, ~에 좌우되는
1300.	**definition**	n. 뜻, 정의, 해상도
1301.	**vital**	a. 필수적인, 생명의
1302.	**abrupt**	a. 갑작스러운, 퉁명스러운
1303.	**estimate**	n. 견적, 추정치 v. 견적 내다, 추정하다
1304.	**bankrupt**	a. 파산한
1305.	**bounce**	v. 튀어 오르다, 반송하다
1306.	**dash**	n. v. 돌진(하다)
1307.	**stock**	n. 주식, 주가, 재고
1308.	**lick**	v. 핥다
1309.	**perfume**	n. 향수, 향기
1310.	**gaze**	v. 물끄러미 보다, 응시하다
1311.	**precisely**	ad. 정확히, 신중히
1312.	**explode**	v. 폭발하다, 터뜨리다
1313.	**ownership**	n. 소유(권)
1314.	**purchase**	n. v. 구입(하다)
1315.	**interpret**	v. 통역하다, 해석하다
1316.	**occupy**	v. 점유하다, 차지하다, 직책을 갖다

1317.	**brief**	*a.* 간략한, 간단한
1318.	**differ**	*v.* 다르다, 의견차를 보이다
1319.	**possession**	*n.* 소유, 소지, 소유물
1320.	**deliberate**	*a.* 고의적인, 신중한
1321.	**concrete**	*a.* 구체적인, 콘크리트로 만든
1322.	**consequence**	*n.* 결과
1323.	**expense**	*n.* 비용
1324.	**recovery**	*n.* 회복
1325.	**adapt**	*v.* 조절하다, 수정하다, 적응하다
1326.	**acquainted**	*a.* 안면을 튼, 아는 사이인
1327.	**superior**	*a.* 우월한
1328.	**conquest**	*n.* 정복, 제압
1329.	**identity**	*n.* 신분, 정체(성), 특징
1330.	**impression**	*n.* 인상, 느낌, 영향
1331.	**similar**	*a.* 비슷한, 유사한
1332.	**appearance**	*n.* 겉모습, 외모, 출연
1333.	**prevent**	*v.* 못 하게 하다, 방지하다
1334.	**compare**	*v.* 비교하다, 비유하다
1335.	**relative**	*a.* 상대적인 *n.* 친척
1336.	**involve**	*v.* 연루시키다, 포함하다

check! 1□ 2□ 3□ 4□ 5□

#		
1337.	**blame**	*n.* 비난 *v.* 비난하다, 탓하다
1338.	**comparison**	*n.* 비교
1339.	**iron**	*n.* 다리미 *v.* 다림질하다
1340.	**excess**	*n.* 과다, 초과
1341.	**expose**	*v.* 드러내다, 노출하다
1342.	**dwell**	*v.* 살다, 거주하다
1343.	**motivation**	*n.* 자극, 동기 부여
1344.	**outstanding**	*a.* 눈에 띄는, 미지급된, 미해결된
1345.	**devoted**	*a.* 헌신하는, 열성을 다 하는
1346.	**distinguish**	*v.* 구별하다
1347.	**restless**	*a.* 불안한, 불편한
1348.	**poison**	*v.* 독을 먹이다[넣다] *n.* 독
1349.	**conclusion**	*n.* 결론, 맺음말
1350.	**roast**	*v.* 굽다, 구워지다 *n.* 구이
1351.	**sticky**	*a.* 끈적거리는, 달라붙는
1352.	**translate**	*v.* 번역하다, 해석하다
1353.	**upright**	*a.* 곧은, 허리를 쭉 편, 수직의
1354.	**anchor**	*n.* 닻, 뉴스 진행자 *v.* 고정하다
1355.	**victim**	*n.* 희생자, 사상자
1356.	**wrist**	*n.* 손목

1357.	**succeed**	v. 이어받다, 계승하다, 성공하다
1358.	**poverty**	n. 가난, 결핍
1359.	**amusement**	n. 즐거움, 오락
1360.	**fabric**	n. 천, 직물
1361.	**shorten**	v. 줄이다, 줄다
1362.	**plaster**	n. 회반죽, 깁스 v. 회칠을 하다
1363.	**impressive**	a. 인상적인, 강한 인상을 주는
1364.	**establish**	v. 설립하다, 확립하다, 규명하다
1365.	**summit**	n. 꼭대기, 정점, 정상 회담
1366.	**crisis**	n. 위기, 고비
1367.	**earnest**	a. 진실한, 성실한
1368.	**boast**	v. 뽐내다, 자랑하다 n. 자랑
1369.	**scope**	n. 잠재력, 능력, 범위
1370.	**conviction**	n. 확신, 신념, 유죄 판결
1371.	**preach**	v. 설교하다
1372.	**hatred**	n. 미움, 증오
1373.	**rubbish**	n. 쓰레기
1374.	**uneasy**	a. 불편한, 불안한,
1375.	**enrich**	v. 풍요롭게 하다, 부유하게 하다
1376.	**envy**	n. 질투, 부러움 v. 질투하다

check! 1□ 2□ 3□ 4□ 5□

1377.	**swear**	v. 맹세하다, 욕하다
1378.	**torture**	n. 괴롭힘, 고문 v. 괴롭히다
1379.	**eternal**	a. 영원한, 끊임없는
1380.	**contempt**	n. 경멸, 무시
1381.	**inspire**	v. 의욕을 불어넣다, 영감을 주다
1382.	**scar**	n. 흉터 v. 흉터를 남기다
1383.	**porter**	n. 짐꾼, 짐 나르는 사람
1384.	**restrict**	v. 규제하다, 제한하다
1385.	**coward**	n. 겁쟁이
1386.	**evaluate**	v. 평가하다, 값을 매기다
1387.	**liberal**	a. 자유분방한, 교양의, 잘 베푸는
1388.	**offspring**	n. 자손, 자녀들
1389.	**mercy**	n. 자비, 아량
1390.	**hug**	v. 껴안다 n. 포옹
1391.	**consult**	v. 상의하다, 참고하다
1392.	**frustrate**	v. 좌절시키다, 못 하게 하다
1393.	**exception**	n. 예외
1394.	**surgery**	n. 수술
1395.	**domain**	n. 영역, 인터넷 주소
1396.	**pace**	n. 속도, 발걸음, 보폭

1397.	**increasingly**	*ad.* 점차, 점점 더
1398.	**attitude**	*n.* 태도, 자세
1399.	**insult**	*n.* 모욕 *v.* 모욕하다
1400.	**crack**	*v.* 갈라지다, 깨다 *n.* 갈라진 틈
1401.	**fiscal**	*a.* 회계의, 공금의
1402.	**refrain**	*v.* 삼가다, 참다 *n.* 반복되는 말, 후렴구
1403.	**immune**	*a.* 면역된, 면역력이 있는
1404.	**valid**	*a.* 유효한, 타당한
1405.	**surge**	*v.* 급증하다, 들이닥치다 *n.* 급증, 쇄도
1406.	**controversy**	*n.* 논란
1407.	**baggage**	*n.* 짐
1408.	**foothold**	*n.* 기반, 발 디딜 곳
1409.	**region**	*n.* 지역, 신체 부위
1410.	**alien**	*a.* 이질적인, 외국의 *n.* 외국인
1411.	**token**	*n.* 화폐 대용, 증거, 표시
1412.	**nasty**	*a.* 불쾌한, 역겨운
1413.	**refund**	*n.* 환불 *v.* 환불해주다
1414.	**masterpiece**	*n.* 걸작
1415.	**plea**	*n.* (유무죄) 주장, 간청
1416.	**sober**	*a.* 술에 취하지 않은, 진지한

check! 1☐ 2☐ 3☐ 4☐ 5☐

1417.	**cosmetic**	*a.* 겉모습의, 성형의
1418.	**fulfill**	*v.* 이룩하다, 충족하다
1419.	**mandate**	*n.* 임기, 권한 *v.* 규정하다
1420.	**overtake**	*v.* ~보다 앞서다, 추월하다
1421.	**blossom**	*n. v.* 꽃(피다)
1422.	**prosperous**	*a.* 번창하는, 성공한
1423.	**relaxation**	*n.* 휴식, 취미활동, 긴장 풀기, 완화
1424.	**intersection**	*n.* 교차로
1425.	**insider**	*n.* 조직의 내부인
1426.	**fuss**	*n.* 야단법석, 호들갑
1427.	**tourism**	*n.* 관광, 관광업
1428.	**runway**	*n.* 활주로, 패션쇼 무대
1429.	**condominium**	*n.* 콘도 (건물 또는 하나의 호수), 아파트
1430.	**dental**	*n.* 치아의, 치과의
1431.	**infant**	*n.* 아기, 유아
1432.	**freelance**	*a.* 자유직의 *n. v.* 프리랜서(로 일하다)
1433.	**limousine**	*n.* 공항 셔틀버스, 대형 고급 승용차
1434.	**commodity**	*n.* 상품, 일용품
1435.	**outlook**	*n.* 전망, 관점, 태도
1436.	**naughty**	*a.* 버릇없는, 짓궂은

1437.	**passive**	*a.* 수동적인, 소극적인
1438.	**manifest**	*v.* 증명하다, 보이다
1439.	**cue**	*n.* 신호, 큐 사인 *v.* 신호를 주다
1440.	**sanction**	*n.* 인허가, 제재 *v.* 허가하다, 제재하다
1441.	**neighboring**	*a.* 이웃해 있는, 바로 옆에 있는
1442.	**intolerable**	*a.* 견딜 수 없는, 참기 힘든
1443.	**allege**	*v.* (근거 없이) 주장하다, 혐의를 씌우다
1444.	**nutrition**	*n.* 영양, 영양 공급
1445.	**momentary**	*a.* 잠깐 동안의, 한 순간의
1446.	**deceive**	*v.* 속이다, 착각을 일으키다
1447.	**hospitable**	*a.* 대접을 잘 하는, 다정히 맞이하는
1448.	**quicken**	*v.* 빨라지다, 빠르게 하다, 활발해지다
1449.	**temptation**	*n.* 유혹
1450.	**modernize**	*v.* 현대화하다, 갱신하다
1451.	**pregnant**	*a.* 임신한
1452.	**warrant**	*n.* 보증, 영장
1453.	**spokesperson**	*n.* 대변인
1454.	**multiple**	*a.* 많은, 다수의
1455.	**audit**	*n.* 회계 감사, 검사 *v.* 회계 감사를 하다
1456.	**flyer**	*n.* 전단지, 광고지, 비행기 승객

check! 1☐ 2☐ 3☐ 4☐ 5☐

1457.	**guideline**	*n.* 지침, 정책
1458.	**certification**	*n.* 증명, 자격증
1459.	**embassy**	*n.* 대사관
1460.	**tenant**	*n.* 세입자
1461.	**breakthrough**	*n.* 획기적인 발전, 돌파구
1462.	**conditional**	*a.* 조건이 붙은, 조건부의
1463.	**punctual**	*a.* 시간을 잘 지키는
1464.	**console**	*v.* 위로하다 *n.* 제어장치, 콘솔
1465.	**imbalance**	*n.* 불균형
1466.	**circuit**	*n.* 순회, 한 바퀴 돎, 회로
1467.	**presume**	*v.* 짐작하다, 추정하다
1468.	**sincerely**	*ad.* 진심으로, 진실로
1469.	**proficient**	*a.* 능숙한, 유창한
1470.	**outrage**	*n.* 격분, 횡포, 참사
1471.	**standstill**	*n.* 마비, 중단
1472.	**short-cut**	*n.* 지름길, 요령
1473.	**second-hand**	*a.* 중고의, 남에게 얻어들은 *ad.* 중고로
1474.	**straightforward**	*a.* 쉬운, 솔직한
1475.	**aim**	*n.* 목표, *v.* 겨누다, 목표로 삼다
1476.	**fruitful**	*a.* 결실을 맺는, 성과가 있는

1477.	**cholesterol**	*n.* 콜레스테롤
1478.	**brief**	*a.* 간단한, 짧은 시간의
1479.	**exaggerate**	*v.* 과장하다
1480.	**slash**	*v.* 긋다, 대폭 줄이다
1481.	**tumor**	*n.* 종양
1482.	**skyrocket**	*v.* 급증하다, 급등하다
1483.	**infection**	*n.* 감염
1484.	**changeable**	*a.* 변할 수 있는, 자주 바뀌는
1485.	**sort**	*n.* 종류 *v.* 분류하다
1486.	**anxious**	*a.* 열망하는, 걱정하는
1487.	**express**	*a.* 급행의, 속달의 *ad.* 속달로
1488.	**notification**	*n.* 통보, 통지
1489.	**prospective**	*a.* 가능성 있는, 곧 있을
1490.	**presumably**	*ad.* 아마도, 추측컨대
1491.	**envelope**	*n.* 봉투
1492.	**attendance**	*n.* 출석, 참석자 수
1493.	**anticipation**	*n.* 기대, 예상
1494.	**rust**	*n.* 녹 *v.* 녹슬다
1495.	**bare**	*a.* 벌거벗은, 텅 빈
1496.	**lust**	*n.* 성욕, 욕망

check! 1☐ 2☐ 3☐ 4☐ 5☐

1497.	**cite**	v. 인용하다, 언급하다
1498.	**literary**	a. 문학의, 문어적인
1499.	**fate**	n. 운명, 운
1500.	**consulate**	n. 영사관

토익 필수 영단어

PART 2

TOEIC
Essential Words

TOEIC 고득점을 목표로 하는 학습자들이 반드시
알아야 할 단어를 우선순위로 수록하였다.

0001.	**distance**	n. 거리, 떨어져 있음
0002.	**kitchenware**	n. 주방용품
0003.	**investment**	n. 투자, 투자금, 할애
0004.	**immigrate**	v. 이민 오다
0005.	**gradual**	a. 점진적인, 점차 변하는
0006.	**handful**	n. 한 줌, 소수
0007.	**storage**	n. 저장, 보관
0008.	**thoughtful**	a. 생각에 잠긴, 신중한, 자상한
0009.	**insert**	v. 삽입하다, 집어넣다
0010.	**scenery**	n. 경치, 배경
0011.	**dodge**	v. 잽싸게 피하다, (책임을) 회피하다
0012.	**appetite**	n. 식욕, 욕구
0013.	**carton**	n. 포장 용기, 상자
0014.	**broaden**	v. 넓어지다, 넓히다
0015.	**genre**	n. 유형, 장르
0016.	**constantly**	ad. 끊임없이, 되풀이하여
0017.	**object**	v. 반대하다, 반발하다
0018.	**investigation**	n. 조사, 연구
0019.	**firm**	n. 회사
0020.	**satisfaction**	n. 만족, 충족

check! 1☐ 2☐ 3☐ 4☐ 5☐

0021.	**react**	v. 반응하다, 대응하다
0022.	**portable**	a. 휴대용의, 들고 다닐 수 있는 n. 휴대용품
0023.	**progressive**	a. 진보적인, 발전적인, 점진적인
0024.	**tear**	v. 찢다, 부수다
0025.	**remark**	n. 발언, 연설문 v. 발언하다
0026.	**examine**	v. 조사하다, 검사하다
0027.	**allergy**	n. 알레르기
0028.	**qualified**	a. 자격을 갖춘, 자격이 부여된
0029.	**intellectual**	a. 지적인
0030.	**accountant**	n. 회계사
0031.	**machinery**	n. 기계(전체), 장비
0032.	**strengthen**	v. 강화하다, 세지다
0033.	**pierce**	v. 구멍을 내다, 뚫다
0034.	**identify**	v. 식별하다, 신원을 밝히다, 발견하다
0035.	**predict**	v. 예측하다, 미루어 짐작하다
0036.	**prove**	v. 증명하다, ~임이 밝혀지다
0037.	**outcome**	n. 결과
0038.	**altogether**	ad. 완전히, 다 합쳐서, 전체적으로
0039.	**soften**	v. 부드럽게 하다, 부드러워지다, 충격을 완화하다

0040.	**yearly**	*a.* 1년의, 매년의 *ad.* 1년마다
0041.	**awesome**	*a.* 굉장한, 멋진
0042.	**hospital**	*n.* 병원
0043.	**nourish**	*v.* 영양분을 주다, 계발하다
0044.	**remedy**	*n.* 해결책, 치료 *v.* 해결하다
0045.	**enroll**	*v.* 등록하다
0046.	**trace**	*n.* 흔적 *v.* 추적하다
0047.	**aroma**	*n.* 향기
0048.	**insane**	*a.* 미친, 제정신이 아닌
0049.	**optimistic**	*a.* 낙관적인, 긍정적인
0050.	**contrary**	*a.* 반대의, 대조되는
0051.	**dominate**	*v.* 지배하다, 장악하다
0052.	**commute**	*v.* (원거리를) 출퇴근하다, 차로 출퇴근하다
0053.	**serial**	*n.* 연재물 *a.* 연속되는, 연쇄적인
0054.	**compliment**	*n.* 칭찬 *v.* 칭찬하다
0055.	**sequel**	*n.* 후속편
0056.	**particle**	*n.* 티끌, 미립자
0057.	**fraction**	*n.* 작은 부분, 분수
0058.	**orbit**	*n.* 궤도 *v.* 궤도를 따라 돌다

check! 1☐ 2☐ 3☐ 4☐ 5☐

0059.	**mingle**	v. 섞(이)다, 사람들과 어울리다
0060.	**resemble**	v. ~와 닮다
0061.	**subordinate**	a. 하급의, 덜 중요한 n. 하급자 v. 홀대하다
0062.	**stalk**	v. 몰래 다가가다, 계속 따라다니다 n. 잎[꽃]자루
0063.	**segment**	n. 부분, (프로그램의 한) 코너
0064.	**plunge**	v. 추락하다, 폭락하다
0065.	**cluster**	n. 무리, 군집 v. 모이다
0066.	**axis**	n. 축, (중심)선
0067.	**sniff**	v. 맡다, 코를 훌쩍이다, 킁킁거리다
0068.	**metric**	a. 미터법에 의한
0069.	**halt**	n. v. 중지(하다)
0070.	**antibiotic**	n. 항생제
0071.	**nosedive**	v. 폭락하다, 급격히 감소하다 n. 폭락
0072.	**sneeze**	n. v. 재채기(하다)
0073.	**confederation**	n. 연합, 연맹
0074.	**dignified**	a. 위엄 있는, 품위 있는
0075.	**precious**	a. 소중한, 귀중한
0076.	**honorable**	a. 영광스러운, 영예로운
0077.	**humanity**	n. 인류, 인간성

0078.	**freezing**	*a.* 무척 추운, 영하의
0079.	**occupation**	*n.* 직업, 점유, 소일거리
0080.	**brand**	*n.* 상표, 낙인 *v.* 낙인찍다, 매도하다
0081.	**irrigation**	*n.* 관개, 물 대기
0082.	**brisk**	*a.* 재빠른, 분주한
0083.	**respiration**	*n.* 호흡
0084.	**exploit**	*v.* 착취하다, (사업용으로) 개발하다
0085.	**detach**	*v.* 분리하다, 파견하다
0086.	**dismal**	*a.* 음울한, 비참한
0087.	**superstitious**	*a.* 미신을 믿는
0088.	**render**	*a.* 만들다, 제공하다, 번역하다
0089.	**tactic**	*n.* 전술, 수법
0090.	**conspicuous**	*a.* 잘 보이는, 돋보이는,
0091.	**vault**	*n.* 금고(실)
0092.	**renowned**	*a.* 유명한, 이름 높은
0093.	**condolence**	*n.* (고인에 대한) 애도
0094.	**placid**	*a.* 잔잔한, 조용한, 얌전한
0095.	**edible**	*a.* 식용의, 독성이 없는, 먹을 만한
0096.	**jurisdiction**	*n.* 사법[관할]권, (사법)관할구역
0097.	**immunity**	*n.* 면역력, 면책

check! 1☐ 2☐ 3☐ 4☐ 5☐

0098.	**proposition**	*n.* 제안, 발의, 과업
0099.	**annex**	*n.* 부록, 별관
0100.	**testimony**	*n.* 증언, 증거
0101.	**eminent**	*a.* 저명한, 걸출한
0102.	**hereditary**	*a.* 유전의, 세습되는
0103.	**proliferate**	*v.* 급증하다, 확산되다
0104.	**eloquent**	*a.* 말을 잘 하는, 말이 조리 있는
0105.	**elude**	*v.* 피하다, 빠져나가다
0106.	**permissible**	*a.* (규정에) 허용된
0107.	**aspire**	*v.* 열망하다, 야심을 품다
0108.	**revenue**	*n.* (세금에 의한) 수입, 총수입
0109.	**expenditure**	*n.* 지출, 소모
0110.	**fixture**	*n.* 붙박이, 고정된 설비(욕조, 변기 등)
0111.	**ongoing**	*a.* 계속되는, 진행 중인
0112.	**bookkeeping**	*n.* 부기, 장부 관리
0113.	**invalid**	*a.* 효력이 없는, 근거 없는
0114.	**legislation**	*n.* 입법, 법률
0115.	**commerce**	*n.* 상업, 상거래
0116.	**cohesive**	*a.* 단합된, 단합시키는
0117.	**synchronize**	*v.* 동시에 하다

0118.	**theoretical**	*a.* 이론(상)의
0119.	**abstain**	*v.* 삼가다, 기권하다
0120.	**belly**	*n.* 배, 복부
0121.	**submit**	*v.* 제출하다, 복종하다
0122.	**bow**	*v.* 절하다, 고개를 숙이다 *n.* 절, 인사
0123.	**arbitration**	*n.* 조정, 중재
0124.	**barter**	*n. v.* 물물교환(하다)
0125.	**rigorous**	*a.* 엄격한, 철저한
0126.	**censor**	*n.* 검열관, 검열기관 *v.* 검열하다
0127.	**onset**	*n.* 시작
0128.	**capricious**	*a.* 변덕스러운, 수시로 변하는
0129.	**dent**	*n.* 움푹 팬 곳, 찌그러짐 *v.* 흠집을 내다
0130.	**analogy**	*n.* 유사(성), 비유, 비교
0131.	**mold**	*n.* 거푸집, 틀, 곰팡이 *v.* 틀에 찍어 만들다
0132.	**attain**	*v.* 달성하다, 획득하다
0133.	**fragment**	*n.* 부분, 파편
0134.	**snatch**	*v.* 잡아채다, 훔치다
0135.	**speculate**	*v.* 추정하다, 투기하다
0136.	**indignant**	*a.* 화내는, 분개하는

check! 1☐ 2☐ 3☐ 4☐ 5☐

0137.	**census**	n. 인구 조사
0138.	**inhabit**	v. ~에 살다
0139.	**grant**	v. 주다, 승인하다, 인정하다 n. 지원금
0140.	**furnish**	v. ~에 가구를 들이다, 제공하다
0141.	**strive**	v. 노력하다, 분발하다
0142.	**interrogate**	v. 심문하다, 취조하다
0143.	**adequate**	a. 충분한
0144.	**restrain**	v. 제지하다, 억제하다
0145.	**terminate**	v. 종결하다, 종점에 이르다
0146.	**voucher**	n. 교환권, 할인권
0147.	**worldly**	a. 세속적인, 세상물정에 밝은
0148.	**adolescent**	n. 청소년, 십대
0149.	**mature**	a. 성숙한, 철 든
0150.	**notion**	n. 생각, 신념, 이해
0151.	**status**	n. 지위, 상태
0152.	**paperwork**	n. 서류 업무
0153.	**gross**	a. (공제 이전) 총-, 중대한, 역겨운 n. 총계
0154.	**integral**	a. 필수적인, 완전한, 내장된
0155.	**recall**	v. 회수하다, 회상하다, 상기하다
0156.	**reminiscence**	n. 회상, 추억, 상기

0157.	**drag**	v. 질질 끌다, 천천히 움직이다
0158.	**tow**	v. 차량을 견인하다 n. 견인
0159.	**trail**	n. 긴 흔적, 길, 순회 코스 v. 끌다, 쫓다
0160.	**tug**	v. (세게 여러 번) 당기다 n. 당김
0161.	**commence**	v. 시작하다, 시작되다
0162.	**inauguration**	n. 취임, 개시, 준공식
0163.	**journey**	n. 여행, 여정, 과정
0164.	**weep**	v. 울다, 눈물을 흘리다
0165.	**clarify**	v. 명확히 하다, 확실히 설명하다
0166.	**force**	v. 강제하다 n. 힘, 인력, 팀원들
0167.	**mark**	v. 표시하다, 기념하다 n. 표시, 점수
0168.	**apprehensive**	a. 두려워하는
0169.	**grin**	v. 방긋 웃다, 싱글싱글하다
0170.	**initiate**	v. 시작하다
0171.	**compel**	v. 강요하다
0172.	**heritage**	n. 전통, 유산
0173.	**instant**	a. 즉시 하는, 즉석식품의 n. 순간
0174.	**continuous**	a. 계속되는, 되풀이되는
0175.	**widespread**	a. 광범위한, 넓은 지역의
0176.	**broil**	v. 석쇠에 굽다, 달구다, 달궈지다

check! 1☐ 2☐ 3☐ 4☐ 5☐

0177.	**compartment**	n. 칸, 구획
0178.	**leather**	n. 가죽
0179.	**choose**	v. 선택하다
0180.	**execute**	v. 실행하다, 집행하다
0181.	**degrade**	v. 비하하다, 격을 낮추다
0182.	**articulate**	a. 조리 있는 v. 분명하게 말하다
0183.	**noted**	a. 유명한
0184.	**jaywalk**	v. 무단 횡단하다
0185.	**outlaw**	v. 불법화하다, 금지하다 n. 범법자
0186.	**conduct**	v. 실행하다, 지휘하다, 이끌다 n. 수행, 행실
0187.	**beat**	v. 치다, 이기다, 능가하다 n. 박자
0188.	**lift**	v. 들어 올리다, 옮기다, 해제하다
0189.	**huge**	a. 거대한, 엄청난
0190.	**process**	n. 진행, 과정, 경과 v. 가공하다
0191.	**hurry**	v. 서두르다, 빨리하다, n. 서두름
0192.	**oppose**	v. 반대하다
0193.	**preference**	n. 선호, 더 좋아함
0194.	**panic**	n. (갑작스러운) 공포, 공황 v. 겁에 질리다
0195.	**conflict**	n. 갈등, 싸움 v. 갈등하다, 모순되다

0196.	**gathering**	*n.* 모임, 수집
0197.	**attire**	*n.* 의상, 옷
0198.	**calm**	*a.* 조용한, 침착한 *v.* 진정시키다
0199.	**support**	*v.* 지탱하다, 지지하다, 부양하다
0200.	**noise**	*n.* 소음
0201.	**incident**	*n.* 사건, 갈등
0202.	**glare**	*v.* 노려보다, 이글거리다 *n.* 노려봄, 이글거림
0203.	**twinkle**	*v.* 반짝이다 *n.* 반짝임
0204.	**alert**	*a.* 눈치 빠른, 인식하는 *v.* 경고하다 *n.* 경고
0205.	**opponent**	*n.* 상대방, 맞수, 반대자
0206.	**objective**	*a.* 객관적인, 공정한
0207.	**toss**	*v.* 던지다, 왔다갔다 움직이다
0208.	**swift**	*a.* 재빠른, 신속한
0209.	**hazard**	*n.* 위험
0210.	**liability**	*n.* 책임, 빚, 부채 금액
0211.	**replace**	*v.* 대신하다, 대체하다
0212.	**astonish**	*v.* 무척 놀라게 하다
0213.	**blank**	*a.* 비어 있는, *n.* 빈칸
0214.	**harass**	*v.* 괴롭히다

check! 1□ 2□ 3□ 4□ 5□

0215.	**height**	n. 높이, 키, ⟨-s⟩ 높은 곳, 최고조
0216.	**hunger**	n. 굶주림, 배고픔, 욕구
0217.	**avoid**	v. 회피하다, 면하다
0218.	**complimentary**	a. 무료의, 칭찬하는
0219.	**cost**	n. 비용 v. 비용이 들다
0220.	**fee**	n. 수수료, 가입비, 입장료
0221.	**premature**	a. 때 이른, 성급한, 조산한
0222.	**connect**	v. 연결되다, 연결하다
0223.	**disappear**	v. 사라지다
0224.	**effort**	n. 노력
0225.	**property**	n. 재산, 부동산
0226.	**streak**	n. 줄무늬, 연속 v. 줄무늬를 그리다
0227.	**menace**	n. 위협 v. 위협하다
0228.	**shame**	n. 치욕, 아쉬움 v. 부끄럽게 하다
0229.	**expectancy**	n. 기대, (통계) 기대치
0230.	**fat**	a. 뚱뚱한 n. 지방질
0231.	**thwart**	v. 못 하게 하다, 좌절시키다
0232.	**obstruct**	v. 가로막다, 방해하다
0233.	**demand**	v. 요구하다 n. 수요
0234.	**intact**	a. 멀쩡한, 원 상태 그대로인

0235.	refuse	v. 거부하다, 거절하다
0236.	pretend	v. ~인 척하다, 가장하다
0237.	discipline	n. 규율, 자제력, (대학) 과목
0238.	border	n. 경계, 국경
0239.	reveal	v. 드러내다, 폭로하다
0240.	flourish	v. 번영하다, 성공하다
0241.	breakage	n. 파손, 파손된 물건
0242.	compile	v. 모으다, 모음집을 만들다
0243.	surround	v. 둘러싸다, ~와 관련 있다
0244.	repair	v. 고치다, n. 수리
0245.	intend	v. 의도하다, ~할 작정이다
0246.	ingenious	a. 창의적인, 현명한
0247.	wholesome	a. 건강에 좋은, 건전한
0248.	hygienic	a. 위생적인
0249.	dismay	v. 실망시키다 n. 실망
0250.	dermatologist	n. 피부과 의사
0251.	puzzle	v. 헷갈리게 하다
0252.	confidential	a. 비밀의, 은밀한
0253.	profitable	a. 수익성이 높은, 돈이 되는, 보람 있는
0254.	initiative	n. 주도권, 기획, 독창성

check! 1☐ 2☐ 3☐ 4☐ 5☐

0255.	**jerk**	v. 갑자기 움직이다
0256.	**legend**	n. 전설, 신화
0257.	**belief**	n. 믿음, 견해
0258.	**peaceful**	a. 평화적인, 조용한, 평화를 사랑하는
0259.	**threaten**	v. 위협하다, ~할 위험성이 있다
0260.	**splendid**	a. 훌륭한, 멋진
0261.	**foster**	v. 장려하다, 촉진하다, 양자로 들이다
0262.	**conscientious**	a. 양심적인, 성실한
0263.	**severe**	a. 극심한, 악질의, 힘든, 매정한
0264.	**perplex**	v. 헷갈리게 하다
0265.	**abandon**	v. 버리다, 탈출하다, 떠나다
0266.	**anger**	n. 노여움 v. 화나게 하다
0267.	**hesitate**	v. 망설이다
0268.	**descent**	n. 하강, 내리막
0269.	**govern**	v. 다스리다, 관장하다
0270.	**obvious**	a. 뚜렷한, 뻔한
0271.	**payable**	a. 지불해야 하는, 지불될 수 있는
0272.	**disturb**	v. 방해하다, 걱정을 끼치다
0273.	**injure**	v. 다치게 하다, 훼손하다
0274.	**toxic**	a. 유독한, 독성이 있는

0275.	**surrender**	v. 항복하다, 양도하다, 포기하다
0276.	**inform**	v. 알리다, 통보하다
0277.	**stupid**	a. 어리석은
0278.	**stern**	a. 엄한, 매정한
0279.	**supreme**	a. 최고의, 최고 지위의
0280.	**stillness**	n. 조용함, 잠잠함
0281.	**patience**	n. 인내, 참을성
0282.	**scholarship**	n. 장학금, 학문
0283.	**thrive**	v. 번영하다, 잘 살다
0284.	**refine**	v. 정제하다, 순도를 높이다, 향상시키다
0285.	**financial**	a. 금융의, 재정의
0286.	**sanitary**	a. 위생의, 깨끗한
0287.	**loan**	n. 대출 v. 돈을 빌려주다
0288.	**phase**	n. 국면, 단계, 시기
0289.	**distribute**	v. 분배하다, 배포하다, 유통하다
0290.	**approve**	v. 승인하다, 허가하다
0291.	**moral**	a. 도덕적인, 윤리에 맞는 n. 교훈
0292.	**migrate**	v. 이주하다, 철 따라 옮기다
0293.	**innocent**	a. 죄 없는, 순진한
0294.	**inclination**	n. 경향, 기질, 하고픈 기분

check! 1☐ 2☐ 3☐ 4☐ 5☐

0295.	**sympathy**	n. 동정, 연민
0296.	**empathy**	n. 감정 이입, 공감
0297.	**weird**	a. 이상한, 특이한
0298.	**rude**	a. 무례한
0299.	**hostile**	a. 미워하는, 반감을 가진, 반대하는
0300.	**stimulate**	v. 자극하다, 촉진하다
0301.	**advisory**	a. 조언하는, 충고하는
0302.	**stubborn**	a. 고집 센, 완고한, 잘 안 없어지는
0303.	**aptitude**	n. 적성, 재능
0304.	**obstacle**	n. 장애물, 방해
0305.	**criticize**	v. 비난하다, 비판하다
0306.	**dismiss**	v. 해고하다, 무시하다, 해산시키다
0307.	**evacuate**	v. 대피시키다, ~을 빠져나오다
0308.	**forbid**	v. 금지하다
0309.	**irritate**	v. 짜증나게 하다., 염증을 일으키다
0310.	**excessive**	a. 지나친, 과도한
0311.	**accidental**	a. 우연의, 우발적인
0312.	**reluctant**	a. 마지못해 하는, 억지로 하는
0313.	**disposition**	n. 기질, 성향, 배열
0314.	**glide**	v. 부드럽게 움직이다, 기류를 이용해 날다

0315.	**melancholy**	n. 우울함 a. 우울한
0316.	**wade**	v. (물, 진흙탕을) 힘들게 지나가다, 첨벙거리다
0317.	**contingent**	a. ~에 달려 있는, 좌우되는
0318.	**legislature**	n. 입법부
0319.	**peril**	n. 위험
0320.	**strategic**	a. 전략적인
0321.	**allude**	v. 넌지시 언급하다, 암시하다
0322.	**plummet**	v. 폭락하다, 곤두박질치다
0323.	**predicament**	n. 곤란, 곤경
0324.	**fluent**	a. 유창한, 외국어를 잘 하는
0325.	**standpoint**	n. 관점, 의견
0326.	**composition**	n. 구성, 작곡, 작문
0327.	**flood**	n. 홍수, 쇄도 v. 쇄도하다, 넘쳐나다
0328.	**fumes**	n. 매연, 유독 가스
0329.	**steep**	a. 가파른 v. 담그다
0330.	**primitive**	a. 원시적인, 조악한
0331.	**volcano**	n. 화산
0332.	**marble**	n. 대리석, 구슬
0333.	**span**	n. 기간, 범위, 폭

check! 1☐ 2☐ 3☐ 4☐ 5☐

0334.	**cone**	n. 원뿔, (솔방울 등의) 둥근 열매
0335.	**math**	n. 수학, 계산
0336.	**haul**	v. 나르다, 끌다 n. 거리
0337.	**thrust**	v. 세게 밀다, 찌르다, 달려들다
0338.	**slant**	n. v. 경사(지게 하다)
0339.	**solitary**	a. 혼자인, 혼자 지내는
0340.	**formidable**	a. 막강한, 굉장한, 어려운
0341.	**revolt**	n. 반란 v. 반란을 일으키다, 역겹게 하다
0342.	**tomb**	n. 무덤
0343.	**viewpoint**	n. 관점, 견해, 보는 각도
0344.	**literature**	n. 문학, 문헌, 문서
0345.	**bacteria**	n. 박테리아, 세균
0346.	**zone**	n. 지역, 지대
0347.	**twig**	n. (작은) 가지
0348.	**strap**	n. 줄, 끈, 고리
0349.	**geography**	n. 지리, 다니는 길
0350.	**physical**	a. 신체의, 물리적인 n. 신체검사
0351.	**clip**	v. 클립으로 묶다, 가위질하다 n. 클립
0352.	**commercial**	n. 방송 광고 a. 상업적인
0353.	**crane**	n. 크레인, 기중기

0354.	**windmill**	n. 풍차
0355.	**slap**	v. 찰싹 치다, 손바닥으로 치다
0356.	**worship**	v. 숭배하다, 존경하다 n. 숭배, 존경
0357.	**politics**	n. 정치학, 정치활동
0358.	**dart**	n. 화살, 〈-s〉 다트 게임, 돌진 v. 빨리 움직이다
0359.	**contemporary**	a. 같은 시대의, 현대의 n. 동시대 사람
0360.	**cube**	n. 정육면체, 입체, 네모난 덩어리
0361.	**manuscript**	n. 원고, 손으로 쓴 글
0362.	**stationery**	n. 문방구, 편지지
0363.	**longitude**	n. 경도
0364.	**bias**	n. 편견, 편향 v. 편견을 갖게 하다
0365.	**array**	n. 배열 v. 배열하다, 정렬하다
0366.	**prosecute**	v. 기소하다
0367.	**lean**	a. 날씬한, 비계가 없는
0368.	**retrieve**	v. 되찾다, 자료를 불러오다
0369.	**plumber**	n. 배관공, 연관공
0370.	**implant**	v. 주입하다, (몸속에) 심다 n. 체내 삽입물
0371.	**broke**	a. 돈이 없는, 빈털터리인
0372.	**scent**	n. 향기, 체취

check! 1☐ 2☐ 3☐ 4☐ 5☐

0373.	**vein**	*n.* 정맥 (동맥)
0374.	**howl**	*v.* (늑대가) 울다 *n.* 길게 우는 소리, 비명
0375.	**penetrate**	*v.* 꿰뚫다, 진입하다
0376.	**decimal**	*a.* 소수의, 십진법의 *n.* 소수
0377.	**subtract**	*v.* 빼다, 공제하다
0378.	**stall**	*n.* 가판대, 좌판 *v.* 급정거하다, 지연시키다
0379.	**scrape**	*v.* 긁어내다, 흠집을 내다
0380.	**crude**	*a.* 천연 그대로의, 조잡한, 대강의
0381.	**utmost**	*n. a.* 최고(의), 최선(의)
0382.	**clutch**	*v.* 꽉 쥐다, 재빨리 잡다
0383.	**transform**	*v.* 변형하다, 완전히 바꾸다
0384.	**transition**	*n.* 전환(기)
0385.	**spine**	*n.* 척추, 등뼈
0386.	**chore**	*n.* 허드렛일, 늘 하는 일, 귀찮은 일
0387.	**architecture**	*n.* 건축설계, 건축 양식
0388.	**pluck**	*v.* 잡아 뜯다, 없애다
0389.	**scrub**	*v.* 북북 문지르다, 문질러 닦다
0390.	**dispenser**	*n.* (내용물이 조금씩 나오는) 공급 장치
0391.	**partition**	*n.* 실내의 칸막이, 분할
0392.	**squash**	*v.* 으깨다, 뭉개다 *n.* 〈스포츠〉 스쿼시

0393.	**rational**	*a.* 합리적인, 이성적인
0394.	**basin**	*n.* 세면대, 대야, 분지
0395.	**clumsy**	*a.* 서투른, 움직임이 둔한
0396.	**circumference**	*n.* 둘레 거리, 원주
0397.	**swarm**	*n.* 벌레 떼, 군중 *v.* 몰려다니다
0398.	**erode**	*v.* 침식하다, 서서히 파괴하다
0399.	**thump**	*v.* 퍽 소리 나게 치다, 세게 때리다
0400.	**statistics**	*n.* 통계학, 통계 자료[수치]
0401.	**outdated**	*a.* 구식의, 갱신이 안 된
0402.	**compact**	*a.* 소형의, 빽빽한, 작고 다부진 *n.* 콤팩트
0403.	**slit**	*v.* 째다, 가는 틈을 만들다 *n.* 가는 틈
0404.	**chuckle**	*v.* 킥킥 웃다 *n.* 킥킥 웃음
0405.	**flare**	*v.* 확 타오르다, 분출하다 *n.* 잠깐 타는 불
0406.	**jug**	*n.* 주전자, 큰 맥주잔
0407.	**sleek**	*a.* (모발 등이) 매끄러운, 윤기 있는
0408.	**conventional**	*a.* 구식의, 인습의, 전통적인
0409.	**intermission**	*n.* (영화상영, 공연 중) 쉬는 시간, 중단 기간
0410.	**fertilizer**	*n.* 비료
0411.	**habitation**	*n.* 서식, 살고 있음, 주거지

check! 1□ 2□ 3□ 4□ 5□

0412.	**philosophy**	n. 철학, 삶의 태도
0413.	**wedge**	n. v. 쐐기(를 박다) v. 꽉 끼워 넣다
0414.	**evoke**	v. 상기시키다, 일으키다
0415.	**gem**	n. 보석
0416.	**phenomenon**	n. 현상, 특이한 일, 대단한 것
0417.	**peephole**	n. 들여다보는 구멍
0418.	**contour**	n. 윤곽, 등고선
0419.	**poultry**	n. (식용 사육) 조류
0420.	**discard**	v. 버리다, 없애다
0421.	**dangle**	v. 대롱대롱 매달리다, 흔들리다
0422.	**cherish**	v. 간직하다, 소중히 보관하다
0423.	**sneak**	v. 살그머니 움직이다, 몰래 하다
0424.	**smack**	v. 세게 치다, 내려치다
0425.	**toll**	n. 통행료, 사상자 수, 피해 규모
0426.	**auditorium**	n. 강당, 청중석
0427.	**erupt**	v. 분출하다, 터져나오다
0428.	**merge**	v. 합병하다, 합치다
0429.	**blur**	n. 흐릿한 것 v. 흐릿해지다, 흐리게 하다
0430.	**electronic**	a. 전자의, 전자공학의
0431.	**ultraviolet**	a. 자외선의 (적외선의)

0432.	**persistent**	*a.* 좀체 없어지지 않는, 집요한
0433.	**cavity**	*n.* (충치 등의) 구멍, (내부) 공간
0434.	**cozy**	*a.* 아늑한, 편안한
0435.	**innumerable**	*a.* 엄청 많은, 무수한
0436.	**feeble**	*a.* 체력이 약한, 희미한
0437.	**grumble**	*v.* 투덜거리다, 우르릉대다
0438.	**puddle**	*n.* 웅덩이
0439.	**staple**	*n.* 꺽쇠, 호치키스 핀, 기본 식료품
0440.	**ample**	*a.* 충분한
0441.	**shrewd**	*a.* 눈치 빠른, 판단력이 좋은
0442.	**resume**	*n.* 이력서, 요약서
0443.	**tedious**	*a.* 지루한
0444.	**authentic**	*a.* 진짜인, 진품인
0445.	**amplify**	*v.* 증폭하다, 부연설명하다
0446.	**trash**	*n.* 쓰레기
0447.	**prescription**	*n.* 처방전, 처방약
0448.	**brim**	*n.* (그릇의) 가장자리, 모자 챙 *v.* 가득 차다
0449.	**pendulum**	*n.* (진자, 시계 등의) 추
0450.	**shrill**	*a.* (소리가) 째지는, 앙칼진

0451.	**slender**	*a.* 날씬한, 가느다란, 적은
0452.	**appetizer**	*n.* (전에 나오는) 전채 요리
0453.	**stout**	*a.* 통통한, 굵고 튼튼한 *n.* 흑맥주
0454.	**surprisingly**	*ad.* 놀랍게도
0455.	**essentially**	*ad.* 기본적으로, 근본적으로
0456.	**workout**	*n.* 신체 운동
0457.	**incur**	*v.* (불쾌한 것, 비용 등을) 발생시키다, 유발하다
0458.	**confirmation**	*n.* 확인, 확인서
0459.	**maneuver**	*n.* 책략, 술책 *v.* 교묘히 움직이다
0460.	**bilateral**	*a.* 쌍방간의, 양쪽의
0461.	**emit**	*v.* 내뿜다, 내보내다, 방출하다
0462.	**filament**	*n.* 전구 필라멘트, 가는 실 같은 것
0463.	**garment**	*n.* 의류
0464.	**receivable**	*a.* 지불되어야 할, 미지급된
0465.	**constitute**	*v.* 구성하다
0466.	**escort**	*n.* 호위대, 호위인 *v.* 호위하다
0467.	**productivity**	*n.* 생산성
0468.	**numb**	*a.* 마비된, 멍한
0469.	**hybrid**	*n.* 잡종, 합성물

0470.	**quarrel**	n. 말다툼, 불만
0471.	**aggravate**	v. 악화시키다, 화를 돋우다
0472.	**dwindle**	v. 차츰 작아지다, 감소하다
0473.	**resume**	v. 다시 시작하다, 재개하다
0474.	**advocate**	v. 지지하다, 옹호하다 n. 지지자, 변호사
0475.	**contemplate**	v. 신중히 생각하다, 고려하다
0476.	**anticipate**	v. 예상하다, 기대하다
0477.	**conserve**	v. 보존하다, 절약하다, 보호하다
0478.	**classified**	a. 비밀의, 기밀로 분류된 n. 신문의 분야별 광고란
0479.	**subcontract**	v. 하청 계약하다 n. 하청 계약, 하도급
0480.	**venue**	n. 행사장, 개최지
0481.	**argument**	n. 주장, 논쟁, 말다툼
0482.	**ignition**	n. 점화 (장치), 차 시동 장치
0483.	**antique**	n. a. 골동품(의)
0484.	**dispatch**	v. 발송하다, 파견하다
0485.	**plead**	v. 주장하다, 간청하다
0486.	**appall**	v. 소름끼치게 하다, 섬뜩하게 하다
0487.	**scroll**	n. 두루마리 v. 화면을 위아래로 움직이다
0488.	**cram**	v. 우겨넣다, 벼락치기 공부하다

0489.	**grip**	v. 꽉 쥐다, 사로잡다 n. 쥠, 파악, 이해
0490.	**reputation**	n. 평판, 세간의 평가
0491.	**affirm**	v. 확인하다, 근거를 제공하다
0492.	**acquaintance**	n. 아는 사람, 안면 있는 사람
0493.	**dictate**	v. 받아쓰게 하다, 명령하다
0494.	**fusion**	n. 융합, 융해
0495.	**intense**	a. 강렬한, 심한, 집중된
0496.	**outfit**	n. (특수) 의상, 복장, 장비
0497.	**distract**	v. 주의를 흩뜨리다, 정신을 딴 데로 돌리다
0498.	**afflict**	v. 괴롭히다, 피해를 입히다
0499.	**intensify**	v. 강화하다, 심하게 하다
0500.	**component**	n. 구성 요소, 부품
0501.	**malfunction**	n. v. 기능 이상, 고장(을 일으키다)
0502.	**psychology**	n. 심리학, 심리상태
0503.	**indifferent**	a. 무관심한, 그저 그런
0504.	**drastic**	a. 급격한, 과격한
0505.	**unprecedented**	a. 전례 없는, 지금껏 알려지지 않은
0506.	**trespass**	v. 무단출입하다, 금지구역에 들어가다
0507.	**mop**	n. v. 대걸레(로 닦다)

0508.	**immense**	*a.* 거대한, 엄청난
0509.	**pliable**	*a.* 잘 휘는, 유연한, 영향 받기 쉬운
0510.	**supplement**	*n.* 보충제, 추가 비용 *v.* 보충하다
0511.	**marital**	*a.* 혼인의, 결혼의
0512.	**collaborative**	*a.* 협동하는
0513.	**disposable**	*a.* 1회용의, 처분할 수 있는
0514.	**illegible**	*a.* 읽기 어려운, 판독이 불가능한
0515.	**compulsory**	*a.* 의무적인, 강제적인
0516.	**tangible**	*a.* 눈에 보이는, 만져지는, 유형의
0517.	**chronicle**	*n.* 연대기, 편년사 *v.* 사실을 기록하다
0518.	**headlong**	*ad.* 머리부터 들이밀어, 막무가내로
0519.	**arouse**	*v.* 일으키다, 유발하다, 깨우다
0520.	**immobile**	*a.* 움직일 수 없는, 고정된
0521.	**cheat**	*v.* 속이다, 부정행위를 하다
0522.	**abuse**	*n. v.* 학대(하다), 남용(하다), 욕설(하다)
0523.	**obstruction**	*n.* 방해, 가로막음, 막힘
0524.	**confine**	*v.* 가두다, 한정하다
0525.	**lease**	*n.* (부동산, 장비) 임대차 계약 *v.* 임대하다
0526.	**disrupt**	*v.* 교란하다, 지장을 초래하다
0527.	**premise**	*n.* 전제, ⟨-s⟩ 부동산, 사유지

check! 1□ 2□ 3□ 4□ 5□

0528.	**comprise**	v. 구성되다, 구성하다, 이루다
0529.	**disguise**	n. 위장, 변장 v. 위장하다, 감추다
0530.	**chronological**	a. 연대순의, 발생 순서대로 나열한
0531.	**beneficiary**	n. 수혜자, 상속인
0532.	**endorse**	v. 뒷면에 서명하다, 지지를 선언하다
0533.	**reimburse**	v. 변상하다, 배상하다
0534.	**charter**	n. 전세, 전세 교통수단 v. (교통편을) 전세 내다
0535.	**invoice**	n. 판매물품 목록, 송장
0536.	**fabricate**	v. 제작하다, 짜맞추다, 날조하다
0537.	**allocate**	v. 할당하다, 배치하다
0538.	**elongate**	v. 연장하다, 늘어나다
0539.	**mediate**	v. 중개하다, 타협하다
0540.	**assimilate**	v. 흡수하다, 제 것으로 만들다, 동화하다
0541.	**peculiar**	a. 특이한, 이상한
0542.	**simulate**	v. 모의 실험하다, 가장하다
0543.	**apparel**	n. 옷, 의상
0544.	**feasible**	a. 실행 가능한, 현실성 있는
0545.	**devastate**	v. 완전히 파괴하다, 큰 충격을 주다
0546.	**tentative**	a. 임시의, 불확실한, 망설이는

0547.	**acclaim**	*n. v.* 호평(하다), 칭찬(하다)
0548.	**plaintiff**	*n.* 원고, 고소인 측
0549.	**solar**	*a.* 태양의
0550.	**prevail**	*v.* 만연하다, 압도하다
0551.	**alkaline**	*a.* 알칼리성의 (산성의)
0552.	**place**	*v.* 놓다, 두다, (집·직장을) 찾아 주다
0553.	**empirical**	*a.* 경험적인, 경험에 의한
0554.	**perceive**	*v.* 인식하다, 알아차리다
0555.	**entail**	*v.* 수반하다, ~에 꼭 따라다니다
0556.	**curtail**	*v.* 단축하다, 축약하다
0557.	**impair**	*v.* 손상시키다, 약화시키다
0558.	**curriculum**	*n.* 교육 과정, 교과 과정
0559.	**moisten**	*v.* 축축하게 하다, 수분을 공급하다
0560.	**elicit**	*v.* 얻어내다, 이끌어내다
0561.	**impose**	*v.* 부과하다, 가하다
0562.	**constructive**	*a.* 건설적인, 건전한
0563.	**reconciliation**	*n.* 화해, 조화
0564.	**ventilation**	*n.* 환기, 통풍(장치)
0565.	**fluctuate**	*v.* (자주) 바뀌다, 오르락내리락하다
0566.	**ascend**	*v.* 상승하다, 올라가다

check! 1☐ 2☐ 3☐ 4☐ 5☐

0567.	**stagger**	v. 비틀거리다, 큰 충격을 주다
0568.	**rehabilitate**	v. 재활하다, 정비하다
0569.	**transaction**	n. 거래, 매매, 집행
0570.	**embargo**	n. v. 통상 금지(명령을 내리다)
0571.	**bruise**	n. 타박상, 멍 v. 타박상을 입히다
0572.	**gender**	n. (남녀의) 성, 성별
0573.	**wither**	v. 시들다, 말라죽다, 신선함을 잃다
0574.	**wrinkle**	n. 주름살, (옷의) 주름 v. 주름지(게 하)다
0575.	**culminate**	v. 종결되다, ~로 마무리하다
0576.	**orator**	n. 연설자, 웅변가
0577.	**prior**	a. 이전의, 앞서는
0578.	**diabetes**	n. 당뇨병
0579.	**erroneous**	a. 오류가 있는, 잘못된
0580.	**hilarious**	a. 엄청 웃기는
0581.	**indulge**	v. 충족시키다, 탐닉하다, 실컷 하다
0582.	**enact**	v. (법을) 제정하다, 상연하다
0583.	**prolong**	v. 늘이다, 연장하다, 연기하다
0584.	**retreat**	v. 물러나다, 조용한 데로 가다 n. 후퇴, 휴양(지)
0585.	**default**	n. 불이행, 태만, (컴퓨터) 기본 설정값

0586.	**contend**	v. 주장하다, 경쟁하다
0587.	**recipient**	n. 받는 사람, 수취인
0588.	**impediment**	n. 장애물, (신체적) 장애
0589.	**ferment**	v. 발효되다, 발효시키다
0590.	**assessment**	n. 평가, 판단
0591.	**ethical**	a. 윤리적인, 도덕의
0592.	**irrelevant**	a. 상관없는, 중요치 않은
0593.	**transmission**	n. 전달, 전송, 발신
0594.	**occasionally**	ad. 가끔, 때때로
0595.	**capability**	n. 능력
0596.	**occur**	v. 발생하다, (생각이) 떠오르다
0597.	**steadfast**	a. 확고한, 변치 않는
0598.	**delinquent**	a. 체납된, 비행을 저지르는 n. 체납자, 비행 청소년
0599.	**bankruptcy**	n. 파산, 도산, 실추
0600.	**malady**	n. 질병, 병폐, 심각한 문제
0601.	**superfluous**	a. 불필요한, 남아도는
0602.	**attorney**	n. 변호사, 법률가, 대리인
0603.	**illuminate**	v. 빛을 비추다, 명확히 하다
0604.	**ecology**	n. 생태학, 생태 환경

check! 1□ 2□ 3□ 4□ 5□

0605.	**foliage**	n. 잎, 잎과 가지
0606.	**ragged**	a. 누더기가 된, 남루한, 울퉁불퉁한
0607.	**hinge**	n. 돌쩌귀, 경첩
0608.	**juvenile**	n. a. 미성년자(의), 청소년(의)
0609.	**occasion**	n. 경우, 행사, 시기
0610.	**terminology**	n. 전문용어
0611.	**asylum**	n. 망명, 정신병원
0612.	**metaphor**	n. 은유, 비유
0613.	**comply**	v. 따르다, 복종하다
0614.	**archive**	n. 문서 보관소, 보관 문서
0615.	**scrutiny**	n. 정밀 조사, 검사
0616.	**temper**	n. 성질, 기질, 특징
0617.	**specimen**	n. 견본, (혈액 등) 검사용 시료
0618.	**stack**	n. 더미 v. 쌓다, 쌓이다
0619.	**starve**	v. 굶주리다, 굶기다
0620.	**obscure**	a. 이해하기 어려운, 무명의 v. 흐리다
0621.	**antagonist**	n. 반대하는 자, 맞서는 사람
0622.	**residence**	n. 거주, 거주지, 저택
0623.	**picturesque**	a. 그림처럼 멋있는, (묘사가) 생생한
0624.	**inventory**	n. 비품 목록, 재고

0625.	**expertise**	n. 전문 지식
0626.	**recess**	n. (회의, 학교) 쉬는 시간
0627.	**economical**	a. 저렴한, 알뜰한
0628.	**errand**	n. 심부름, 볼일
0629.	**district**	n. 지역, 구역
0630.	**luxurious**	a. 사치스러운, 호화로운
0631.	**specialty**	n. 전문분야, 특별 메뉴
0632.	**valuables**	n. 귀중품
0633.	**enclose**	v. 동봉하다, 둘러싸다
0634.	**dissatisfied**	a. 불만인, 만족하지 못한
0635.	**editorial**	n. 사설 a. 편집의
0636.	**wholesale**	n. 도매 판매
0637.	**misery**	n. 비참함, 고통, 가난
0638.	**pioneer**	n. 개척자, 선구자 v. 새로 개발하다
0639.	**primarily**	ad. 주로
0640.	**minutes**	n. 회의록
0641.	**dramatically**	ad. 급격히, 극적으로
0642.	**niche**	n. 틈새, 편한 일, 판매의 여지
0643.	**orderly**	a. 질서정연한, 정돈된
0644.	**souvenir**	n. (여행) 기념품

check! 1□ 2□ 3□ 4□ 5□

0645.	**cautious**	*a.* 신중한, 조심하는
0646.	**dilute**	*v.* 희석하다, 묽게 하다
0647.	**alternate**	*v.* 교대로 하다, 번갈아 하다 *a.* 번갈아 하는
0648.	**duration**	*n.* 지속 (기간)
0649.	**invaluable**	*a.* 무척 귀중한, 유용한
0650.	**retail**	*n.* 소매 판매 (도매)
0651.	**efficiency**	*n.* 효율, 효율성
0652.	**advertise**	*v.* 광고하다
0653.	**disqualify**	*v.* 자격을 박탈하다, 참여를 금지하다
0654.	**dizzy**	*a.* 어지러운, 띵한
0655.	**regulate**	*v.* 규제하다, 규정하다, 통제하다
0656.	**transportation**	*n.* 교통, 수송
0657.	**consecutive**	*a.* 연속적인, 연속되는
0658.	**preside**	*v.* (회의, 예식의) 사회를 보다, 주재하다
0659.	**noble**	*a.* 굉장한, 멋진, 고결한, 고귀한
0660.	**imminent**	*a.* 임박한, 곧 발생할
0661.	**rely**	*v.* 의존하다, 의지하다
0662.	**heap**	*n.* 무더기, 더미 *v.* 쌓다
0663.	**coherent**	*a.* 일관성 있는, 논리적인, 정신 차린

0664.	**inflict**	v. 피해를 입히다, 불쾌하게 하다
0665.	**annoyance**	n. 짜증, 불쾌
0666.	**defy**	v. 거부하다, 복종하지 않다
0667.	**farmhouse**	n. 농가, 농장 집
0668.	**stride**	v. 성큼성큼 걷다 n. 걸음, 보폭
0669.	**strict**	a. 엄격한, 엄밀한
0670.	**await**	v. 기다리다
0671.	**grief**	n. 상심, 슬픔
0672.	**grim**	a. 심각한, 우울한, 암울한
0673.	**perceptive**	a. 눈치 빠른, 인식하는
0674.	**erase**	v. 지우다, 삭제하다
0675.	**naked**	a. 벌거벗은
0676.	**startling**	a. 무척 놀라운
0677.	**precipitate**	v. 재촉하다, 촉발하다,
0678.	**disaster**	n. 재앙, 끔찍한 일
0679.	**incredible**	a. 믿기지 않는, 엄청난
0680.	**facilitate**	v. 촉진하다, 돕다
0681.	**deficit**	n. 적자, 손해
0682.	**vacate**	v. (건물, 자리를) 비워 주다, 퇴직하다
0683.	**maze**	n. 미로, 복잡한 것

check! 1☐ 2☐ 3☐ 4☐ 5☐

0684.	**amenity**	n. 편의(시설), (모임에서) 소개말
0685.	**engineering**	n. 공학
0686.	**genetics**	n. 유전학
0687.	**unlock**	v. 잠근 것을 열다, 풀다, 내놓다
0688.	**competent**	a. 유능한, 능력 있는
0689.	**inspiration**	n. 의욕 고취, 영감
0690.	**realm**	n. (활동, 관심) 분야, 영역, 왕국
0691.	**seasonal**	a. 철마다 달라지는, 특정 시기의
0692.	**undoubted**	a. 확실한, 의심할 수 없는
0693.	**stopover**	n. 잠시 들름, 경유
0694.	**construct**	v. 건설하다, 짓다, 조직하다
0695.	**oblige**	v. 강제하다, 돕다
0696.	**transplant**	v. 이식하다, 옮겨 심다 n. 이식
0697.	**recessison**	n. 침체, 불황
0698.	**reckless**	a. 덜렁거리는, 조심성이 없는
0699.	**succession**	n. 연속, 연쇄
0700.	**specialize**	v. 전문으로 하다, 전공하다
0701.	**luncheon**	n. 오찬, 성대한 점심
0702.	**sluggish**	a. 한산한, 한가한, 나른한
0703.	**exploration**	n. 탐험, 탐구

0704.	**elevate**	v. 올리다, 승진시키다
0705.	**keen**	a. 열정적인, 강렬한, 예민한, 눈치 빠른
0706.	**altitude**	n. 고도, 높이
0707.	**imperative**	a. 매우 중요한, 필수의, 다급한 n. 다급한 일
0708.	**attract**	v. 끌어당기다, 매료시키다
0709.	**inherent**	a. 내재된, 본래 있는
0710.	**instrumental**	a. 도움이 되는, 악기의 n. 연주곡
0711.	**subscribe**	v. 정기 구독하다
0712.	**supportive**	a. 지지하는, 도와주는
0713.	**burst**	v. 터지다, 터뜨리다
0714.	**unload**	v. 짐을 내리다
0715.	**expiration**	n. 만료, 만기
0716.	**preceding**	a. 전에 등장한, 앞선
0717.	**anonymous**	a. 익명의, 실명을 밝히지 않은
0718.	**forfeit**	v. 몰수당하다, 몰수패 당하다
0719.	**evenly**	ad. 골고루, 균등하게
0720.	**governor**	n. 주지사
0721.	**devise**	v. 고안하다, 만들어내다
0722.	**surplus**	n. 흑자, 남는 것

check! 1☐ 2☐ 3☐ 4☐ 5☐

0723.	**generosity**	*n.* 관대함, 후한 인심
0724.	**narrow**	*a.* 좁은, *v.* 좁히다
0725.	**adverse**	*a.* 부정적인, 좋지 않은
0726.	**respectively**	*ad.* 각각, 각자
0727.	**respondent**	*n.* (설문) 응답자
0728.	**seemingly**	*ad.* 겉보기에는, 듣자 하니
0729.	**halfway**	*n.* 중간 지점, 도중
0730.	**misplace**	*v.* 둔 곳을 못 찾다
0731.	**municipal**	*a.* 시의, 도시의
0732.	**engaging**	*a.* 매력적인, 주의를 끄는
0733.	**enlarge**	*v.* 확대하다, 커지다
0734.	**formerly**	*ad.* 이전에
0735.	**miniature**	*n.* 축소 모형 *a.* 아주 작은, 축소된
0736.	**dazzle**	*v.* 눈부시게 하다, 강한 인상을 주다
0737.	**intricate**	*a.* 뒤얽힌, 복잡한
0738.	**eliminate**	*v.* 제거하다, 탈락시키다
0739.	**architect**	*n.* 건축 설계사, 기획자
0740.	**emerge**	*v.* 나타나다, 알려지다
0741.	**treaty**	*n.* 협정
0742.	**observatory**	*n.* 전망대, 천문대

 토익

0743.	**vast**	*a.* 거대한, 엄청난
0744.	**incidental**	*a.* 부수적인, 자연히 수반되는
0745.	**despise**	*v.* 경멸하다, 무시하다
0746.	**intervention**	*n.* 개입, 관여
0747.	**frequent**	*a.* 빈번한, 자주 있는
0748.	**enforce**	*v.* 집행하다, 시행하다
0749.	**noticeable**	*a.* 눈에 띄는, 분명한
0750.	**precaution**	*n.* 예방, 대비
0751.	**astounding**	*a.* 무척 놀라운
0752.	**eligible**	*a.* ~할 수 있는, ~을 가질 수 있는
0753.	**nevertheless**	*ad.* 그렇지만, 그럼에도 불구하고
0754.	**quote**	*v.* 인용하다, (근거를) 들다, (비용을) 알려주다
0755.	**proximity**	*n.* 근접, 가까움
0756.	**consultation**	*n.* 상의, 논의, 상담
0757.	**bunk**	*n.* 2층 침대, (배, 기차 안의) 침대
0758.	**domestic**	*a.* 가정의, 국내의
0759.	**patent**	*n.* 특허 *v.* 특허를 얻다
0760.	**outskirts**	*n.* 교외, 변두리
0761.	**altruism**	*n.* 이타심, 남을 배려하는 마음

check! 1☐ 2☐ 3☐ 4☐ 5☐

0762.	**shutdown**	n. 폐업, 가동 중단
0763.	**troubleshooter**	n. (컴퓨터, 회사 문제 등의) 해결사
0764.	**protocol**	n. 협약, 규칙, 통신규약
0765.	**prototype**	n. 원형, 전형
0766.	**mutual**	a. 상호적인, 공통된
0767.	**sullen**	a. 뽀로통한, 삐진
0768.	**testify**	v. 증언하다, 입증하다
0769.	**ingredient**	n. 재료, 성분, 요건
0770.	**isolate**	v. 고립시키다, 떼어놓다
0771.	**decorative**	a. 장식하는, 꾸미는
0772.	**bribe**	n. v. 뇌물(을 주다)
0773.	**driveway**	n. (도로에서 집, 차고까지) 진입로
0774.	**marvelous**	a. 놀라운, 굉장한
0775.	**assembly**	n. 조립, 의회, 모임
0776.	**aggressive**	a. 공격적인, 적극적인, 경쟁심이 강한
0777.	**expel**	v. 쫓아내다, 추방하다
0778.	**desperately**	ad. 필사적으로, 절망적으로, 간절히
0779.	**pointed**	a. 끝이 뾰족한, 통렬한
0780.	**prestige**	n. 위신, 명망, 특전, a. 존경받는, 고급스러운

0781.	**allergic**	*a.* 알레르기가 있는
0782.	**gratitude**	*n.* 고마움, 감사
0783.	**regional**	*a.* 지역적인
0784.	**observance**	*n.* 준수, 지킴, 기념행사
0785.	**durable**	*a.* 오래 가는, 내구력이 있는
0786.	**customize**	*v.* 개인의 필요에 맞추다, 맞춤 제작하다
0787.	**luminous**	*a.* 어두운 데서 빛나는, 야광의, 밝은 색의
0788.	**vague**	*a.* 막연한, 모호한, 흐릿한
0789.	**offensive**	*a.* 모욕적인, 불쾌한, 공격하는
0790.	**raid**	*n.* 기습, 강도질 *v.* 급습하다
0791.	**livelihood**	*n.* 생계, 먹고 살기
0792.	**handout**	*n.* (수업시간에 나눠주는) 유인물, 보조금
0793.	**electrician**	*n.* 전기 기사, 전기 기술자
0794.	**beneath**	*prep.* ~의 밑에 (붙어서)
0795.	**entertain**	*v.* 접대하다, 즐겁게 하다
0796.	**predecessor**	*n.* 선임자, 전임
0797.	**upcoming**	*a.* 곧 있을, 임박한
0798.	**longing**	*n.* 열망, 간절한 바람 *a.* 간절한
0799.	**pastime**	*n.* 소일거리, 취미

check! 1☐ 2☐ 3☐ 4☐ 5☐

0800.	**pickup**	*n.* 픽업 트럭, 향상, 수거
0801.	**slippery**	*a.* 미끄러운
0802.	**belongings**	*n.* 소지품, 가진 물건
0803.	**accountable**	*a.* 책임이 있는
0804.	**physician**	*n.* (외과 이외의) 의사, 일반의
0805.	**coverage**	*n.* (보장) 범위, 언론 보도
0806.	**polish**	*v.* 윤을 내다, 다듬다, 보완하다 *n.* 광택제
0807.	**disclose**	*v.* 공개하다, 드러내다
0808.	**attribute**	*v.* (원인, 책임을) ~에게 돌리다 *n.* 속성
0809.	**concerning**	*a.* ~에 관한, ~에 대한
0810.	**dominant**	*a.* 주도하는, 우월한
0811.	**fade**	*v.* 흐려지다, 점차 사라지다
0812.	**crest**	*n.* (언덕, 파도의) 최고 지점 *v.* 최고조에 이르다
0813.	**hospitality**	*n.* 극진한 접대, (고객에 대한) 접대
0814.	**industrious**	*a.* 부지런한, 근면한
0815.	**trainee**	*n.* 견습생, 수습사원, 교육받는 사람
0816.	**intentionally**	*ad.* 고의로, 의도적으로
0817.	**bulky**	*a.* 크고 무거운
0818.	**exotic**	*a.* 이국적인, 열대지방의

0819.	**pedestrian**	n. 보행자 (운전자)
0820.	**hand-wash**	v. 손빨래하다
0821.	**vinegar**	n. 식초
0822.	**execution**	n. 실행, 수행
0823.	**robbery**	n. 강도질
0824.	**immigrant**	n. 이민자, 이민 오는 사람
0825.	**overt**	a. 공개적인, 분명한
0826.	**evolutionary**	a. 진화의, 점진적인
0827.	**collide**	v. 충돌하다, 의견이 대립하다
0828.	**serene**	a. 잔잔한, 평온한
0829.	**banquet**	n. 연회, 만찬
0830.	**assign**	v. 배정하다, 부여하다
0831.	**awkward**	a. 서투른, 움직임이 둔한, 어색한, 불편한
0832.	**blast**	n. 폭발, 굉음 v. 폭발하다, 큰 소리가 나다
0833.	**depart**	v. 출발하다, 떠나다
0834.	**resolution**	n. 결심, 결의, 해결책
0835.	**famished**	a. 무척 배고픈
0836.	**hurl**	v. 세게 던지다, 폭언을 퍼붓다
0837.	**procure**	v. 획득하다, 구하다
0838.	**convince**	v. 납득시키다, 설득하다

check! 1☐ 2☐ 3☐ 4☐ 5☐

0839.	**diffuse**	*a.* 퍼진, 분산된 *v.* 퍼지다, 퍼뜨리다
0840.	**discern**	*v.* 감지하다, (간신히) 보다, 듣다
0841.	**scarcely**	*ad.* 거의 ~않다
0842.	**renew**	*v.* 재개하다 갱신하다, 반복해서 말하다
0843.	**transmit**	*v.* 전송하다, 옮기다, 전이시키다
0844.	**stipulate**	*v.* 명시하다, 규정하다
0845.	**utensil**	*n.* 가정용품
0846.	**symmetrical**	*a.* 대칭을 이루는
0847.	**overwhelm**	*v.* 압도하다, 쉽게 이기다
0848.	**appoint**	*v.* 임명하다, 지정하다
0849.	**locate**	*v.* 위치시키다, ~에 두다, ~에서 사업을 시작하다
0850.	**accomplish**	*v.* 성취하다, 이루다
0851.	**suspend**	*v.* 매달다, 미루다, 잠시 중지하다
0852.	**executive**	*a.* 행정의, 관리직의 *n.* 행정(부)
0853.	**accumulate**	*v.* 쌓다, 축적하다, 쌓이다
0854.	**accumulative**	*a.* 쌓이는, 축적하는
0855.	**tremendous**	*a.* 막대한, 대단한, 훌륭한
0856.	**otherwise**	*ad.* 그렇지 않으면, 달리, 다른 식으로
0857.	**courier**	*n.* 배달원, 택배 회사

0858.	**expedite**	v. 더 빨리 하다, 속도를 높이다
0859.	**steer**	v. 조종하다, 운전하다, ~로 가다
0860.	**vertical**	a. 수직의, 똑바로 선
0861.	**intoxicated**	a. 술에 취한
0862.	**conform**	v. 순응하다, 준수하다, 따라하다
0863.	**blaze**	v. 활활 타다, 빛나다 n. 큰 불, 불꽃
0864.	**bond**	n. 결속, 유대 관계, 채권
0865.	**define**	v. 정의하다, 규정하다, 윤곽을 그리다
0866.	**susceptible**	a. 영향 받기 쉬운, 취약한
0867.	**constraint**	n. 제약, 제한
0868.	**fake**	a. 가짜인 n. 가짜 v. 위조하다, 꾸며내다
0869.	**downward**	a. 내려가는, 하강하는
0870.	**despite**	prep. ~에도 불구하고
0871.	**habitual**	a. 습관적인, 상습적인
0872.	**intrigue**	v. 호기심을 자극하다, 음모를 꾸미다
0873.	**workaholic**	n. 일 중독자
0874.	**leftover**	n. 남은 음식, 잔재, 유물 a. 남은
0875.	**thus**	ad. 이렇게, 이러하므로, 따라서
0876.	**interval**	n. 간격, 휴지기
0877.	**environmental**	a. 환경의

check! 1□ 2□ 3□ 4□ 5□

#		
0878.	**chemical**	*a.* 화학의 *n.* 화학물질
0879.	**resolve**	*v.* 해결하다, 결의하다, 결심하다
0880.	**admittedly**	*ad.* 사실, 확실히, 분명히
0881.	**reminder**	*n.* 일깨워 주는 것, (잊지 말라고 당부하는) 쪽지
0882.	**demote**	*v.* 강등하다, 지위를 떨어뜨리다
0883.	**emphasis**	*n.* 강조
0884.	**discriminate**	*v.* 차별하다, 구별하다
0885.	**downsize**	*v.* 감원하다, 인력을 감축하다
0886.	**authorize**	*v.* 공인하다, 인증하다
0887.	**disadvantage**	*n.* 불리, 불이익, 단점
0888.	**renovate**	*v.* 수리하다, (낡은 건물, 가구 등을) 고치다
0889.	**doze**	*n. v.* 선잠(자다), 낮잠(자다)
0890.	**lumber**	*n.* 목재, 나무
0891.	**wring**	*v.* 비틀어 짜다, 비틀다
0892.	**beforehand**	*ad.* 미리, 일찍
0893.	**patronage**	*n.* 후원, (고객의) 상점 이용
0894.	**litter**	*n.* 쓰레기, *v.* 더럽히다, 쓰레기를 버리다
0895.	**exquisite**	*a.* 매우 아름다운, 정교한, 통렬한
0896.	**evidently**	*ad.* 분명히, 사람들 말로는

0897.	cuisine	n. 요리 방식, (레스토랑) 음식
0898.	belittle	v. 얕잡아보다, 깎아내리다
0899.	disinterested	a. 객관적인, 공정한, 이해관계가 없는
0900.	dip	v. 살짝 담그다, 떨어지다, 감소하다
0901.	substantial	a. 꽤 많은, 꽤 큰, 상당한
0902.	incapable	a. 할 수 없는, 능력이 안 되는
0903.	crisp	a. 바삭바삭한, 빳빳한
0904.	frantic	a. 분주한, 제정신이 아닌
0905.	currently	ad. 현재는, 지금은
0906.	exceedingly	ad. 엄청나게, 무척
0907.	horrible	a. 끔찍한, 악질의, 무서운
0908.	stable	a. 안정된, 균형 잡힌
0909.	headhunter	n. 구인 담당자
0910.	browse	v. 훑어보다, 구경하다, 인터넷 검색하다
0911.	parched	a. 바싹 마른, 무척 목마른
0912.	turmoil	n. 소란, 혼란
0913.	vex	v. 언짢게 하다, 걱정시키다
0914.	transit	n. 수송, 대중교통
0915.	acknowledge	v. 인정하다, 받았다고 알려주다, 감사하다

check! 1☐ 2☐ 3☐ 4☐ 5☐

0916.	**convene**	v. 소집하다, 불러모으다
0917.	**billboard**	n. 대형 광고판
0918.	**equivalent**	a. 동등한 n. 동등한 것, 해당하는 것
0919.	**inherit**	v. 상속받다, 물려받다
0920.	**inhale**	v. 흡입하다, 들이마시다
0921.	**radioactive**	a. 방사능의
0922.	**blink**	v. (눈, 불빛이) 깜박이다
0923.	**lodge**	n. 시골집, 별장 v. 숙소를 제공하다, 민박하다
0924.	**cradle**	n. 요람, 발상지
0925.	**medieval**	a. 중세의, 중세 시대의
0926.	**absence**	n. 부재, 없음, 결석
0927.	**futile**	a. 헛된, 소용없는
0928.	**oust**	v. 내쫓다, 물러나게 하다
0929.	**trivial**	a. 하찮은
0930.	**displace**	v. 대체하다 강제로 옮기다, 해고하다
0931.	**retain**	v. 보존하다, 보유하다
0932.	**humble**	a. 겸손한, 순종적인, 비천한, 가난한
0933.	**discharge**	v. 방출하다, 해고하다, 퇴원시키다, 석방하다
0934.	**highbrow**	a. 지적인, 지성인을 위한, 고상한

0935.	**convenient**	*a.* 편리한, ~에서 가까운, 다니기 편한
0936.	**ambition**	*n.* 야심, 야망, 목표
0937.	**clap**	*v.* 박수 치다, 손으로 치다
0938.	**toll-free**	*a.* 무료의, 요금이 없는
0939.	**deplete**	*v.* 고갈시키다, 많이 줄이다
0940.	**valet**	*n.* 주차 요원, (호텔, 식당에서) 대신 주차해주는 사람
0941.	**inevitable**	*a.* 불가피한, 어쩔 수 없는
0942.	**counterpart**	*n.* 대응하는 것[사람], 상대편
0943.	**incorporate**	*v.* 포함하다, 편입하다, 법인으로 만들다
0944.	**janitor**	*n.* 건물 관리인
0945.	**soothe**	*v.* 진정시키다, 덜어주다, 완화하다
0946.	**obedience**	*n.* 복종, 준수
0947.	**collapse**	*v.* 무너지다, 망하다 *n.* 붕괴, 실패
0948.	**byproduct**	*n.* 부산물, 예상 못한 결과
0949.	**costly**	*a.* 비싼, 많은 문제를 안고 있는
0950.	**excel**	*v.* 뛰어나다, 두각을 나타내다
0951.	**referral**	*n.* 위탁, (치료 가능한 병원으로) 이송
0952.	**retractable**	*a.* (본체로) 다시 넣을 수 있는
0953.	**specification**	*n.* 규격, 세부적인 특징[요건]

check! 1☐ 2☐ 3☐ 4☐ 5☐

0954.	**mow**	v. (풀을) 깎다
0955.	**gridlock**	n. (완전 꽉 막힌) 교통 정체 (상태)
0956.	**entirely**	ad. 전적으로, 완전히
0957.	**clatter**	v. 딸깍거리다, 달그락거리다
0958.	**confront**	v. 직면하다, 맞닥뜨리다, 당당히 맞서다
0959.	**petroleum**	n. 석유
0960.	**inquiry**	n. 문의, 조사
0961.	**courtesy**	a. 무료의 n. 예의, 친절
0962.	**conglomerate**	n. 대기업
0963.	**maximize**	v. 최대화하다
0964.	**in-depth**	a. 심화된, 심층적인
0965.	**intermediate**	a. 중간 상태의, 중급의
0966.	**greasy**	a. 기름이 묻은, 기름기 많은, 느끼한
0967.	**whirl**	v. 돌다, 돌리다, 혼란스럽다
0968.	**purely**	ad. 완전히, 순전히
0969.	**racial**	a. 인종의
0970.	**exert**	v. (힘을) 동원하다, 이용하다
0971.	**hopeful**	a. 낙관적인, 유망한 n. 희망자, 지원자
0972.	**random**	a. 무작위의, 아무렇게나 고른
0973.	**peel**	v. 벗기다, 떼어내다, 벗겨지다 n. 껍질

0974.	**seizure**	n. 압류, 압수, 발작
0975.	**stockroom**	n. (상점, 사무실) 창고
0976.	**turnstile**	n. 회전식 출입구
0977.	**ambitious**	a. 야심 찬, 야망을 품은
0978.	**foreseeable**	a. 예측 가능한
0979.	**conscious**	a. 의식하는, 알고 있는
0980.	**trim**	v. 다듬다, 조금 줄이다 n. (머리) 다듬기
0981.	**vacuum**	v. 진공청소기로 청소하다 n. 진공(청소기)
0982.	**alongside**	prep. ~바로 옆에, 곁에, ~와 함께 ad. 나란히
0983.	**pension**	n. 연금, (소형) 호텔
0984.	**parcel**	n. 꾸러미, 소포
0985.	**amend**	v. (약간) 수정하다
0986.	**vendor**	n. 행상, 판매자[회사]
0987.	**civic**	a. 시의, 시민의
0988.	**withdraw**	v. 빼 가다, 철수하다 인출하다, 철회하다
0989.	**hence**	ad. 이러한 이유로, 지금부터 ~후에
0990.	**cutlery**	n. (포크, 나이프 등) 칼붙이
0991.	**innovative**	a. 혁신적인
0992.	**dispensary**	n. 약국, 조제실

check! 1☐ 2☐ 3☐ 4☐ 5☐

0993.	**overdue**	a. 기한이 지난, 뒤늦은
0994.	**payroll**	n. 급여 지급 명부, (한 회사의) 총임금
0995.	**quota**	n. 할당량, 몫
0996.	**subside**	v. 진정하다, 낮아지다, (수위가) 내려가다
0997.	**undertake**	v. 맡다, 착수하다, 약속하다
0998.	**evade**	v. 피하다, 회피하다
0999.	**indispensable**	a. 필수적인, 빼놓을 수 없는
1000.	**bilingual**	a. n. 2개 언어를 구사하는 (사람)
1001.	**lag**	v. 뒤처지다, n. 지연
1002.	**affiliate**	n. 계열사 v. 지부로 삼다, ~의 산하에 두다
1003.	**diagram**	n. 도표, 도해
1004.	**foil**	n. 호일, 얇은 금속판
1005.	**remodel**	v. (구조, 형태를) 바꾸다, 리모델링하다
1006.	**informative**	a. 정보를 주는, 유익한 것을 알려주는
1007.	**encounter**	v. 우연히 만나다, 겪다, 맞닥뜨리다 n. 우연한 만남
1008.	**counterfeit**	a. 가짜인 n. 가짜
1009.	**gift-wrap**	n. 포장지 v. 선물 포장하다
1010.	**overview**	n. 개요, 요약
1011.	**pesticide**	n. 농약, 살충제

1012.	**detour**	n. 우회(로) v. 우회하다, 돌아서 가다
1013.	**bid**	v. (경매가격을) 부르다, 입찰하다 n. 입찰
1014.	**recline**	v. 뒤로 기대어 앉다[눕다], 등받이를 기울이다
1015.	**integrity**	n. 성실함, 정직, 통일
1016.	**tenure**	n. 재직, 재임(기간), (교수의) 종신 재직권
1017.	**invariably**	ad. 언제나, 반드시
1018.	**abundant**	a. 풍족한, 충분한
1019.	**dialogue**	n. 대화, 논의
1020.	**oath**	n. 선서, 서약
1021.	**initially**	ad. 처음에, 초기에
1022.	**stimulus**	n. 자극제, 촉진제
1023.	**exhibition**	n. 전시(회), 공개
1024.	**concierge**	n. (아파트) 관리인, (호텔) 안내원
1025.	**instantly**	ad. 곧바로, 즉시
1026.	**explosion**	n. 폭발, 급증
1027.	**ignorant**	a. 무식한, 모르는
1028.	**hinder**	v. 방해하다, 지장을 주다
1029.	**closure**	n. 폐업, 폐교, (도로 등의) 폐쇄, 마무리
1030.	**allegedly**	ad. 듣자 하니, 들리는 말로는

check! 1☐ 2☐ 3☐ 4☐ 5☐

#		
1031.	**chiefly**	*ad.* 주로
1032.	**correspondent**	*n.* 특파원, 통신원, 협력업체
1033.	**momentum**	*n.* 추진력, 여세
1034.	**crucial**	*a.* 중대한, 매우 중요한
1035.	**lament**	*v.* 슬퍼하다, 한탄하다
1036.	**exterior**	*n.* 외부, 겉모습 *a.* 외부의
1037.	**cling**	*v.* 달라붙다, 붙잡다, 집착하다
1038.	**promising**	*a.* 유망한, 장래성 있는
1039.	**revise**	*v.* 개정하다, 수정하다
1040.	**glisten**	*v.* (촉촉한 것이) 빛나다
1041.	**coffin**	*n.* (시신을 넣는) 관
1042.	**indigestion**	*n.* 소화 불량
1043.	**constitution**	*n.* 구성, 헌법, 건강 상태
1044.	**spouse**	*n.* 배우자, 결혼 상대
1045.	**deteriorate**	*v.* 나빠지다, 악화하다
1046.	**vigorous**	*a.* 건강한, 활기 넘치는, 힘을 많이 쓰는
1047.	**kindle**	*v.* 불붙(이)다, (감정을) 일으키다
1048.	**unfold**	*v.* (접힌 것을) 펼치다, 알리다[알려지다]
1049.	**novel**	*a.* 새로운, 참신한
1050.	**rare**	*a.* 드문, 희귀한, (스테이크를) 거의 안 익힌

1051.	**outward**	*a.* 외부의 *ad.* 외부로
1052.	**bureau**	*n.* (관청의) 국, 부, 화장대
1053.	**pulse**	*n.* 맥박, 리듬 *v.* 맥박이 뛰다
1054.	**dine**	*v.* 저녁식사를 하다
1055.	**elaborate**	*a.* 정교한, 세밀한 *v.* 자세히 설명하다
1056.	**integrate**	*v.* 통합하다, 어우러지다
1057.	**utilize**	*v.* 활용하다, 이용하다
1058.	**remainder**	*n.* 나머지
1059.	**solicit**	*v.* (자금, 정보를) 요청하다
1060.	**seal**	*n.* 도장, 봉인 *v.* 밀봉하다, 확정하다
1061.	**selective**	*a.* 신중히 선택하는, 많이 고르는
1062.	**provoke**	*v.* 유발하다, 도발하다
1063.	**proponent**	*n.* 지지자, 지원자
1064.	**instantaneous**	*a.* 즉각적인, 즉시 발생하는
1065.	**soar**	*v.* 치솟다, 급증하다
1066.	**conversion**	*n.* 변환, 개조
1067.	**alleviate**	*v.* 덜어주다, 경감하다
1068.	**sensitivity**	*n.* 민감, 예민함, 감수성
1069.	**harsh**	*a.* 가혹한, 모진
1070.	**preliminary**	*n.* 예행연습, 예선 *a.* 예비의, 서두의

check! 1☐ 2☐ 3☐ 4☐ 5☐

#		
1071.	**formula**	*n.* 공식, 방안, 제조법
1072.	**carsick**	*a.* 차멀미 난
1073.	**rigid**	*a.* 엄격한, 고집 센, 굳은
1074.	**resign**	*v.* 퇴임하다, 사직하다
1075.	**waive**	*v.* (권리를) 포기하다, (규칙을) 무시하다
1076.	**correspond**	*v.* 일치하다, 편지를 주고받다
1077.	**land**	*v.* (일자리를) 구하다, 착륙하다
1078.	**pledge**	*n.* 약속, 맹세 *v.* (공식적으로) 약속하다
1079.	**stroll**	*v.* 거닐다, 천천히 걷다 *n.* 산책
1080.	**staircase**	*n.* (한 층의) 계단
1081.	**bleach**	*v.* 탈색하다, 흰 색으로 변하다 *n.* 표백제
1082.	**commission**	*n.* 수수료, 위원회
1083.	**cubicle**	*n.* 칸막이로 막은 공간
1084.	**oversee**	*v.* 감독하다
1085.	**podium**	*n.* 연단
1086.	**logic**	*n.* 논리, 상식
1087.	**spur**	*v.* 북돋우다, 격려하다 *n.* 동기부여, 의욕 고취
1088.	**underestimate**	*v.* 과소평가하다
1089.	**psychiatrist**	*n.* 정신과 의사

1090.	**probe**	v. 조사하다, 알아보다 n. 조사, 탐사선
1091.	**full-scale**	a. 전면적인, 실물 크기의
1092.	**consign**	v. (판매하러) 보내다, 배송하다, 치워두다
1093.	**vivid**	a. 생생한, 또렷한, 매우 밝은
1094.	**exclusive**	a. 단독의, 독점하는, 배척하는
1095.	**minimize**	v. 최소화하다
1096.	**consolidate**	v. 굳히다, 확고히 하다, 통합하다
1097.	**perishable**	a. (음식이) 금방 상하는, 쉽게 손상되는
1098.	**overcharge**	v. 과하게 청구하다, 바가지를 씌우다 n. 초과 청구
1099.	**endow**	v. (재산을) 증여하다, 기증하다
1100.	**adept**	a. 숙련된, 능숙한
1101.	**merchandise**	n. 상품
1102.	**ratio**	n. 비율
1103.	**infrastructure**	n. 기반시설
1104.	**simplify**	v. 단순화하다, 간략히 하다
1105.	**apparatus**	n. 기구, 도구
1106.	**compensation**	n. 보상, 벌충
1107.	**vulnerable**	a. 취약한, 위험에 노출된
1108.	**vernacular**	n. 현지 언어, 일반인의 언어

check! 1☐ 2☐ 3☐ 4☐ 5☐

1109.	**habitat**	n. 서식지
1110.	**perspective**	n. 관점, 객관적 시각
1111.	**linger**	v. 오래 끌다, 좀처럼 없어지지 않다
1112.	**explosive**	a. 폭발하는, 폭증하는 n. 폭발 물질
1113.	**desirable**	a. 바람직한, 가치 있는
1114.	**oral**	n. 입의, 구강의, 말로 하는
1115.	**convertible**	a. 바꿀 수 있는 n. (지붕이 열리는) 오픈카
1116.	**pharmacy**	n. 약국, 약학
1117.	**entrepreneur**	n. (벤처) 사업가
1118.	**dividend**	n. 주식 배당금
1119.	**superb**	a. 탁월한, 뛰어난
1120.	**reproduce**	v. 복제하다, 번식하다
1121.	**mandate**	n. (위임받은) 권한, 통치 기간 v. 위임하다, 규정하다
1122.	**subsidiary**	a. 자회사의, 부가적인, 이차적인, n. 자회사
1123.	**infer**	v. 추론하다
1124.	**adjourn**	v. 회의를 중단하다, (재판 중) 휴정하다
1125.	**cater**	v. 행사용 음식을 조달하다, 충족하다
1126.	**postpone**	v. 미루다, 연기하다
1127.	**transparent**	a. 투명한, 다 들여다보이는, 명백한

1128.	**verify**	v. 확인하다, 입증하다
1129.	**texture**	n. 질감, 촉감
1130.	**negotiable**	a. 협상 가능한, 협상의 여지가 있는
1131.	**illiterate**	a. 문맹인, 읽고 쓰지 못하는, ~을 쓰지 못하는
1132.	**literal**	a. 글자 그대로의, 말뜻 그대로의
1133.	**personalize**	v. 개인의 요구에 맞추다, 소유자를 표시하다
1134.	**rug**	n. 깔개, 작은 양탄자
1135.	**hasty**	a. 성급한, 서두르는
1136.	**consent**	n. 허가, v. 허가하다, 동의하다
1137.	**foreman**	n. 십장, (공장, 공사장) 인부 관리자
1138.	**managerial**	a. 경영직의, 관리직의
1139.	**consensus**	n. 만장일치, 합의
1140.	**virtual**	a. 현실에 가까운, 사실상의, 가상의
1141.	**comfort**	v. 위로하다 n. 위로, 편함
1142.	**lawsuit**	n. 소송
1143.	**vain**	a. 허영심 많은, 헛된
1144.	**headquarters**	n. 본부, 본사, 본거지
1145.	**desert**	n. 사막
1146.	**vaccinate**	v. 예방 접종하다

check! 1□ 2□ 3□ 4□ 5□

1147.	**marketable**	a. 시장성이 있는, 팔릴 만한
1148.	**independent**	a. 독립된, 자립한
1149.	**crate**	n. (대형) 나무상자, (병 등을 담는) 플라스틱·금속 상자
1150.	**mandatory**	a. 의무적인, 법에 규정된
1151.	**oppress**	v. 억압하다, 억누르다, 우울하게 하다
1152.	**fragrant**	a. 향기로운
1153.	**uproot**	v. 뿌리 뽑다, (정든 것을) 떠나다, 떠나게 하다
1154.	**strand**	n. 가는 줄, 가닥 v. 고립시키다, 오도가도 못하게 하다
1155.	**analog**	a. 아날로그 방식의
1156.	**monopoly**	n. 독점
1157.	**relevant**	a. (주제와) 관련 있는, 연관된
1158.	**contradict**	v. 모순되다, 상반되다, 반발하다
1159.	**stumble**	v. 발이 걸리다, 비틀거리다, 말을 더듬다
1160.	**pant**	v. 헐떡거리다, 가쁜 숨을 쉬다
1161.	**contradictory**	a. 모순된, 상반된
1162.	**sensible**	a. 생각이 깊은, 이치에 맞는, 배려하는
1163.	**justify**	v. 정당화하다, 합리화하다
1164.	**nominee**	n. 피지명자, 후보, (투자, 수령) 명의자

1165.	**offhand**	a. 무심한, 준비 안 된 ad. 준비 없이, 즉석에서
1166.	**discretion**	n. 재량, 결정권, 신중함
1167.	**prey**	n. 먹잇감, 희생자
1168.	**morale**	n. 사기, 의욕
1169.	**notify**	v. 통보하다, 고지하다
1170.	**appraisal**	n. 평가, (전문가) 감정
1171.	**esteem**	n. 존경 v. 존경하다
1172.	**discrepancy**	n. 격차, 불일치
1173.	**administer**	v. 관리하다, (약을) 제공하다
1174.	**ramp**	n. 고속도로 출입로, 경사로
1175.	**resurface**	v. 다시 나타나다, (도로를) 재포장하다
1176.	**linguistic**	a. 언어의, 언어학의
1177.	**identifiable**	a. 알아볼 수 있는, 식별 가능한
1178.	**detergent**	n. 세제
1179.	**inspection**	n. 검열, 시찰, 조사
1180.	**suppress**	v. 진압하다, 억제하다, 은폐하다
1181.	**friction**	n. 마찰, 갈등
1182.	**glorious**	a. 영광스러운, 멋진
1183.	**murder**	n. 살인 v. 살인하다

check! 1□ 2□ 3□ 4□ 5□

1184.	**tramp**	*n.* 오래 걷기 *v.* 터벅터벅 걷다
1185.	**prohibit**	*v.* 금지하다, 불가능하게 하다
1186.	**spacious**	*a.* 널찍한, 공간이 넉넉한
1187.	**notable**	*a.* 돋보이는, 뚜렷한
1188.	**deputy**	*n.* 대리인 *a.* 대리의, 부(副)의
1189.	**certificate**	*n.* 증명서, 합격증
1190.	**brochure**	*n.* 소책자, 광고 책자
1191.	**influx**	*n.* 많이 들어옴, 유입
1192.	**pharmaceutical**	*a.* 약국의, 약 제조[판매]의
1193.	**steady**	*a.* 꾸준한, 정기적인 *v.* 지탱하다, 진정하다
1194.	**teller**	*n.* 은행 창구직원, 금전 출납계
1195.	**surpass**	*v.* 능가하다, ~보다 잘하다
1196.	**tariff**	*n.* 관세, (호텔, 레스토랑) 요금표
1197.	**vanity**	*n.* 허영, 부질없음
1198.	**likewise**	*ad.* 똑같이, 또한, 나 역시
1199.	**curb**	*n.* (인도와 차도 사이의) 연석
1200.	**portrait**	*n.* 초상화, 묘사
1201.	**stockholder**	*n.* 주주(株主)
1202.	**virtuous**	*a.* 미덕이 있는, 도덕적인, 긍정적인
1203.	**deregulate**	*v.* 규제를 풀다

1204.	**illogical**	*a.* 비논리적인, 논리에 안 맞는
1205.	**mainland**	*n.* (섬을 제외한) 본토
1206.	**paste**	*n.* (끈적거리는) 덩어리, 반죽, 풀 *v.* 붙이다
1207.	**cottage**	*n.* 오두막, 작은 시골집
1208.	**perch**	*n.* 횃대 *v.* (새가 ~에) 앉다, 걸터앉다
1209.	**countless**	*a.* 수많은, 무수한
1210.	**dissuade**	*v.* 설득해서 말리다, 저지하다
1211.	**ditch**	*n.* 도랑
1212.	**polite**	*a.* 공손한, 예의바른
1213.	**dense**	*a.* 밀도 높은, 빽빽한
1214.	**signify**	*v.* 나타내다, 의미하다
1215.	**creditable**	*a.* 훌륭한, 칭찬할 만한
1216.	**affix**	*v.* 붙이다, 부착하다
1217.	**fundraiser**	*n.* 기금 조달자, 모금 행사
1218.	**detect**	*v.* 탐지하다, 찾아내다
1219.	**unveil**	*v.* 베일을 벗기다, 공개하다
1220.	**installment**	*n.* (1회) 할부금, (연재물) 1회
1221.	**administrative**	*a.* 행정의, 관리하는
1222.	**attendant**	*n.* 수행원, 도우미, 시중드는 사람 *a.* 수반되는

check! 1☐ 2☐ 3☐ 4☐ 5☐

1223.	**comprehensive**	*a.* 종합적인, 완전한
1224.	**textile**	*n.* 직물, 천
1225.	**warehouse**	*n.* 창고
1226.	**vicinity**	*n.* 근처, 인근
1227.	**reiterate**	*v.* 거듭 말하다, 반복해서 강조하다
1228.	**assert**	*v.* 주장하다, 인식시키다, 적극적으로 내세우다
1229.	**escalate**	*v.* 심화하다, 더 크게[나쁘게]하다
1230.	**adjacent**	*a.* 가까운, 근접한
1231.	**attest**	*v.* 증명하다, 확인하다
1232.	**inconclusive**	*a.* 결정적이지 못한, 결론을 못 내는
1233.	**intensive**	*a.* 단기간 집중하는, 심도 있는
1234.	**sturdy**	*a.* 튼튼한, 확고한
1235.	**prevalent**	*a.* 널리 퍼진, 흔한
1236.	**quarterly**	*a.* 분기의 *ad.* 분기별로, 분기마다
1237.	**mortgage**	*n.* (주택) 담보대출
1238.	**adamant**	*a.* 단호한, 완강한
1239.	**freight**	*n.* 화물, 운송
1240.	**portfolio**	*n.* 투자 자산 구성, 서류첩
1241.	**fierce**	*a.* 맹렬한, 극심한, 난폭한

1242.	**lucrative**	a. 수익성이 높은, 많은 돈을 버는
1243.	**vegetarian**	n. 채식주의자
1244.	**nominal**	a. 명목상의, 이름뿐인, (통상 액수보다) 적은
1245.	**occupant**	n. 거주자, (특정 공간에) 있는 사람
1246.	**consistent**	a. 일치하는, 반복되는
1247.	**premier**	a. 가장 중요한[유명한, 성공한] n. 수상
1248.	**alliance**	n. 연합, 연맹
1249.	**tranquil**	a. 고요한, 평화로운
1250.	**jeopardy**	n. 위험
1251.	**gourmet**	n. 미식가, 음식 전문가
1252.	**relatively**	ad. 상대적으로, 비교적
1253.	**differentiate**	v. 구별하다, 차별하다
1254.	**streamline**	v. 유선형으로 만들다, 능률을 높이다, 간소화하다
1255.	**reinforce**	v. 강화하다, 부추기다, (병력을) 보강하다
1256.	**congestion**	n. (교통) 체증, 막힘
1257.	**decaf**	n. 카페인을 없앤[줄인] 커피
1258.	**vocational**	a. 직업의
1259.	**restructure**	v. 구조조정하다, 재편하다
1260.	**opt**	v. 선택하다, ~하기로 하다

check! 1☐ 2☐ 3☐ 4☐ 5☐

1261.	**boulevard**	n. 가로수길, 대로
1262.	**compassion**	n. 동정심
1263.	**margin**	n. 매매 차익금, 이문, 여백
1264.	**detective**	n. 형사, 수사관, 탐정
1265.	**condense**	v. 농축하다, 요약하다
1266.	**injection**	n. 주사
1267.	**exemption**	n. 면제
1268.	**dose**	n. 약 복용량
1269.	**itinerary**	n. 여행 계획, 일정
1270.	**denounce**	v. 비난하다, (경찰에) 신고하다
1271.	**extensive**	a. 광범위한, 폭넓은, 상당한
1272.	**flaw**	n. 결점, 허점, 흠
1273.	**sophisticated**	a. 세련된, 교양 있는
1274.	**thoroughly**	ad. 완전히, 철저히, 정말로
1275.	**user-friendly**	a. 사용자 친화적인, 사용하기 편한
1276.	**scholar**	n. 장학생, 학자
1277.	**seam**	n. 솔기, 꿰맨 줄, 광맥
1278.	**trample**	v. 밟다, 무시하다
1279.	**scenic**	a. 경치 좋은, 배경의
1280.	**entrust**	v. 맡기다, 위탁하다

1281.	**trustee**	n. (대학 등 법인의) 이사, (신탁)수탁자, 수탁회사
1282.	**superficial**	a. 피상적인, 겉모습의
1283.	**duplicate**	v. 복제하다, 복사하다, 반복하다, n. 복사(본)
1284.	**ascertain**	v. (사실 여부를) 확인하다
1285.	**subsequent**	a. 이후의, 차후의
1286.	**remit**	v. 송금하다, 면제하다, (빚을) 탕감하다
1287.	**commitment**	n. 공약, 위탁, 헌신
1288.	**static**	a. 정적인, 변화가 없는
1289.	**sentence**	v. 판결을 내리다, 선고하다 n. 형벌
1290.	**regrettable**	a. 유감스러운, 아쉬운
1291.	**boost**	v. 늘리다, 북돋우다, 올리다
1292.	**deliberately**	ad. 고의로, 일부러
1293.	**overestimate**	v. 과대평가하다, 높여 잡다
1294.	**sheer**	a. (수량이) 엄청난, 완전한, 가파른
1295.	**ankle**	n. 발목
1296.	**wrist**	n. 손목
1297.	**enhance**	v. 향상시키다, 드높이다
1298.	**probability**	n. 확률, 가망
1299.	**utterly**	ad. 완전히, 전혀

1300.	**onlooker**	n. 구경꾼, 방관자
1301.	**obsess**	v. 집착하다, 지나치게 몰두하게 하다
1302.	**landlord**	n. 집주인, 세 놓은 사람
1303.	**refresh**	v. 힘을 북돋우다, 원기를 회복시키다
1304.	**shrink**	v. 줄어들다, 축소되다, 겁먹고 물러서다
1305.	**induce**	v. ~하도록 이끌다, 유발하다, 유도하다
1306.	**periodical**	n. 정기 간행물, 정기 학술지
1307.	**inoculate**	v. 예방 접종하다
1308.	**giveaway**	n. 사은품, 무료 견본
1309.	**redeem**	v. (주식, 상품권을) 현금[상품]으로 바꾸다, 갚다
1310.	**corner**	v. (시장) 독점하다, 장악하다
1311.	**unanimous**	a. 만장일치의, 의견이 일치한
1312.	**postage**	n. 우편 (발송)
1313.	**subsidy**	n. (가격 인하를 위한) 보조금, 지원금
1314.	**indemnity**	n. (보험) 보장, 배상, 보상금
1315.	**produce**	n. 농산물 v. 생산하다
1316.	**disperse**	v. 흩어지다, 해산시키다, 흩뿌리다
1317.	**pliers**	n. (철사 자르는) 집게, 펜치
1318.	**markedly**	ad. 뚜렷이, 눈에 띄게

1319.	**paternal**	a. 아버지의, 부성의
1320.	**veterinarian**	n. 수의사
1321.	**consequently**	ad. 결과적으로, 그러므로
1322.	**density**	n. 밀도, 빽빽함
1323.	**strategy**	n. 전략,. 계략
1324.	**relinquish**	v. 포기하다, 그만두다, 양도하다
1325.	**condemn**	v. 비난하다, 선고하다, (부적격) 판정하다
1326.	**establishment**	n. 단체, 기관, 가게, 설립
1327.	**shield**	n. 방패, 보호막 v. 보호하다
1328.	**dosage**	n. 약 복용량
1329.	**complicated**	a. 복잡한
1330.	**exempt**	a. 면제된 v. 면제하다
1331.	**unwavering**	a. 굳센, 변함없는
1332.	**spontaneous**	a. 자발적인, 마음에서 우러난, 자연적인
1333.	**magnify**	v. 확대하다, 과장하다, 부풀리다
1334.	**virtue**	n. 미덕, 선행, 장점
1335.	**comparative**	a. 상대적인, 비교하는
1336.	**extraordinary**	a. 특이한, 특별한, 놀라운
1337.	**tread**	v. 밟다, 걷다
1338.	**participation**	n. 참석, 참여

check! 1☐ 2☐ 3☐ 4☐ 5☐

1339.	**probable**	*a.* 가능한, 그럴 법한
1340.	**disposal**	*n.* 제거, 처분, 매각
1341.	**blunt**	*a.* 뭉툭한, 무딘, 직설적인
1342.	**conviction**	*n.* 유죄 판결, 확신, 신념
1343.	**exceptional**	*a.* 예외적인, 드문, 탁월한
1344.	**jeopardize**	*v.* 위험하게 하다
1345.	**ballot**	*n.* 투표, 투표용지, 투표 수
1346.	**miscellaneous**	*a.* 다양한, 잡다한
1347.	**transcript**	*n.* (실제 한 말의) 기록, 성적표
1348.	**usher**	*n.* 안내인 *v.* 안내하다, 데려다 주다
1349.	**global**	*a.* 지구의, 전 세계의
1350.	**deduction**	*n.* 빼기, 공제, 추론, 연역
1351.	**horizontal**	*a.* 수평의
1352.	**infringe**	*v.* 침해하다, 침범하다, 위반하다
1353.	**paddle**	*n.* 노 *v.* 노를 젓다
1354.	**archway**	*n.* 아치 길, 통로의 아치
1355.	**overnight**	*ad. a.* 하룻밤 동안(의)
1356.	**demolish**	*v.* 헐다, 철거하다
1357.	**refreshment**	*n.* 다과, 간식, 체력 회복
1358.	**airfield**	*n.* 비행장

1359.	**reciprocal**	a. 상호적인, 서로 돕는
1360.	**mess**	n. 엉망 v. 엉망으로 만들다, 버려놓다
1361.	**oppressive**	a. 억압하는, 답답한
1362.	**means**	n. 수단, 재산
1363.	**compatible**	a. 공존할 수 있는, 호환되는
1364.	**earnings**	n. 소득
1365.	**embrace**	v. 포옹하다, 포용하다, 포함하다
1366.	**stance**	n. 입장, (정지) 자세
1367.	**buff**	n. 애호가, 열렬한 팬 v. 닦다, 윤 내다
1368.	**groom**	v. 단장하다, 준비시키다, 털을 고르다
1369.	**riverbank**	n. 강둑
1370.	**overturn**	v. 엎다 (결정을) 뒤집다
1371.	**refuel**	v. 연료를 보충하다, 급유하다
1372.	**contraction**	n. 축소, 위축, 근육 수축
1373.	**surcharge**	n. 추가 요금
1374.	**complementary**	a. 보완하는, 보충하는
1375.	**comprehensible**	a. 이해가 되는, 수긍이 가는
1376.	**abhor**	v. 혐오하다, 질색하다
1377.	**costume**	n. (특정 장소, 시대의) 의상, 복장
1378.	**setback**	n. 난관, 곤란

1379.	**sparse**	*a.* 듬성듬성한, 부족한
1380.	**interoffice**	*a.* 회사 내의, 지사들 사이의
1381.	**demanding**	*a.* 많은 것을 요구하는, 힘든, 까다로운
1382.	**infamous**	*a.* 악명 높은
1383.	**interviewer**	*n.* 면접관, 인터뷰어
1384.	**pending**	*prep.* ~을 기다리며, ~까지 *a.* 보류 중인, 임박한
1385.	**scrap**	*n.* 〈-s〉 남은 음식, 조각, (재활용 가능한) 고물
1386.	**questionable**	*a.* 논란의 소지가 있는, 미심쩍은
1387.	**sprain**	*v.* 삐다 *n.* 삠
1388.	**rack**	*n.* (막대들로 짜인) 선반, 걸이
1389.	**additional**	*a.* 추가적인, 더해진
1390.	**simultaneously**	*ad.* 동시에
1391.	**hover**	*v.* (공중에) 떠있다, 근처에 머물다
1392.	**consideration**	*n.* 심사숙고, 검토
1393.	**fuse**	*n.* 전기 퓨즈 *v.* 융합하다
1394.	**flick**	*n.* 영화 *v.* 튕기다
1395.	**comparable**	*a.* 견줄 만한, 맞먹는
1396.	**compliance**	*n.* (법, 명령 등의) 준수, 복종
1397.	**candor**	*n.* 솔직함

1398.	**measles**	n. 홍역
1399.	**gratuity**	n. 팁
1400.	**offset**	v. 상쇄하다, 만회하다
1401.	**ordinance**	n. 규정, 법령
1402.	**pediatrician**	n. 소아과 의사
1403.	**reputable**	a. 평판이 좋은, 존경받는
1404.	**matinee**	n. (극장의) 오후 상연[상영]
1405.	**relentless**	a. 꿋꿋한, 멈추지 않는, 끈질긴
1406.	**dissolve**	v. 물에 녹다, 용해시키다, 종료하다
1407.	**abridge**	v. 축약하다, 단축하다
1408.	**invoke**	v. (법, 근거 등을) 언급하다, 들다, 적용하다
1409.	**grope**	v. 손으로 더듬다, 더듬어 찾다
1410.	**dilemma**	n. 진퇴양난, 딜레마
1411.	**align**	v. 정렬하다, 조정하다, 제휴하다
1412.	**autobiography**	n. 자서전
1413.	**scoff**	v. 비웃다
1414.	**ponder**	v. 깊이 생각하다, 숙고하다
1415.	**stifling**	a. 답답한, 숨막히게 하는
1416.	**alienate**	v. 소외감을 주다, (관계가) 멀어지게 하다

check! 1☐ 2☐ 3☐ 4☐ 5☐

1417.	**germinate**	v. 싹트다, 싹틔우다, 생기기 시작하다
1418.	**impetus**	n. 자극제, 촉진제
1419.	**loop**	n. 고리, 올가미, 순환 필름[테이프]
1420.	**nostalgia**	n. 옛날에 대한 그리움, 향수
1421.	**adhere**	v. 달라붙다, 고수하다
1422.	**dissect**	v. (해부하려고) 절단하다, 분석하다
1423.	**depict**	v. 묘사하다, 나타내다
1424.	**portray**	v. 묘사하다, 역할을 맡다, 내세우다
1425.	**foremost**	a. 가장 중요한[유명한], 가장 우선하는
1426.	**bewilder**	v. 혼란을 주다, 헷갈리게 하다
1427.	**perturb**	v. 걱정시키다, 불안하게 하다
1428.	**bibliography**	n. (특정 저자나 주제의) 문헌 목록, 참고 문헌
1429.	**famine**	n. 식량 부족, 기근
1430.	**gulp**	v. 마구 마시다, 빨리 들이키다
1431.	**devour**	v. 마구 먹어치우다, 열심히 읽다[보다]
1432.	**radiate**	v. (빛, 열을) 내뿜다, 방사하다
1433.	**preservative**	n. 방부제
1434.	**inclined**	a. ~하고 싶은, ~하는 경향이 있는, 기울어진
1435.	**heartland**	n. 중심지, 본거지

1436.	**domesticate**	v. 길들이다, (식용으로) 재배하다
1437.	**paramount**	a. 가장 중요한, 최고위직에 있는
1438.	**insomnia**	n. 불면증
1439.	**disembark**	v. (비행기, 배에서) 내리다, 상륙하다
1440.	**jolt**	v. 덜컹거리다, 충격을 주다
1441.	**judicial**	a. 사법의, 재판의
1442.	**biography**	n. 전기, 일대기
1443.	**outset**	n. 시작, 처음
1444.	**gratify**	v. 만족시키다, 충족하다
1445.	**optimum**	a. 최상의, 최적의 n. 이상
1446.	**middleman**	n. 중개상, 중개인
1447.	**tuck**	v. 밀어[접어] 넣다, 쑤셔 넣다
1448.	**commemorate**	v. 기념하다
1449.	**excursion**	n. 단거리 여행, 소풍
1450.	**approximately**	ad. 대체로, 거의
1451.	**undergraduate**	n. 학부생
1452.	**wilderness**	n. 황야, 황무지
1453.	**grove**	n. 작은 숲, 과수원
1454.	**dissertation**	n. (학위) 논문

check! 1☐ 2☐ 3☐ 4☐ 5☐

1455.	**inward**	*a.* 내부의, 마음속의 *ad.* 안쪽으로, 마음속으로
1456.	**chunk**	*n.* (두꺼운) 조각, 덩어리
1457.	**hail**	*v.* 칭송하다, 손짓하다 *n.* 우박
1458.	**stoop**	*v.* 몸을 굽히다, 허리를 숙이다
1459.	**prominent**	*a.* 눈에 띄는, 주요한, 유명한
1460.	**skyscraper**	*n.* 고층 건물
1461.	**extract**	*v.* 뽑아내다, 추출하다 *n.* 발췌문, 추출물
1462.	**insulation**	*n.* 절연, 방음, 단열
1463.	**proofread**	*v.* 교정을 보다
1464.	**incite**	*v.* 부추기다, 자극하다
1465.	**impending**	*a.* 임박한, 곧 벌어질
1466.	**pneumonia**	*n.* 폐렴
1467.	**thaw**	*v.* 녹다, 녹이다
1468.	**stale**	*a.* 음식이 상한, 냄새가 고약한
1469.	**apologetic**	*a.* 사과하는, 미안해 하는
1470.	**assorted**	*a.* 다양한, 여러 가지의
1471.	**meddle**	*v.* 간섭하다, (남의 것에) 손을 대다
1472.	**peep**	*v.* 엿보다, 들여다보다, 살짝 보이다
1473.	**prerequisite**	*n.* 전제 조건, 선결 요건

1474.	**scarcity**	n. 결핍, 부족
1475.	**mutter**	v. 중얼거리다, 불평하다
1476.	**straggle**	v. 뒤처지다, 산재하다
1477.	**flutter**	v. 펄럭이다, 떨다
1478.	**gnaw**	v. 갉아먹다, 괴롭히다
1479.	**awe**	n. 경외, 존경
1480.	**layman**	n. 초보자
1481.	**superintendent**	n. 건물 관리인, 감독
1482.	**flank**	n. 옆구리, 측면 v. 측면에 위치하다
1483.	**erect**	a. 수직의, 똑바른, v. 세우다, 건설하다
1484.	**sip**	v. 조금씩 마시다, 홀짝이다 n. 한 모금
1485.	**banish**	v. 추방하다, 쫓아내다
1486.	**molecule**	n. 분자
1487.	**inpatient**	n. 입원 환자
1488.	**zealous**	a. 열심인, 열광적인
1489.	**feat**	n. 위업, 묘기
1490.	**coarse**	a. 거친, 입자가 굵은, 상스러운
1491.	**capitalize**	v. 대문자로 쓰다, 자본화하다
1492.	**engrave**	v. 새기다
1493.	**pail**	n. 양동이

check! 1☐ 2☐ 3☐ 4☐ 5☐

1494.	**archetype**	*n.* 전형, 전형적인 예
1495.	**ominous**	*a.* 불길한, 징조가 안 좋은
1496.	**skim**	*v.* 대충 훑어보다, (액체의) 지방을 걷어내다
1497.	**glacier**	*n.* 빙하
1498.	**plateau**	*n.* 고지대, 고원, (성장 후의) 안정기
1499.	**crab**	*n.* 게
1500.	**roam**	*v.* 배회하다, 방랑하다
1501.	**shred**	*v.* 잘게 자르다 *n.* 조각난 것
1502.	**volatile**	*a.* 휘발성의, 쉽게 바뀌는, 불안정한
1503.	**verdict**	*n.* 판결
1504.	**transfusion**	*n.* 수혈, 혈액 주입
1505.	**sublime**	*a.* 최고의, 굉장한
1506.	**replenish**	*v.* 다시 채우다, 보충하다
1507.	**pervade**	*v.* 사방에 퍼지다, 만연하다
1508.	**meager**	*a.* 빈약한, 보잘 것 없는
1509.	**implication**	*n.* 암시, 영향, 결과, 연루
1510.	**evaluation**	*n.* 평가, 분석
1511.	**corrode**	*v.* 부식하다, 서서히 파괴하다
1512.	**brink**	*n.* (가파른 곳의) 가장자리, ~하기 직전

1513.	**chronic**	a. 만성적인, 장기간 지속되는
1514.	**synthetic**	a. 합성의, 인조의
1515.	**obituary**	n. 사망 기사, 부고
1516.	**scrutinize**	v. 조사하다, 자세히 살피다
1517.	**incessant**	a. 계속되는, 멈출 줄 모르는
1518.	**incumbent**	a. 재임 중인 n. 현 재직자
1519.	**harness**	v. (자연의 힘을) 동력으로 바꾸다, 이용하다
1520.	**dean**	n. (단과대) 학장, 학생과장

PART 3

TEPS
Basic Words

TEPS 준비생들이 기본적으로 알아야 할 단어를
최대한 빨리 많이 효과적으로 마스터한다.

0001.	**rosy**	*a.* 장밋빛의, 희망적인
0002.	**tourism**	*n.* 관광, 관광업
0003.	**violent**	*a.* 난폭한, 폭력적인
0004.	**virtue**	*n.* 미덕, 선행, 장점
0005.	**visible**	*a.* 눈에 보이는, 명백한
0006.	**vital**	*a.* 매우 중요한, 생명의
0007.	**vote**	*n. v.* 투표(하다)
0008.	**wage**	*n.* 임금, 급여
0009.	**sense**	*n.* 감지, 감각 *v.* 감지하다
0010.	**sentimental**	*a.* 감성적인, 감정이 풍부한
0011.	**serious**	*a.* 진지한, 심각한
0012.	**value**	*n.* 가치, 가격
0013.	**vary**	*v.* 다양하다, 다르다, 바꾸다
0014.	**vast**	*a.* 거대한, 엄청난
0015.	**vehicle**	*n.* 차량
0016.	**tornado**	*n.* 토네이도
0017.	**total**	*n.* 총계 *a.* 완전한 *v.* 총 ~이다
0018.	**traffic**	*n.* 교통
0019.	**operation**	*n.* 작동, 수술
0020.	**offer**	*v.* 제공하다, 제안하다 *n.* 제안

check! 1☐ 2☐ 3☐ 4☐ 5☐

0021.	**executive**	*n.* 임원, 중역 *a.* 관리직의, 행정의
0022.	**recognize**	*v.* 알아보다, 인식하다, 인정하다
0023.	**capable**	*a.* 능력 있는, 감당할 수 있는
0024.	**legal**	*a.* 법의, 합법적인
0025.	**legend**	*n.* 전설
0026.	**leisure**	*n.* 여가, 한가함
0027.	**lift**	*v.* 들어 올리다
0028.	**lightning**	*n.* 번개
0029.	**intern**	*n.* 수습사원, (의대) 인턴
0030.	**enthusiasm**	*n.* 열정, 정열
0031.	**blueprint**	*n.* 청사진, 설계도, 계획
0032.	**strict**	*a.* 엄격한, 엄밀한
0033.	**strike**	*n.* 파업
0034.	**structure**	*n.* 구조(물), 건물
0035.	**pursue**	*v.* 추구하다, 뒤쫓다
0036.	**pursue**	*n.* 4분의 1, 25센트, 15분, 분기
0037.	**clash**	*n.* 다툼, 부딪힘 *v.* 싸우다
0038.	**interior**	*a.* 실내의 *n.* 실내
0039.	**industrial**	*a.* 산업의, 공업의, 산업근로자
0040.	**enormous**	*a.* 거대한, 엄청난

0041.	**universal**	*a.* 보편적인
0042.	**appropriate**	*a.* 적당한, 타당한
0043.	**splash**	*v.* (물 등을) 튀기다, 튀다
0044.	**religion**	*n.* 종교, 종파, 신앙(심), 신조
0045.	**harvest**	*n.* 수확 *v.* 수확하다
0046.	**shield**	*n.* 방패, 보호막 *v.* 보호하다
0047.	**shortage**	*n.* 부족
0048.	**short-cut**	*n.* 지름길, 요령
0049.	**shower**	*n.* 소나기
0050.	**shy**	*a.* 수줍은, 부족한 *v.* 피하다
0051.	**sidewalk**	*n.* 보도, 인도
0052.	**sightseeing**	*n.* 관광
0053.	**sincerely**	*ad.* 진심으로, 진실로
0054.	**remarkable**	*a.* 무척 놀라운
0055.	**tissue**	*n.* 신체 조직
0056.	**proportion**	*n.* 비율, 비례
0057.	**radiator**	*n.* 난방기, 냉각기
0058.	**vibration**	*n.* 진동
0059.	**numerous**	*a.* 매우 많은
0060.	**combine**	*v.* 연결하다, 합치다

check! 1☐ 2☐ 3☐ 4☐ 5☐

0061.	**accompany**	v. 동행하다, 반주하다
0062.	**mechanical**	a. 기계의, 틀에 박힌
0063.	**garbage**	n. 쓰레기
0064.	**imitation**	n. 모조품, 모방
0065.	**neighborhood**	n. 근처, 동네, 이웃
0066.	**variation**	n. 변화, 차이
0067.	**occasionally**	ad. 가끔, 때때로
0068.	**ruin**	v. 망치다, 폐허로 만들다 n. 붕괴, 몰락
0069.	**bother**	v. 괴롭히다 n. 성가심
0070.	**freshman**	n. (고교, 대학) 1학년, 신입생
0071.	**sophomore**	n. (고교, 대학) 2학년
0072.	**senior**	n. 대학 4학년, 고교 3학년, a. 연상(의)
0073.	**tutor**	n. 개인 교사 v. 개인 교습을 하다
0074.	**ashamed**	a. 창피한, 부끄러운
0075.	**register**	v. 등록하다
0076.	**awful**	a. 끔찍한, 심한
0077.	**historical**	a. 역사의, 실제 있었던
0078.	**illustrate**	v. 그림을 넣다, 증명하다
0079.	**originate**	v. 생겨나다, 만들다
0080.	**substance**	n. 물질, 실체

0081.	**livestock**	n. 가축
0082.	**uncomfortable**	a. 불편한, 불쾌한
0083.	**disappoint**	v. 실망시키다
0084.	**recently**	ad. 최근에
0085.	**pill**	n. 알약
0086.	**suck**	v. 빨다, 빨아먹다
0087.	**flatter**	v. 아첨하다
0088.	**bud**	n. 봉오리, 꽃눈, 잎눈
0089.	**struggle**	n. 투쟁 v. 발버둥 치다, 애쓰다
0090.	**ordinary**	a. 평범한
0091.	**popular**	a. 인기 있는, 대중적인
0092.	**unfortunately**	ad. 불행히도, 운 없게도
0093.	**normally**	ad. 일반적으로, 평소대로
0094.	**fix**	v. 확정하다, 고치다
0095.	**dumb**	a. 멍청한, 말을 못하는
0096.	**crush**	v. 으깨다, 진압하다
0097.	**progress**	n. 발전, 진보, 진척
0098.	**positive**	a. 긍정적인, 효과적인, 양성의
0099.	**cash**	n. 현금 v. 현금으로 바꾸다
0100.	**alternative**	n. 대안 a. 대안적인

check! 1☐ 2☐ 3☐ 4☐ 5☐

0101.	**coworker**	n. 동료
0102.	**refill**	v. 다시 채우다 n. 보충물, 다시 채운 것
0103.	**institution**	n. 기관, 조직, 제도
0104.	**medical**	a. 의학의, 의료의
0105.	**reward**	n. v. 보상(하다)
0106.	**nearly**	ad. 거의
0107.	**outer**	a. 외부의, 맨 바깥의
0108.	**profit**	n. 이익, 수익
0109.	**resource**	n. 자원
0110.	**gallery**	n. 전시관, 2층석
0111.	**sensitive**	a. 민감한, 예민한
0112.	**conclude**	v. 결론짓다, 마무리 짓다
0113.	**accurate**	a. 정확한
0114.	**reaction**	n. 반응, 반작용
0115.	**length**	n. 길이, 기간
0116.	**ceremony**	n. 예식, 의식
0117.	**quantity**	n. 양, 분량
0118.	**rapid**	a. 빠른, 급격한
0119.	**block**	n. 구획 v. 가로막다, 못 하게 하다
0120.	**custom**	n. 관습, 습관

0121.	**customer**	*n.* 고객, 손님
0122.	**talent**	*n.* 재능, 인재
0123.	**experiment**	*n.* 실험 *v.* 실험하다
0124.	**duty**	*n.* 세금, 관세, 의무, 업무
0125.	**exist**	*v.* 존재하다, 생존하다
0126.	**expand**	*v.* 늘다, 확장하다
0127.	**minimum**	*n. a.* 최소(의)
0128.	**rush**	*v.* 급히 몰다[가다] *n.* 다급함
0129.	**annoy**	*v.* 짜증나게 하다
0130.	**treatment**	*n.* 취급, 치료
0131.	**principle**	*n.* 원리, 원칙
0132.	**capital**	*n.* 수도, 대문자, 자본
0133.	**sight**	*n.* 시력, 광경, 명소
0134.	**dramatic**	*a.* 극적인, 갑작스러운, 대단한
0135.	**aware**	*a.* 알고 있는, 의식하는
0136.	**typical**	*a.* 전형적인, 대표적인
0137.	**circulate**	*v.* 순환하다, 유통시키다
0138.	**lessen**	*v.* 줄다, 줄이다
0139.	**sacrifice**	*n. v.* 희생(하다)
0140.	**violate**	*v.* 어기다, 위반하다, 침해하다

#		
0141.	**switch**	v. 바꾸다, 교환하다
0142.	**mental**	a. 정신적인, 정신병의
0143.	**rescue**	n. 구출 v. 구출하다, 구조하다
0144.	**groom**	n. 신랑
0145.	**catch**	v. 알아듣다, 이해하다
0146.	**behavior**	n. 행동, 행실
0147.	**frustrate**	v. 좌절시키다, 성공 못 하게 하다
0148.	**highlight**	v. (색칠해서) 강조하다 n. 핵심 부분
0149.	**writer**	n. 작가, 저자
0150.	**embezzle**	v. 횡령하다
0151.	**embrace**	v. 포옹하다, 수용하다 n. 포옹, 수용
0152.	**emit**	v. 방출하다, 내뿜다
0153.	**aide**	n. 참모, 고문
0154.	**alienation**	n. 소외, 멀리함
0155.	**authority**	n. 권위, 권위자, 〈–ties〉 당국
0156.	**autonomy**	n. 자치, 자치권
0157.	**bureau**	n. (조직의) 국, 부, 안내처, 화장대
0158.	**bureaucracy**	n. 관료제, 행정 절차
0159.	**profound**	a. 심한, 심오한
0160.	**cabinet**	n. 내각, 수납장

0161.	**campaign**	*n.* 운동, 연속 광고, 군사행동
0162.	**candidate**	*n.* 후보자, 신청자
0163.	**chamber**	*n.* 작은 방, 회의실
0164.	**citizen**	*n.* 시민, 국민
0165.	**civic**	*a.* 시의, 시민의
0166.	**civilian**	*n.* 민간인 *a.* 민간의
0167.	**civilization**	*n.* 문명
0168.	**coalition**	*n.* 연합, 동맹, 제휴
0169.	**colony**	*n.* 식민지, 군락
0170.	**bomb**	*n.* 폭탄
0171.	**coal**	*n.* 석탄
0172.	**pray**	*v.* 기도하다, 간청하다
0173.	**reunion**	*n.* 재회, 재결합
0174.	**income**	*n.* 소득, 수입
0175.	**circumstantial**	*a.* 상황의, 정황상 추론한
0176.	**emphasis**	*n.* 강조
0177.	**employee**	*n.* 직원
0178.	**enable**	*v.* 가능하게 하다, ~할 수 있게 하다
0179.	**encrypt**	*v.* 전자정보를 암호화하다
0180.	**endeavor**	*n.* 노력, 시도 *v.* 노력하다, 시도하다

check! 1□ 2□ 3□ 4□ 5□

0181.	**endure**	v. 참다, 견디다
0182.	**engage**	v. 고용하다, 종사하다, 관여하다
0183.	**room**	n. 공간, 여지
0184.	**scenic**	a. 경치 좋은
0185.	**serene**	a. 조용한, 평온한
0186.	**souvenir**	n. 기념품
0187.	**specialize**	v. 전문으로 하다, 전공하다
0188.	**species**	n. 〈생물〉 종(種)
0189.	**specifically**	ad. 구체적으로, 특별히
0190.	**speculate**	v. 추측하다, 투기하다
0191.	**spell**	v. 철자를 말하다[쓰다]
0192.	**split**	v. 쪼개다, 나뉘다
0193.	**spoil**	v. 망치다, 버릇 나쁘게 하다
0194.	**spot**	n. 반점, 지점 v. 발견하다
0195.	**spouse**	n. 배우자
0196.	**squeeze**	v. 쥐어짜다, 구겨 넣다
0197.	**stable**	a. 안정적인, 균형 잡힌
0198.	**standoff**	n. 협상의 교착, 협상 불능 상황
0199.	**starve**	v. 굶기다, 굶주리다
0200.	**statement**	n. 진술(서), 성명

0201.	statue	n. 상(像)
0202.	status	n. 지위, 상태
0203.	subsidiary	a. 보조적인, 자회사의 n. 자회사
0204.	summit	n. 꼭대기, 정상회담
0205.	recess	n. (회의, 수업 중) 쉬는 시간, 휴정
0206.	tend	v. ~하는 경향이 있다, 대체로 ~하다
0207.	top-notch	a. 최고의, 굉장한
0208.	tryout	n. 시험, 오디션, 선수 선발전
0209.	clockwise	a. 시계방향의 ad. 시계방향으로
0210.	manual	n. 설명서 a. 육체의
0211.	supplement	n. 보충 v. 보충하다
0212.	forecast	n. v. 예측(하다)
0213.	phenomenon	n. 현상 (pl. phenomena)
0214.	available	a. 이용 가능한, 만날 수 있는
0215.	loaf	n. 덩어리
0216.	abnormal	a. 비정상적인
0217.	abolish	v. 폐지하다
0218.	abrupt	a. 갑작스러운, 엉뚱한, 무뚝뚝한
0219.	absent	a. 없는, 결석한
0220.	abstract	n. 요약문 a. 추상적인

check! 1□ 2□ 3□ 4□ 5□

0221.	**abuse**	n. v. 남용(하다), 학대(하다), 모욕(하다)
0222.	**access**	n. 접근, 이용권, 진입로
0223.	**accommodate**	v. 인원을 수용하다, 공간을 제공하다
0224.	**account**	n. 계좌, 설명, 묘사
0225.	**accountant**	n. 회계사
0226.	**acknowledge**	v. 인정하다, 감사하다, 알려주다
0227.	**acquire**	v. 얻다, 습득하다
0228.	**congress**	n. 회의, 국회
0229.	**act**	n. 법령, 조례
0230.	**address**	n. 주소, 연설 v. 연설하다, 말을 걸다
0231.	**adjust**	v. 조정하다, 적응하다
0232.	**administration**	n. 실시, 관리, 행정
0233.	**admire**	v. 존경하다, 선망하다
0234.	**admit**	v. 인정하다, (입학, 입원을) 허가하다
0235.	**adolescence**	n. 청소년기, 사춘기
0236.	**advance**	n. 전진, 발전 v. 전진하다, 발전하다
0237.	**advertisement**	n. 광고
0238.	**affair**	n. 업무, 일, 행사
0239.	**agenda**	n. 의제, 안건들
0240.	**agreement**	n. 합의, 동의

TEPS

Basic Words

Essential Words

0241.	**airline**	n. 항공사
0242.	**allergic**	a. 알레르기가 있는
0243.	**all-time**	a. 사상 최고[최저]의, 시대를 초월한
0244.	**alternate**	v. 번갈아 하다 a. 번갈아 하는
0245.	**altitude**	n. 높이, 고도
0246.	**altogether**	ad. 완전히, 전체적으로
0247.	**amount**	n. 분량, 금액
0248.	**amusement**	n. 오락, 즐거움
0249.	**ancestor**	n. 조상, 선조
0250.	**anchorperson**	n. 뉴스 진행자, 앵커
0251.	**apologize**	v. 사과하다
0252.	**apparent**	a. 분명한, 겉모습의
0253.	**appeal**	v. 호소하다, 항소하다 n. 호소, 항소
0254.	**appendix**	n. 책 부록, 맹장
0255.	**appetizer**	n. 전채 요리, 애피타이저
0256.	**applaud**	v. 박수갈채하다, 박수치며 환호하다
0257.	**appliance**	n. 가전제품
0258.	**application**	n. 신청, 적용, 응용
0259.	**appointment**	n. 약속, 임명
0260.	**appreciate**	v. 감사하다, 진가를 알다, 감상하다

check! 1☐ 2☐ 3☐ 4☐ 5☐

0261.	**arrange**	v. 배열하다, 계획하다, 편곡하다
0262.	**article**	n. 물건, 매체 기사
0263.	**aspect**	n. 측면, (건물 정면의) 방향
0264.	**asset**	n. 자산, 도움이 되는 것
0265.	**assistant**	n. 조수, 보조 a. 보조하는
0266.	**atmosphere**	n. 대기, 분위기
0267.	**pressure**	n. 압력 v. 압력을 가하다
0268.	**attack**	n. 공격, 습격 v. 공격하다
0269.	**attempt**	n. 시도, 노력 v. 시도하다, 노력하다
0270.	**attendance**	n. 출석, 참가자 수
0271.	**attendant**	n. 고객 도우미, (거물 인사의) 수행원
0272.	**attraction**	n. 매력, 끄는 힘, 명소
0273.	**author**	n. 저자, 작가
0274.	**avoid**	v. 피하다
0275.	**award**	n. 상 v. 주다, 수여하다
0276.	**axis**	n. 회전축
0277.	**baggage**	n. 짐
0278.	**balance**	n. 균형, 잔금, 잔액
0279.	**bankrupt**	a. 파산한
0280.	**bargain**	n. 흥정, 싸게 산 물건, 합의

0281.	**barrier**	*n.* 장애물, 방해하는 것
0282.	**addicted**	*a.* 중독된
0283.	**astonished**	*a.* 깜짝 놀란
0284.	**bear**	*v.* 참다, 감당하다, 수용하다
0285.	**beat**	*v.* 이기다, 때리다, ~보다 낫다 *n.* 박자
0286.	**bill**	*n.* 지폐, 청구서
0287.	**biography**	*n.* 전기, 일대기
0288.	**bitter**	*a.* 쓰디쓴, 비통한
0289.	**blow**	*v.* 불다, 폭로하다 *n.* 타격
0290.	**blur**	*v.* 흐려지다, 흐리게 하다
0291.	**board**	*v.* 탑승하다, 타다
0292.	**boast**	*v.* 뽐내다, 자랑거리를 갖고 있다
0293.	**bond**	*n.* 채권
0294.	**book**	*v.* 예약하다
0295.	**boom**	*n.* 호황
0296.	**boost**	*v.* 증대하다, 후원하다
0297.	**bound**	*a.* ~로 가는, ~할 가능성이 높은
0298.	**brag**	*v.* 뻐기다, 자랑하다
0299.	**brand-new**	*a.* 새 것인, 쓰지 않은
0300.	**budget**	*n.* 예산

check! 1☐ 2☐ 3☐ 4☐ 5☐

0301.	**campaigner**	*n.* 운동가
0302.	**cancer**	*n.* 암
0303.	**care**	*n.* 돌봄, 주의 *v.* 돌보다, 좋아하다
0304.	**career**	*n.* 직업, 경력
0305.	**carpenter**	*n.* 목수
0306.	**carrier**	*n.* 운송 회사
0307.	**cartoon**	*n.* 만화영화, 시사만화
0308.	**cast**	*v.* 던지다, 주다
0309.	**casual**	*a.* 태평한, 격의 없는
0310.	**smoulder**	*v.* (불꽃 없이 천천히) 타다
0311.	**cereal**	*n.* 곡물, 시리얼
0312.	**challenging**	*a.* 꽤 어려운, 도전할 만한
0313.	**champion**	*v.* 옹호하다, 지지하다
0314.	**character**	*n.* 등장인물
0315.	**characteristic**	*a.* 특징적인, 특유의 *n.* 특징
0316.	**charge**	*v.* 청구하다, 고발하다
0317.	**charity**	*n.* 자선, 자선단체
0318.	**cheat**	*v.* 부정행위를 하다, 사기 치다
0319.	**check**	*v.* 억제하다, 통제하다
0320.	**chew**	*v.* 씹다

0321.	**chivalry**	*n.* 기사도 정신, (여자에 대한) 정중함
0322.	**circumstance**	*n.* 상황, 경우
0323.	**cite**	*v.* (근거를) 들다, 인용하다
0324.	**claim**	*v.* 주장하다, 요구하다, *n.* 주장, 요구
0325.	**class**	*n.* 학번
0326.	**customs**	*n.* 세관, 관세
0327.	**cloudless**	*a.* 구름 한 점 없는, 맑은
0328.	**clumsy**	*a.* 몸놀림이 둔한, 서투른
0329.	**code**	*n.* 암호, 규약, 법전
0330.	**coin**	*v.* (새로운 말을) 만들어 내다
0331.	**cold**	*n.* 감기
0332.	**collapse**	*v.* 무너지다, 망하다 *n.* 붕괴
0333.	**comfortable**	*a.* 편안한
0334.	**commit**	*v.* 저지르다, 위임하다
0335.	**committee**	*n.* 위원회
0336.	**commodity**	*n.* 상품
0337.	**commute**	*v.* 먼 거리를 출퇴근하다
0338.	**company**	*n.* 동행, 일행, 벗, 손님
0339.	**compartment**	*n.* 구획, 칸막이, 객실
0340.	**compel**	*v.* 강요하다, 억지로 ~시키다

check! 1□ 2□ 3□ 4□ 5□

0341.	**compensate**	v. 보상하다, 벌충하다
0342.	**competitive**	a. 경쟁이 심한, 가격 경쟁력이 있는
0343.	**complaint**	n. 불만, 이의 제기
0344.	**complex**	a. 복잡한 n. 복합시설, 단지
0345.	**complicated**	a. 복잡한
0346.	**compose**	v. 작곡하다, 작문하다
0347.	**compromise**	v. 타협하다 n. 타협
0348.	**conduct**	v. 행동하다, 실행하다 n. 행동
0349.	**conference**	n. 회의
0350.	**confidential**	a. 비밀의
0351.	**confirm**	v. 확인하다
0352.	**conflict**	n. 갈등 v. 싸우다, 부딪히다
0353.	**connection**	n. 연결, 연관
0354.	**consent**	n. 허락, 동의 v. 허락하다
0355.	**consistent**	a. 일관된, 일관성 있는
0356.	**constantly**	ad. 항상, 끊임없이
0357.	**constitution**	n. 헌법
0358.	**consult**	v. 상의하다, 참고하다
0359.	**consumer**	n. 소비자
0360.	**contact**	n. 접촉, 연락 v. 접촉하다, 연락하다

0361.	**contain**	v. 함유하다, 갖고 있다
0362.	**contemplate**	v. 심사숙고하다, 관조하다
0363.	**contemporary**	a. 같은 시대의, 현대의 n. 동시대인
0364.	**context**	n. 문맥, 맥락
0365.	**contract**	v. 병에 걸리다, 수축되다
0366.	**contributor**	n. 기고가
0367.	**controversial**	a. 논란이 많은, 논란의 여지가 있는
0368.	**convenient**	a. 편리한, 가까운
0369.	**convey**	v. 전달하다, 수송하다
0370.	**conviction**	n. 확신, 유죄 판결
0371.	**copyright**	n. 저작권, 판권
0372.	**cornerstone**	n. 토대, 기반, 초석
0373.	**corporation**	n. 대기업, 법인
0374.	**critical**	a. 비판하는, 중대한
0375.	**correspondent**	n. 특파원, 통신원
0376.	**corrupt**	a. 타락한 v. 타락시키다, 타락하다
0377.	**count**	v. 세다, 간주하다
0378.	**counterfeit**	a. 위조된 v. 위조하다
0379.	**counterpart**	n. 상대방, 대응하는 것
0380.	**courteous**	a. 예의 바른

check! 1□ 2□ 3□ 4□ 5□

0381.	**cover**	v. (보험) 보장하다, 취재하다, 다루다
0382.	**credit**	n. 신용, 공로
0383.	**creditor**	n. 채권자
0384.	**credulous**	a. 잘 믿는, 순진한
0385.	**crew**	n. 승무원 전원
0386.	**criminal**	a. 범죄의, 형사상의 n. 범죄자
0387.	**crisp**	a. 바삭바삭한, 빳빳한
0388.	**critic**	n. 평론가
0389.	**crust**	n. 지각(地殼), (빵, 피자의) 겉껍질
0390.	**cuisine**	n. 요리(법)
0391.	**cultivate**	v. 재배하다, 배양하다
0392.	**culture**	n. 배양, 배양된 미생물[세포]
0393.	**curator**	n. 박물관장, 도서관장, 동물원장
0394.	**currency**	n. 화폐, 통화
0395.	**curriculum**	n. 교과 과정
0396.	**custody**	n. 감금, 자녀 양육권
0397.	**cyberspace**	n. 사이버스페이스, 가상공간
0398.	**cyclone**	n. 사이클론(인도양 등의 열대성 저기압)
0399.	**damage**	n. 손해, 피해 v. 피해를 입히다
0400.	**damp**	a. 축축한, 눅눅한

0401.	**dealer**	n. 판매상, 판매업자
0402.	**dearly**	ad. 매우, 값비싸게
0403.	**debate**	n. 논의, 토론 v. 토론하다
0404.	**debt**	n. 빚
0405.	**deceive**	v. 속이다
0406.	**decent**	a. 번듯한, 사회 기준에 맞는
0407.	**declare**	v. 선언하다, 발표하다
0408.	**decline**	v. 거절하다, 줄어들다
0409.	**decode**	v. (암호, 부호화된 데이터를) 해독하다
0410.	**defendant**	n. 피고
0411.	**crucial**	a. 중대한, 결정적인
0412.	**defensive**	a. 수비의, (태도가) 수세인, 방어적인
0413.	**deficit**	n. 적자, 부족분
0414.	**define**	v. 정의하다, 규정짓다
0415.	**definitely**	ad. 확실히, 당연히
0416.	**degree**	n. 학위
0417.	**delay**	v. 미루다, n. 연기
0418.	**delegate**	n. 대표, 사절
0419.	**deliberately**	ad. 일부러, 고의로
0420.	**delicious**	a. 맛있는, 맛과 향이 좋은

check! 1☐ 2☐ 3☐ 4☐ 5☐

0421.	**delivery**	*n.* 배달, 분만
0422.	**demanding**	*a.* 힘든, 요구를 많이 하는, 까다로운
0423.	**demonstration**	*n.* 시위
0424.	**density**	*n.* 밀도
0425.	**dentist**	*n.* 치과의사
0426.	**deny**	*v.* 부정하다, 부인하다
0427.	**departure**	*n.* 출발, 출발하는 차[비행기]
0428.	**depression**	*n.* 불황, 우울
0429.	**deputy**	*n.* 대리인, 부(副)
0430.	**derive**	*v.* 얻다, 생겨나다
0431.	**descent**	*n.* 하강, 혈통
0432.	**description**	*n.* 묘사, 설명
0433.	**deserve**	*v.* ~할 만하다, ~할 자격이 있다
0434.	**desirable**	*a.* 바람직한, 가치 있는
0435.	**despise**	*v.* 깔보다, 경멸하다
0436.	**destination**	*n.* 목적지, 가는 곳
0437.	**detail**	*n.* 세부사항, 자세함
0438.	**detect**	*v.* 탐지하다, 알아내다
0439.	**detour**	*v.* 돌아서 가다 *n.* 우회
0440.	**devoted**	*a.* 헌신하는, ~에만 집중하는

0441.	**diabetes**	n. 당뇨병
0442.	**diagnosis**	n. 진단
0443.	**diplomat**	n. 외교관
0444.	**direction**	n. 지시, 방향, 길 안내
0445.	**disabled**	a. 장애가 있는
0446.	**disaster**	n. 재난, 재앙
0447.	**discharge**	v. 내보내다, 해고하다
0448.	**discipline**	n. 규율, 기강, 훈육
0449.	**discourage**	v. 말리다, 의욕을 꺾다, 좌절시키다
0450.	**discretion**	n. 자유재량, 배려
0451.	**disease**	n. 질병
0452.	**disguise**	n. 변장 v. 변장하다, 숨기다
0453.	**disgust**	n. 혐오 v. 역겨움을 주다
0454.	**dismiss**	v. 해고하다, 해산시키다, 무시하다
0455.	**disorganized**	a. 정돈되지 않은, 두서없는
0456.	**disposal**	n. 폐기, 처분
0457.	**dissuade**	v. 설득하여 ～하지 않게 하다, 말리다
0458.	**distribution**	n. 분배, 배포
0459.	**diverse**	a. 다양한
0460.	**divorce**	n. 이혼 v. 이혼하다

check! 1☐ 2☐ 3☐ 4☐ 5☐

0461.	**domestic**	*a.* 가정의, 국내의
0462.	**dominant**	*a.* 지배하는, 주도하는, 독선적인
0463.	**donation**	*n.* 기증, 기부
0464.	**draft**	*n.* 외풍, 찬 바깥바람
0465.	**drag**	*v.* 질질 끌다, 끌리다
0466.	**drastic**	*a.* 급격한, 급진적인
0467.	**attention**	*n.* 관심, 주의
0468.	**drawback**	*n.* 단점, 흠
0469.	**driveway**	*n.* (도로에서 집 차고까지) 진입로
0470.	**due**	*a.* 기일이 된, ~할 예정인
0471.	**dull**	*a.* 지루한, 뭉툭한, 우둔한
0472.	**durable**	*a.* 오래 지속되는, 내구력 있는
0473.	**earth**	*n.* 지구, 땅
0474.	**earthquake**	*n.* 지진
0475.	**easygoing**	*a.* 너그러운, 마음 넓은
0476.	**edge**	*n.* 가장자리, 유리함
0477.	**edition**	*n.* 편집, 편집본
0478.	**effect**	*n.* 효과, 결과
0479.	**election**	*n.* 선거, 선출
0480.	**enroll**	*v.* 등록하다

0481.	**ensure**	v. 확실히 하다, 보장하다
0482.	**enter**	v. 들어가다, 입학하다, 입력하다
0483.	**enterprise**	n. 기업, 큰 사업
0484.	**entire**	a. 전체의, 완전한
0485.	**entry**	n. 입장, 입국, 응모작
0486.	**environmental**	a. 환경의
0487.	**epidemic**	n. 질병의 유행, 급증, 창궐
0488.	**equipment**	n. 장비, 장치
0489.	**equivalent**	a. 동등한 n. 동등한 것, 상응하는 것
0490.	**era**	n. 시대
0491.	**erupt**	v. 분출하다, 갑자기 발생하다
0492.	**essential**	a. 필수적인, 핵심적인
0493.	**establish**	v. 설립하다, 규명하다
0494.	**estate**	n. 재산, 넓은 땅
0495.	**esteem**	n. 존경 v. 존경하다
0496.	**estimate**	n. 견적, 추정치 v. 값을 추정하다
0497.	**exceed**	v. 뛰어넘다, 초과하다
0498.	**excel**	v. 뛰어나다, ~보다 훨씬 낫다
0499.	**exchange**	n. 교환 v. 교환하다
0500.	**exclusive**	a. 배타적인, 독점하는

check! 1☐ 2☐ 3☐ 4☐ 5☐

0501.	**exempt**	*a.* 면제된 *v.* 면제하다
0502.	**caution**	*n.* 조심, 주의 *v.* 주의를 주다
0503.	**exhibit**	*v.* 전시하다 *n.* 전시물, 법정 증거물
0504.	**existing**	*a.* 기존의, 이미 있는
0505.	**expert**	*n.* 전문가
0506.	**expose**	*v.* 노출하다, 폭로하다
0507.	**extend**	*v.* 늘이다, 뻗다
0508.	**extensive**	*a.* 폭넓은, 대규모의
0509.	**extinction**	*n.* 멸종
0510.	**extraordinary**	*a.* 특이한, 굉장한, 비범한
0511.	**extravagant**	*a.* 사치스러운, 호화로운
0512.	**fabric**	*n.* 직물, 천
0513.	**fatigued**	*a.* 무척 지친
0514.	**excessive**	*a.* 지나친, 과도한
0515.	**failure**	*n.* 실패, 실패자
0516.	**fairly**	*ad.* 다소, 꽤, 공정하게
0517.	**fake**	*n.* 가짜 *v.* 위조하다, ~인 척하다
0518.	**fallout**	*n.* 낙진, 뜻밖의 결과
0519.	**falter**	*v.* 비틀거리다, 말을 더듬다
0520.	**fare**	*n.* (차, 비행기) 요금

0521.	**fatal**	*a.* 치명적인, 죽음을 부르는
0522.	**fatigue**	*n.* (극심한) 피로
0523.	**faucet**	*n.* 수도꼭지
0524.	**favorable**	*a.* 호의적인, 유리한
0525.	**feature**	*n.* 특징 *v.* 특별히 포함하다, 출연시키다
0526.	**face**	*v.* 맞서다, 직면하다
0527.	**factor**	*n.* 요소, 요인
0528.	**fever**	*n.* 열기, 높은 체온
0529.	**figure**	*n.* 숫자, 인물
0530.	**finance**	*n.* 금융 *v.* 자금을 대다
0531.	**fine**	*n.* 벌금 *v.* 벌금을 물리다
0532.	**fire**	*v.* 해고하다
0533.	**fitness**	*a.* 건강, 적절함
0534.	**flood**	*n.* 홍수, 쇄도 *v.* 물에 잠기다, 쇄도하다
0535.	**flavor**	*n.* 맛, 풍미
0536.	**flexibility**	*n.* 유연성, 융통성
0537.	**flight**	*n.* 비행, 항공편
0538.	**flourish**	*v.* 번영하다, 번창하다, 뽐내듯 흔들다
0539.	**fluctuate**	*v.* (수량이) 오르내리다, 계속 바뀌다
0540.	**force**	*v.* 강요하다, 어쩔 수 없이 ~하게 하다

check! 1☐ 2☐ 3☐ 4☐ 5☐

0541.	**foreign**	*a.* 외국의, 이질적인
0542.	**foremost**	*a.* 최고의, 가장 중요한
0543.	**fossil**	*n.* 화석
0544.	**foster**	*v.* 촉진하다, 맡아 기르다
0545.	**found**	*v.* 설립하다, 세우다
0546.	**frightened**	*a.* 무서워하는
0547.	**fulfill**	*v.* 완수하다, 달성하다, 충족시키다
0548.	**function**	*n.* 기능 *v.* 제 기능을 하다
0549.	**fund**	*n.* 자금 *v.* 자금을 대다
0550.	**fundamental**	*a.* 기본적인, 근본적인
0551.	**funeral**	*n.* 장례
0552.	**further**	*a.* 심화된, 추가적인 *ad.* 더 멀리, 더욱
0553.	**fuss**	*n.* 호들갑, 법석
0554.	**gear**	*v.* 조정하다 *n.* 전동장치
0555.	**generous**	*a.* 인심 좋은, 잘 베푸는, 푸짐한
0556.	**genre**	*n.* 장르
0557.	**genuine**	*a.* 진짜인, 진품인, 진실한
0558.	**gift**	*n.* 선물, 재능
0559.	**glance**	*v.* 얼핏 보다, 흘겨보다
0560.	**gossip**	*n.* 남에 대한 소문, 뒷담화

0561.	**grab**	v. 쥐다, 잡다
0562.	**grade**	n. 등급, 학년, 성적 v. 성적을 매기다
0563.	**grasp**	v. 쥐다, 이해하다
0564.	**grateful**	a. 고마워하는
0565.	**graveyard**	n. 묘지, 하치장
0566.	**gravity**	n. 중력, 심각성
0567.	**greet**	v. 인사하다, 맞이하다
0568.	**grocery**	n. 식료품, 식료품점
0569.	**groundless**	a. 근거 없는
0570.	**growth**	n. 성장, 증가
0571.	**guidance**	n. 안내, 유도
0572.	**guilty**	a. 죄가 있는, 죄책감을 느끼는
0573.	**habitat**	n. 서식지
0574.	**hail**	n. 우박
0575.	**halt**	n. 정지 v. 멈추다
0576.	**handle**	v. 처리하다, 대처하다 n. 손잡이
0577.	**handy**	a. 쓸모 있는, 가까이 둔, 잘 다루는
0578.	**harmful**	a. 해로운
0579.	**harsh**	a. 가혹한, 잔혹한
0580.	**headline**	n. 기사 제목, 헤드라인

check! 1□ 2□ 3□ 4□ 5□

0581.	**heavily**	*ad.* 몹시, 무겁게
0582.	**height**	*n.* 높이, 키
0583.	**hieroglyph**	*n.* 상형문자
0584.	**high-tech**	*a.* 첨단 기술의
0585.	**hinder**	*v.* 방해하다, 지장을 주다
0586.	**hire**	*v.* 고용하다
0587.	**hoist**	*v.* 들어 올리다, 게양하다
0588.	**holding**	*n.* (회사) 소유 재산, 지분
0589.	**holy**	*a.* 종교의, 신성한, 신심이 깊은
0590.	**homesick**	*a.* 고향을 그리워하는, 향수병에 걸린
0591.	**homicide**	*n.* 살인, 타살
0592.	**hood**	*n.* 차 엔진 덮개, 후드
0593.	**horn**	*n.* 경적
0594.	**host**	*n.* 진행자
0595.	**housekeeper**	*n.* 가정부, 파출부
0596.	**huge**	*a.* 거대한, 엄청난
0597.	**humanitarian**	*a.* 인도주의의 *n.* 인본주의자
0598.	**humble**	*a.* 겸손한, 비천한
0599.	**humiliate**	*v.* 굴욕, 창피를 주다
0600.	**hurricane**	*n.* 허리케인

0601.	**identify**	v. 식별하다, 신원을 밝히다
0602.	**ignorant**	a. 무식한
0603.	**illegal**	a. 불법인
0604.	**illness**	n. 질병
0605.	**illuminate**	v. 빛을 비추다, 명확히 하다
0606.	**immigration**	n. (입국) 이민
0607.	**impact**	n. 영향, 효과
0608.	**impair**	v. 손상시키다
0609.	**impartial**	a. 공평한, 공정한
0610.	**implement**	v. 실시하다 n. 도구
0611.	**impose**	v. 부과하다, 강요하다
0612.	**imprisonment**	n. 감금, 징역
0613.	**improve**	v. 향상시키다, 나아지다
0614.	**inauguration**	n. 취임(식)
0615.	**incident**	n. 사건, 일화
0616.	**inclination**	n. 하고픈 마음, 경향, 성향
0617.	**include**	v. 포함하다, 영입하다
0618.	**incorporate**	v. 통합하다, 법인으로 만들다
0619.	**indeed**	ad. 정말로, 사실
0620.	**independent**	a. 자립한, 독립심이 강한

check! 1☐ 2☐ 3☐ 4☐ 5☐

0621.	**in-depth**	*a.* 심화된, 심층적인
0622.	**inevitable**	*a.* 어쩔 수 없는, 불가피한
0623.	**infant**	*n.* 아기, 어린아이
0624.	**inflict**	*v.* 피해를 입히다, 해를 가하다
0625.	**influence**	*n.* 영향 *v.* 영향을 주다
0626.	**inform**	*v.* 알려주다, 통보하다
0627.	**ingredient**	*n.* 요리 재료, 자질
0628.	**innocent**	*a.* 죄 없는, 순진한
0629.	**inquiry**	*n.* 질문, 조사
0630.	**insist**	*v.* 주장하다, 강하게 요구하다
0631.	**inspiration**	*n.* 영감, 새로운 착상
0632.	**install**	*v.* 설치하다
0633.	**instrument**	*n.* 도구, 악기
0634.	**intense**	*a.* 심한, 고도의
0635.	**intention**	*a.* 의도, 마음먹음, 계획
0636.	**interest**	*n.* 이자
0637.	**interfere**	*v.* 간섭하다, 방해하다
0638.	**interrupt**	*v.* 말을 자르다, 중단시키다
0639.	**intervene**	*v.* 개입하다, 말을 자르다
0640.	**intrigue**	*v.* 흥미를 일으키다, 호기심을 끌다

0641.	**invaluable**	*a.* 아주 귀중한, 무척 유용한
0642.	**irony**	*n.* 역설
0643.	**issue**	*v.* 발행하다, 발급하다 *n.* 발행(호), 문제
0644.	**journey**	*n.* 여행, 여정, 과정
0645.	**judicial**	*a.* 사법의, 사법부의
0646.	**jury**	*n.* 배심원 (전체)
0647.	**justice**	*n.* 사법, 재판
0648.	**keen**	*a.* 열성적인, 예민한
0649.	**kidney**	*n.* 콩팥, 신장
0650.	**kneel**	*v.* 무릎 꿇다
0651.	**knowledge**	*n.* 지식
0652.	**lack**	*n.* 부족, 없음 *v.* 부족하다, 없다
0653.	**land**	*v.* 착륙하다, 수송하다
0654.	**landscape**	*n.* 풍경, 풍경화, 풍경 사진
0655.	**landslide**	*n.* 산사태, 압승
0656.	**lane**	*n.* 차선, 도로
0657.	**lapse**	*n.* 실수, 경과
0658.	**laptop**	*n.* 노트북 컴퓨터
0659.	**last**	*v.* 지속되다 *a.* 마지막의
0660.	**launch**	*v.* 발사하다, 출시하다

check! 1□ 2□ 3□ 4□ 5□

0661.	**lawsuit**	*n.* 소송
0662.	**lawyer**	*n.* 법률가, 변호사
0663.	**leak**	*n.* 샘, 누출 *v.* 새다
0664.	**lean**	*v.* 기대다, 휘다 *a.* 날씬한
0665.	**lecture**	*n.* 강의 *v.* 강의하다
0666.	**legacy**	*n.* 유물, 유산
0667.	**likewise**	*ad.* 마찬가지로, 나 역시
0668.	**literary**	*a.* 문학의
0669.	**loan**	*n.* 대출 *v.* 빌려주다
0670.	**locate**	*v.* 위치를 찾다, 위치시키다
0671.	**logical**	*a.* 논리적인, 합당한
0672.	**lottery**	*n.* 복권
0673.	**luxury**	*n.* 사치, 호화, 사치품
0674.	**lyric**	*a.* 서정적인, 서정시의 *n.* ⟨-s⟩ 가사
0675.	**maintain**	*v.* 유지하다, 보수하다
0676.	**majority**	*n.* 다수
0677.	**manuscript**	*n.* 원고, 손으로 쓴 글
0678.	**margin**	*n.* 이문, 여백
0679.	**masterpiece**	*n.* 걸작
0680.	**mature**	*a.* 성숙한, 다 자란

0681.	**means**	n. 수단, 방법
0682.	**meantime**	n. 막간, 그동안
0683.	**measure**	v. 측정하다 n. 조치, 대책, 측정수단
0684.	**mechanic**	n. 정비공
0685.	**medium**	a. 중간의 n. 매개체, 매체
0686.	**merchandise**	n. 상품, 제품
0687.	**mere**	a. 단순한, 겨우 ~뿐인
0688.	**merge**	v. 합치다, 합병하다
0689.	**metaphor**	n. 은유, 비유
0690.	**migrate**	v. 철 따라 이동하다, 이주하다
0691.	**mileage**	n. 주행거리, 연비
0692.	**milestone**	n. 이정표, 획기적인 일
0693.	**mind**	v. 신경 쓰다, 못마땅해 하다, 돌보다
0694.	**minister**	n. 성직자, 목사, 장관
0695.	**mist**	n. 안개
0696.	**mixture**	n. 혼합, 섞임
0697.	**model**	v. ~을 모델로 삼다
0698.	**moderate**	a. 중간 정도의, 중도의
0699.	**modest**	a. 겸손한, 많지 않은, 아담한
0700.	**monotonous**	a. 단조로운, 지루한

check! 1□ 2□ 3□ 4□ 5□

0701.	**mostly**	*ad.* 대개는, 대부분
0702.	**motion**	*n.* 발의, 제안
0703.	**mount**	*v.* 기획하다, 증가하다, 올라타다
0704.	**move**	*v.* 제의하다, (동의를) 제출하다
0705.	**mug**	*v.* (공공장소에서) 강도질을 하다
0706.	**murder**	*n.* 살인 *v.* 살인하다
0707.	**mutual**	*a.* 상호적인, 양쪽의
0708.	**myth**	*n.* 신화, (틀린) 통념
0709.	**nature**	*n.* 성질, 특징, 본성
0710.	**nausea**	*n.* 메스꺼움, 역함
0711.	**necessity**	*n.* 필요, 필수품
0712.	**neglect**	*v.* 방치하다, (의무를) 게을리 하다
0713.	**nevertheless**	*ad.* 그럼에도 불구하고
0714.	**nominate**	*v.* 지명하다, 후보로 추천하다
0715.	**non-fiction**	*n.* 실화
0716.	**notify**	*v.* 알리다, 통보하다
0717.	**notorious**	*a.* 악명 높은
0718.	**novel**	*n.* 소설 *a.* 새로운
0719.	**obey**	*v.* 복종하다, 준수하다
0720.	**obscure**	*a.* 무명의, 난해한 *v.* 모호하게 하다

0721.	**obsession**	n. 집착, 심한 몰두
0722.	**obstacle**	n. 장애물, 방해하는 것
0723.	**obtain**	v. 획득하다, 따내다
0724.	**obvious**	a. 분명한, 뻔한
0725.	**occasion**	n. 경우, 행사, 기회
0726.	**occupation**	n. 직업, 점유
0727.	**occupy**	v. 점유하다, 차지하다
0728.	**occur**	v. 발생하다, (생각이) 떠오르다
0729.	**odor**	n. 악취, 냄새
0730.	**offense**	n. 범죄, 불쾌한 행위
0731.	**opening**	n. 개통, 개막, 공석 일자리
0732.	**opponent**	n. 상대방, 경쟁자, 반대하는 자
0733.	**orbit**	n. 궤도 v. 궤도를 따라 돌다
0734.	**organization**	n. 단체, 조직
0735.	**origin**	n. 기원, 근원
0736.	**otherwise**	ad. 그렇지 않다면, 달리
0737.	**outcome**	n. 결과
0738.	**outline**	n. 개요, 윤곽
0739.	**outrageous**	a. 충격적인, 황당한
0740.	**overdue**	a. 기한이 지난, 연체된

check! 1☐ 2☐ 3☐ 4☐ 5☐

0741.	**overlook**	v. 눈감아 주다, 못 보고 지나치다
0742.	**overnight**	ad. 밤사이에 a. 밤 동안의
0743.	**overwork**	v. 과로하다, 혹사시키다 n. 과로
0744.	**owe**	v. 빚을 지다, 신세 지다
0745.	**pale**	a. 창백한, 옅은
0746.	**panic**	n. (갑작스런) 공포, 공황 v. 겁에 질리다
0747.	**paperback**	n. (보급판) 종이 표지책
0748.	**parliamentary**	a. 국회의, 의회의
0749.	**partial**	a. 부분적인, 편파적인
0750.	**passport**	n. 여권
0751.	**pastime**	n. 소일거리, 취미
0752.	**patron**	n. 후원자
0753.	**paycheck**	n. 급여 수표, 소득, 수입원
0754.	**payroll**	n. 급여 지급 명부, (한 회사의) 총임금
0755.	**pension**	n. 연금, (소형)호텔
0756.	**perceive**	v. 인식하다, 알아차리다
0757.	**periodical**	n. 정기 간행물, 정기 학술지
0758.	**permanent**	a. 지속적인, 늘 있는, 확정된
0759.	**personnel**	n. 직원들, 총 인원, 인사과
0760.	**persuade**	v. 설득하다

0761.	**phase**	n. 국면, 단계, 시기
0762.	**phrase**	n. 어구
0763.	**physician**	n. (외과 이외의) 의사, 일반의
0764.	**pile**	n. 더미, 무더기 v. 쌓다
0765.	**pilgrim**	n. 성지 순례자
0766.	**plaintiff**	n. 원고, 고소인 측
0767.	**planet**	n. 행성, 지구
0768.	**plausible**	a. 합당한, 그럴싸한
0769.	**pledge**	n. 약속, 맹세 v. (공식적으로) 약속하다
0770.	**plenty**	n. 다수, 다량
0771.	**plunge**	v. 추락하다, 폭락하다
0772.	**poisonous**	a. 독한, 독성이 있는
0773.	**politician**	n. 정치인
0774.	**poll**	n. 설문조사, 투표(수)
0775.	**pollution**	n. 오염
0776.	**population**	n. 인구, 주민들, 개체수
0777.	**potential**	n. 잠재력 a. 잠재력 있는
0778.	**pregnant**	a. 임신한
0779.	**preliminary**	n. 예행연습, 예선 a. 예비의, 서두의
0780.	**premiere**	n. 시사회, 첫 상연

check! 1☐ 2☐ 3☐ 4☐ 5☐

0781.	**premium**	n. 보험료, 할증금 a. 최고급의, 비싼
0782.	**preoccupied**	a. 몰두한, 몰입한
0783.	**prescription**	n. 처방전, 처방약
0784.	**presentation**	n. 발표, 제시
0785.	**preserve**	v. 보호하다, 보존하다
0786.	**pretty**	ad. 꽤, 매우
0787.	**prevent**	v. 못 하게 하다, 예방하다
0788.	**prey**	n. 먹잇감, 희생자
0789.	**primate**	n. 영장류
0790.	**privilege**	n. v. 특권(을 주다)
0791.	**proclaim**	v. 선언하다, 선포하다
0792.	**profession**	n. 전문직, 직업
0793.	**proficient**	a. 능숙한, 유창한
0794.	**prohibit**	v. 금지하다, 불가능하게 하다
0795.	**prolong**	v. 늘이다, 연장하다, 연기하다
0796.	**prominent**	a. 눈에 띄는, 유명한, 튀어나온
0797.	**prompt**	a. 즉각적인, 시간을 지키는 v. 유발하다
0798.	**proponent**	n. 지지자, 지원자
0799.	**proposal**	n. 제안, 청혼
0800.	**prose**	n. 산문 (운문)

0801.	**prosecutor**	*n.* 검사
0802.	**prospect**	*n.* 가능성, 앞으로 있을 일
0803.	**protest**	*v.* 저항하다, 항의하다 *n.* 저항
0804.	**provision**	*n.* 법 조항, 공급, 식량
0805.	**provocative**	*a.* 도발하는, 논쟁을 유발하는
0806.	**pseudonym**	*n.* 가명
0807.	**psychiatrist**	*n.* 정신과 의사
0808.	**punctual**	*a.* 시간을 정확히 지키는
0809.	**queer**	*a.* 이상한, 괴상망측한
0810.	**quench**	*v.* (갈증을) 해소하다, 끄다
0811.	**quote**	*v.* 인용하다
0812.	**solemn**	*a.* 엄숙한, 근엄한
0813.	**racial**	*a.* 인종의
0814.	**rack**	*n.* (막대들로 짜인) 선반, 걸이
0815.	**radiate**	*v.* (빛, 열을) 내뿜다, 방사하다
0816.	**radical**	*a.* 급진적인, 과격한
0817.	**rail**	*n.* 철도, 난간
0818.	**rainfall**	*n.* 강우량
0819.	**rally**	*n.* 집회, 시위
0820.	**range**	*n.* 범위

0821.	**rare**	*a.* 드문, 고기를 거의 안 익힌
0822.	**rate**	*n.* 비율, 요금, 등급 *v.* 등급을 매기다
0823.	**ratify**	*v.* 비준하다, (서명하여) 공식화하다
0824.	**reach**	*v.* 연락하다
0825.	**rear**	*v.* 양육하다, 키우다
0826.	**reasonable**	*a.* 합리적인, 적절한
0827.	**rebel**	*v.* 반란을 일으키다, 거역하다 *n.* 반역자
0828.	**recall**	*v.* 회수하다, 회상하다, 상기하다
0829.	**receipt**	*n.* 영수증, 수신
0830.	**recession**	*n.* 침체, 불황
0831.	**recipe**	*n.* 조리법, 방법, 비법
0832.	**recipient**	*n.* 받는 사람, 수취인
0833.	**recovery**	*n.* 회복
0834.	**recruit**	*n.* 신병, 신입사원 *v.* 모집하다
0835.	**recycle**	*v.* 재활용하다
0836.	**redeem**	*v.* (쿠폰, 상품권을) 상품으로 바꾸다, (주식 등을) 현금화하다, 갚다
0837.	**reduce**	*v.* 줄이다
0838.	**redundant**	*a.* 중복되는, (직원이) 필요 없게 된
0839.	**reference**	*n.* 참조, 언급, 신원 보증인

0840.	**refreshment**	*n.* 다과, 간식, 체력 회복
0841.	**refund**	*n.* 환불 *v.* 환불해주다
0842.	**regain**	*v.* 되찾다, 회복하다
0843.	**regime**	*n.* 정권, 정부
0844.	**reiterate**	*v.* 거듭 말하다, 반복해서 강조하다
0845.	**reject**	*v.* 거절하다, 거부하다
0846.	**relative**	*a.* 상대적인 *n.* 친척
0847.	**release**	*v.* 풀어주다, 방출하다, 공개하다, 발매하다
0848.	**reliable**	*a.* 믿음직한, 의지할 수 있는
0849.	**reluctant**	*a.* 마지못해 하는, 억지로 하는
0850.	**remove**	*v.* 없애다, 벗다, 옮기다
0851.	**renew**	*v.* 재개하다 갱신하다, 반복해서 말하다
0852.	**renounce**	*v.* 포기하다, 거부하다
0853.	**renowned**	*a.* 유명한, 이름 높은
0854.	**replace**	*v.* 대신하다, 대체하다
0855.	**representative**	*n.* 대표자, 대리인, 변호사 *a.* 대표하는
0856.	**request**	*n.* 요청 *v.* 요청하다
0857.	**resemble**	*v.* ~와 닮다
0858.	**reserve**	*v.* 예약하다, 보류하다

check! 1☐ 2☐ 3☐ 4☐ 5☐

0859.	**resistant**	*a.* 저항하는, 저항력이 있는
0860.	**resolution**	*n.* 결심, 결의, 해결책
0861.	**respectful**	*a.* 존경하는, 존중하는
0862.	**respectively**	*ad.* 각각, 각자
0863.	**restore**	*v.* 회복하다, 재도입하다
0864.	**restructure**	*v.* 구조조정하다, 재편하다
0865.	**resume**	*v.* 다시 시작하다, 재개하다
0866.	**retail**	*n.* 소매 판매 도매 *v.* 소매상을 하다
0867.	**retirement**	*n.* 퇴직, 은퇴
0868.	**retrieve**	*v.* 되찾다, (정보를) 불러오다
0869.	**return**	*n.* 수익
0870.	**revenge**	*n.* 복수 *v.* 복수하다
0871.	**reverse**	*v.* 뒤집다, 무효로 하다, *n.* 반대, 후진
0872.	**revolutionary**	*a.* 혁명적인, 파격적인
0873.	**rigorous**	*a.* 엄격한, 철저한
0874.	**rip**	*v.* 찢다
0875.	**ripe**	*a.* 무르익은, 숙성된
0876.	**risk**	*n.* 위험, *v.* 위험을 감수하다
0877.	**roast**	*v.* 굽다, 구워지다 *n.* 구이
0878.	**robbery**	*n.* 강도질

0879.	**rookie**	n. 신참, 1년차 프로선수
0880.	**routine**	n. 반복되는 일, 틀에 박힌 일
0881.	**sanction**	n. 인허가, 제재 v. 허가하다, 제재하다
0882.	**scale**	n. 규모, 비율, 저울
0883.	**scatter**	v. 뿌리다, 흩어지다
0884.	**résumé**	n. 이력서, 요약서
0885.	**scheme**	n. 계획, 계략
0886.	**scrupulous**	a. 신중한, 꼼꼼한
0887.	**scrutiny**	n. 정밀 조사, 검사
0888.	**search**	v. 찾아다니다, 검색하다
0889.	**seasick**	a. 뱃멀미가 난
0890.	**seasoning**	n. 양념, 조미료
0891.	**second**	v. 찬성하다, 재청하다
0892.	**secondhand**	a. 중고의, 간접적인, 전해들은
0893.	**session**	n. 활동시간, 회기, (대학)학기
0894.	**security**	n. 보안, 경비
0895.	**seemingly**	ad. 겉보기에는, 듣자 하니
0896.	**self-esteem**	n. 자부심, 자신을 아끼는 마음
0897.	**semiconductor**	n. 반도체
0898.	**senate**	n. (미) 상원

check! 1☐ 2☐ 3☐ 4☐ 5☐

0899.	**serving**	*n.* 1인분
0900.	**secure**	*a.* 안심한, 안전한 *v.* 확보하다
0901.	**severe**	*a.* 극심한, 악질의, 힘든, 매정한
0902.	**shabby**	*a.* 누더기가 된, 허름한
0903.	**shallow**	*a.* 얕은, 얄팍한
0904.	**shareholder**	*n.* 주주(株主)
0905.	**shatter**	*v.* 산산조각 나다[내다]
0906.	**skip**	*v.* 껑충 뛰다, 거르다
0907.	**skirt**	*v.* 피하다, 비켜 가다
0908.	**slightly**	*ad.* 조금, 약간
0909.	**sneak**	*v.* 살그머니 움직이다, 몰래 하다
0910.	**snowfall**	*n.* 눈 내림, 강설량
0911.	**soar**	*v.* 치솟다, 급증하다
0912.	**sociology**	*n.* 사회학
0913.	**rarely**	*ad.* 드물게, 좀처럼 ~않는
0914.	**solicit**	*v.* 요청[간청]하다, 외판 영업을 하다
0915.	**unbeatable**	*a.* 지지 않는, 최고의
0916.	**solid**	*a.* 고체의, 단단한 *n.* 고체
0917.	**sophisticated**	*a.* 세련된, 교양 있는
0918.	**sore**	*a.* 쓰린, 뻐근한 *n.* 상처

0919.	**souvenir**	n. (여행) 기념품
0920.	**sovereign**	a. 국가 주권의, 주권을 가진
0921.	**span**	n. 기간, 범위, 폭
0922.	**steadfast**	a. 확고한, 변치 않는
0923.	**steer**	v. 조종하다, 운전하다, ~로 가다
0924.	**stem**	v. 유래하다
0925.	**sterilize**	v. 소독하다
0926.	**stir**	v. 휘젓다, 뒤척이다, 자극하다
0927.	**stopover**	n. 잠시 들름, 경유
0928.	**strain**	n. 긴장, 부담 v. 잡아당기다, 무리하다
0929.	**strategic**	a. 전략적인
0930.	**stray**	v. 헤매다, a. 떠도는
0931.	**streamline**	v. 유선형으로 만들다, 능률을 높이다, 간소화하다
0932.	**submit**	v. 제출하다, 복종하다
0933.	**subscribe**	v. 정기 구독하다
0934.	**subsidize**	v. 보조금을 주다
0935.	**sudden**	a. 갑작스러운, 난데없는
0936.	**suffer**	v. 시달리다, 고통을 겪다
0937.	**suitable**	a. 적합한, 적절한

check! 1☐ 2☐ 3☐ 4☐ 5☐

0938.	**suite**	*n.* 한 벌, 한 조, (호텔) 특별실
0939.	**superior**	*a.* 우월한
0940.	**tear**	*v.* 찢다, 부수다
0941.	**temperature**	*n.* 온도, 체온
0942.	**temporary**	*a.* 일시적인, 임시의
0943.	**term**	*n.* 학기, 용어, 측면, 조건
0944.	**territory**	*n.* 영토, 영역
0945.	**therapy**	*n.* 치료, 요법
0946.	**threaten**	*v.* 위협하다, ~할 위험성이 있다
0947.	**thunder**	*n.* 천둥
0948.	**tidy**	*a.* 깔끔한, 정돈된 *v.* 정돈하다
0949.	**tie**	*n.* 넥타이 *v.* 묶다
0950.	**timid**	*a.* 소심한, 자신 없는
0951.	**torment**	*n.* 괴로움, *v.* 괴롭히다
0952.	**trailer**	*n.* 예고편, 트레일러 (차), 이동 주택
0953.	**transaction**	*n.* 거래, 매매, 집행
0954.	**transform**	*v.* 변형하다, 완전히 바꾸다
0955.	**transition**	*n.* 전환(기)
0956.	**transmit**	*v.* 전송하다, 옮기다, 전이시키다
0957.	**transparent**	*a.* 투명한, 다 들여다보이는, 명백한

0958.	**travel**	n. 여행 v. 여행하다, 이동하다
0959.	**trial**	n. 시도, 재판
0960.	**trip**	v. 발이 걸리다, 걸려 넘어지다
0961.	**turbulence**	n. 난기류, 혼란
0962.	**ultimate**	a. 궁극의, 기본적인
0963.	**unanimous**	a. 만장일치의, 의견이 일치한
0964.	**uncover**	v. 찾아내다, 덮개를 벗기다
0965.	**undergo**	v. 겪다
0966.	**undertake**	v. 맡다, 착수하다, 약속하다
0967.	**unemployed**	a. 실업 상태인, 일이 없는
0968.	**unique**	a. 고유의, 독특한
0969.	**unless**	conj. ~하지 않는다면
0970.	**unprecedented**	a. 전례 없는, 지금껏 알려지지 않은
0971.	**pretentious**	a. 가식적인, ~인 척하는
0972.	**unusual**	a. 특이한, 좀처럼 없는
0973.	**uphold**	v. 뒷받침하다, (판결을) 확정하다
0974.	**upright**	a. 곧은, 허리를 쭉 편, 수직의
0975.	**upset**	v. 언짢게 하다, 망치다, 엎다
0976.	**urge**	v. 강력히 권하다 n. 욕망, 충동
0977.	**whole**	n. 전체 a. 전체의, 완전한

check! 1☐ 2☐ 3☐ 4☐ 5☐

0978.	**useful**	*a.* 유용한, 쓸모 있는
0979.	**utensil**	*n.* 가정용품
0980.	**utility**	*n.* (전기, 가스 등) 공공 서비스, 유용성
0981.	**valid**	*a.* 유효한, 타당한
0982.	**verdict**	*n.* 평결
0983.	**verify**	*v.* 확인하다, 입증하다
0984.	**victim**	*n.* 희생자, 사상자
0985.	**ward**	*n.* 병동 *v.* 피하다, 막다
0986.	**warfare**	*n.* 전쟁
0987.	**warrant**	*n.* 보증, 영장
0988.	**waste**	*v.* 낭비하다 *n.* 폐기물, 배설물
0989.	**waterproof**	*a.* 방수인, 물이 안 새는
0990.	**weigh**	*v.* 무게를 재다, 신중히 고려하다
0991.	**urgent**	*a.* 긴급한, 다급한
0992.	**widespread**	*a.* 광범위한, 넓은 지역의
0993.	**wing**	*n.* 부속건물, 당파
0994.	**wire**	*v.* 전보로 알리다, 배선 공사를 하다 *n.* 전선, 철사
0995.	**constipation**	*n.* 변비
0996.	**consulate**	*n.* 영사관

0997.	**contagious**	*a.* 전염되는
0998.	**contaminate**	*v.* 오염시키다
0999.	**contemplate**	*v.* 신중히 생각하다, 고려하다
1000.	**token**	*n.* 화폐 대용, 증거, 표시
1001.	**nasty**	*a.* 불쾌한, 역겨운
1002.	**plea**	*n.* (유무죄) 주장, 간청
1003.	**sober**	*a.* 술에 취하지 않은, 진지한
1004.	**cosmetic**	*a.* 겉모습의, 성형의
1005.	**mandate**	*n.* 임기, 권한 *v.* 규정하다, 권한을 주다
1006.	**overtake**	*v.* ~보다 앞서다, 추월하다
1007.	**blossom**	*n.* 꽃 *v.* 꽃피다, 더 좋아지다
1008.	**prosperous**	*a.* 번창하는, 성공한
1009.	**relax**	*v.* 쉬다, 긴장을 풀다
1010.	**intersection**	*n.* 교차로
1011.	**insider**	*n.* 조직의 내부인
1012.	**runway**	*n.* 활주로, 패션쇼 무대
1013.	**condominium**	*n.* 콘도 (건물 또는 하나의 호수), 아파트
1014.	**dental**	*n.* 치아의, 치과의
1015.	**freelance**	*a.* 자유직의 *n. v.* 프리랜서(로 일하다)
1016.	**limousine**	*n.* 공항 셔틀버스, 대형 고급 승용차

check! 1☐ 2☐ 3☐ 4☐ 5☐

1017.	**outlook**	*n.* 전망, 관점, 태도
1018.	**naughty**	*a.* 버릇없는, 짓궂은
1019.	**passive**	*a.* 수동적인, 소극적인
1020.	**manifest**	*v.* 증명하다, 보이다
1021.	**cue**	*n.* 신호, 큐 사인 *v.* 신호를 주다
1022.	**neighboring**	*a.* 이웃해 있는, 바로 옆에 있는
1023.	**intolerable**	*a.* 견딜 수 없는, 참기 힘든
1024.	**allege**	*v.* (근거 없이) 주장하다, 혐의를 씌우다
1025.	**nutrition**	*n.* 영양, 영양 공급
1026.	**momentary**	*a.* 잠깐 동안의, 한 순간의
1027.	**hospitable**	*a.* 대접을 잘 하는, 다정히 맞이하는
1028.	**quicken**	*v.* 빨라지다, 빠르게 하다, 활발해지다
1029.	**temptation**	*n.* 유혹
1030.	**modernize**	*v.* 현대화하다, 갱신하다
1031.	**spokesperson**	*n.* 대변인
1032.	**multiple**	*a.* 많은, 다수의
1033.	**audit**	*n.* 회계 감사, 검사 *v.* 회계 감사를 하다
1034.	**flyer**	*n.* 전단지, 광고지, 비행기 승객
1035.	**guideline**	*n.* 지침, 정책
1036.	**certification**	*n.* 증명, 자격증

1037.	**embassy**	n. 대사관
1038.	**tenant**	n. 세입자
1039.	**breakthrough**	n. 획기적인 발전, 돌파구
1040.	**conditional**	a. 조건이 붙은, 조건부의
1041.	**console**	v. 위로하다 n. 제어장치, 콘솔
1042.	**imbalance**	n. 불균형
1043.	**circuit**	n. 순회, 한 바퀴 돎, 회로
1044.	**presume**	v. 짐작하다, 추정하다
1045.	**outrage**	n. 격분, 횡포, 참사
1046.	**standstill**	n. 마비, 중단
1047.	**straightforward**	a. 쉬운, 솔직한
1048.	**aim**	n. 목표, v. 겨누다, 목표로 삼다
1049.	**fruitful**	a. 결실을 맺는, 성과가 있는
1050.	**cholesterol**	n. 콜레스테롤
1051.	**boycott**	n. v. 불매 동맹(을 맺다), 배척(하다)
1052.	**exaggerate**	v. 과장하다
1053.	**slash**	v. 긋다, 대폭 줄이다
1054.	**tumor**	n. 종양
1055.	**skyrocket**	v. 급증하다, 급등하다
1056.	**infection**	n. 감염

check! 1☐ 2☐ 3☐ 4☐ 5☐

1057.	**changeable**	*a.* 변할 수 있는, 자주 바뀌는
1058.	**anxious**	*a.* 열망하는, 걱정하는
1059.	**express**	*a.* 급행의, 속달의 *ad.* 속달로
1060.	**notification**	*n.* 통보, 통지
1061.	**prospective**	*a.* 가능성 있는, 곧 있을
1062.	**presumably**	*ad.* 아마도, 추측컨대
1063.	**envelope**	*n.* 봉투
1064.	**anticipation**	*n.* 기대, 예상
1065.	**rust**	*n.* 녹 *v.* 녹슬다
1066.	**bare**	*a.* 벌거벗은, 텅 빈
1067.	**lust**	*n.* 성욕, 욕망
1068.	**fate**	*n.* 운명, 운
1069.	**relieve**	*v.* 덜어주다, 완화하다, 안심시키다
1070.	**surgeon**	*n.* 외과 의사
1071.	**unemployment**	*n.* 실업
1072.	**upward**	*a.* 위를 향한, 증가하는
1073.	**lately**	*ad.* 최근에
1074.	**wallet**	*n.* (남성용) 지갑
1075.	**label**	*n.* 딱지, 라벨
1076.	**chef**	*n.* (전문) 요리사

1077.	**affect**	v. 영향을 미치다, ~인 척하다
1078.	**cooperate**	v. 협조하다
1079.	**nearby**	a. 근처의 ad. 근처에, 가까운 곳에
1080.	**mayor**	n. 시장
1081.	**mass**	n. 대량, 대중
1082.	**role**	n. 역할, 배역
1083.	**household**	n. 가정, 한 집 식구들
1084.	**highway**	n. 간선 도로
1085.	**highly**	a. 매우, 무척
1086.	**quite**	ad. 매우, 완전히
1087.	**blue-chip**	a. 안전성과 수익성을 갖춘, 우량한
1088.	**item**	n. 품목, 제품
1089.	**reservation**	n. 예약
1090.	**rent**	n. 임대(료) v. 세를 놓다, 세를 내다
1091.	**shopper**	n. 구매하는 사람, 사는 사람
1092.	**drawer**	n. 서랍
1093.	**abroad**	ad. 외국에, 외국으로
1094.	**hallway**	n. 복도
1095.	**terrible**	a. 끔찍한, 무서운
1096.	**eventually**	ad. 결국은, 마침내

check! 1□ 2□ 3□ 4□ 5□

1097.	**partly**	*ad.* 일부는, 부분적으로는
1098.	**celebrate**	*v.* 기리다, 축하하다
1099.	**anniversary**	*n.* 기념일
1100.	**cab**	*n.* 택시
1101.	**documentation**	*n.* 증빙 서류, 서류 기재
1102.	**midday**	*n.* 정오, 한낮
1103.	**replacement**	*n.* 후임, 대체
1104.	**respectable**	*a.* 무난한, 괜찮은
1105.	**moreover**	*ad.* 더구나, 더욱이
1106.	**harbor**	*n.* 항구 *v.* 숨기다, 품다
1107.	**miserable**	*a.* 비참한, 무척 가난한
1108.	**tool**	*n.* 도구, 기구
1109.	**practical**	*a.* 실용적인, 해볼 만한
1110.	**extra**	*a.* 추가적인, 덤인
1111.	**package**	*n.* 소포, 꾸러미, 한 세트
1112.	**outlet**	*n.* 배출구, 표현 수단, 할인점, 전기 콘센트
1113.	**photocopier**	*n.* 복사기
1114.	**crossing**	*n.* 건널목, 횡단보도, 교차로
1115.	**eager**	*a.* 열망하는, 무척 바라는

1116.	**official**	*a.* 공식적인 *n.* 고위직 관리
1117.	**sweep**	*v.* 쓸다, 비질하다
1118.	**especially**	*ad.* 특히, 특별히
1119.	**closet**	*n.* 벽장
1120.	**armchair**	*n.* 안락의자
1121.	**client**	*n.* 고객, 의뢰인
1122.	**digital**	*a.* 디지털의
1123.	**curious**	*a.* 궁금한, 이상한
1124.	**memorize**	*v.* 외우다, 암기하다
1125.	**tag**	*n.* 딱지, 꼬리표 *v.* 딱지[별명]를 붙이다
1126.	**theory**	*n.* 이론
1127.	**surface**	*n.* 표면, 겉 *v.* 떠오르다, 나타나다
1128.	**microwave**	*n.* 전자레인지, 극초단파 *v.* 전자레인지로 음식을 만들다
1129.	**worthwhile**	*a.* 할 가치가 있는
1130.	**meaningful**	*a.* 의미 있는, 진지한
1131.	**unbelievable**	*a.* 믿기지 않는, 굉장한
1132.	**branch**	*n.* 지사, 부서, 가지
1133.	**avenue**	*n.* 거리, ~가(街), 방법
1134.	**besides**	*prep.* ~이외에 *ad.* 게다가

check! 1□ 2□ 3□ 4□ 5□

1135.	**confident**	*a.* 자신 있는, 확신하는
1136.	**dishwasher**	*n.* 식기 세척기
1137.	**perform**	*v.* 실행하다, 공연하다, 작동하다
1138.	**unexpected**	*a.* 예상치 못한, 예기치 않은
1139.	**valuable**	*a.* 귀중한
1140.	**backup**	*n.* 지원, 여벌, 예비
1141.	**microscope**	*n.* 현미경
1142.	**editor**	*n.* 편집자
1143.	**dairy**	*n.* 낙농업체 *a.* 낙농업의
1144.	**chat**	*n.* 수다 *v.* 수다 떨다
1145.	**brush**	*v.* 붓질하다, 쓸어내다, 스치다 *n.* 붓
1146.	**automaker**	*n.* 자동차 회사, 차 제조업체
1147.	**annual**	*a.* 1년의, 1년에 한 번씩 있는
1148.	**complain**	*v.* 불평하다, 이의를 제기하다
1149.	**practice**	*n.* 습관, 실행, 연습 *v.* 연습하다
1150.	**responsible**	*a.* 책임 있는, 책임지는
1151.	**blend**	*v.* 섞다, 어우러지다 *n.* 혼합물
1152.	**evidence**	*n.* 증거, 증언
1153.	**nowadays**	*ad.* 요즘에
1154.	**regulation**	*n.* 규정, 법규

1155.	transport	v. 실어 나르다, 수송하다
1156.	tight	a. 꽉 조이는, 빡빡한, 촉박한
1157.	technical	a. 기술적인
1158.	briefcase	n. 서류가방
1159.	billion	n. 10억
1160.	ambassador	n. 대사
1161.	allow	v. 허락하다
1162.	negotiation	n. 협상, 협의
1163.	apply	v. 신청하다, 적용하다
1164.	postmark	n. 소인 v. 소인을 찍다
1165.	performance	n. 성과, 공연
1166.	emotion	n. 감정, 정서
1167.	beside	prep. ~옆에
1168.	interpersonal	a. 사람들 사이의, 대인관계의
1169.	venture	n. (고위험) 사업, 투자
1170.	convention	n. 회의, 회동, 관습
1171.	compete	v. 경쟁하다, 대회에 참가하다
1172.	attend	v. 참가하다, 참석하다
1173.	container	n. 용기, 컨테이너
1174.	praise	n. v. 칭찬(하다)

check! 1□ 2□ 3□ 4□ 5□

1175.	**vacant**	*a.* 빈, 공석인
1176.	**amusing**	*a.* 즐거운, 즐겁게 하는
1177.	**prime**	*a.* 우선하는, 가장 중요한
1178.	**discount**	*n.* 할인 *v.* 할인하다
1179.	**approach**	*n.* 해결책, 접근방법 *v.* ~에 접근하다, 해결책을 찾다
1180.	**amazing**	*a.* 아주 놀라운
1181.	**carpenter**	*n.* 목수
1182.	**genetic**	*a.* 유전자의, 유전의
1183.	**toast**	*n.* 건배, 토스트
1184.	**lock**	*v.* 잠그다 *n.* 자물쇠
1185.	**wellbeing**	*n.* 행복, 건전함
1186.	**competition**	*n.* 경쟁, 대회
1187.	**announce**	*v.* 발표하다, 안내 방송을 하다
1188.	**barbershop**	*n.* 이발소
1189.	**obligation**	*n.* 의무, 강제
1190.	**audience**	*n.* 청중, 관중
1191.	**newsletter**	*n.* 소식지
1192.	**convenience**	*n.* 편의, 편리
1193.	**therefore**	*ad.* 그러므로, 따라서

1194.	**applicant**	n. 신청자, 지원자
1195.	**promote**	v. 승진시키다, 판촉하다, 촉진하다
1196.	**tropical**	a. 열대의
1197.	**substitute**	v. 대체하다 n. 대신하는 사람[것]
1198.	**store**	n. 상점, 저장물 v. 저장하다, 보관하다
1199.	**construction**	n. 공사, 건축
1200.	**bumpy**	a. 울퉁불퉁한, (차량이) 흔들거리는
1201.	**promotion**	n. 승진, 판촉, 촉진
1202.	**observation**	n. 관찰, 발언
1203.	**stability**	n. 안정
1204.	**boundary**	n. 경계선
1205.	**plant**	n. 설비, 공장, 식물 v. 심다
1206.	**spare**	a. 여분의, 예비용의
1207.	**apparently**	ad. 전해들은 바로는, 보아하니
1208.	**omit**	v. 생략하다, 빠뜨리다
1209.	**humidity**	n. 습도
1210.	**province**	n. 지방, 행정 단위
1211.	**fuel**	n. 연료 v. 부추기다
1212.	**explore**	n. 탐험하다, 탐구하다
1213.	**couch**	n. 소파

check! 1☐ 2☐ 3☐ 4☐ 5☐

1214.	**decade**	n. 10년
1215.	**confidence**	n. 확신, 믿음, 자신감
1216.	**colleague**	n. 동료
1217.	**represent**	v. 대표하다, 나타내다
1218.	**witness**	v. 목격하다 n. 목격자, 증인
1219.	**proper**	a. 적절한, 적당한
1220.	**determined**	a. 굳게 결심한
1221.	**even**	a. 고른, 평평한 ad. 심지어
1222.	**negative**	a. 부정적인, 음성의
1223.	**symptom**	n. 증상, 징후
1224.	**council**	n. 지방 의회, 협의회
1225.	**device**	n. 도구, 장치
1226.	**fasten**	v. 매다, 꽉 조이다
1227.	**intelligent**	a. 영리한, 지능이 높은
1228.	**layoff**	n. (일시적) 해고, 결근, 결정
1229.	**dispute**	n. 토론, 논쟁 v. 토론하다
1230.	**punish**	v. 처벌하다
1231.	**beneficial**	a. 이득이 되는, 혜택이 가는
1232.	**subtle**	a. 미묘한, 교묘한, 잘 안 보이는
1233.	**former**	a. 이전의

1234.	**up-to-date**	*a.* 최신의
1235.	**observe**	*v.* 관찰하다, 발언하다, 준수하다
1236.	**jam**	*n.* 막힘, 체증 *v.* 막히다, 고장 나다, 가득 메우다
1237.	**cargo**	*n.* 화물
1238.	**pavement**	*n.* 보도, 포장 도로, 차도 표면
1239.	**frequently**	*ad.* 자주, 빈번히
1240.	**successive**	*a.* 연이은, 연속적인
1241.	**foundation**	*n.* 기반, 설립, 기관
1242.	**tendency**	*n.* 경향, 성향
1243.	**embarrass**	*v.* 당황하게 하다, 창피를 주다
1244.	**corridor**	*n.* 복도
1245.	**artificial**	*a.* 인공적인, 인위적인, 가짜인
1246.	**decision-maker**	*n.* 의사 결정권자
1247.	**shift**	*v.* 옮기다, 바꾸다 *n.* 이동, 변화
1248.	**greed**	*n.* 욕심, 식탐
1249.	**decorate**	*v.* 장식하다, 꾸미다
1250.	**transfer**	*v.* 옮기다, 갈아타다, 전학하다 *n.* 환승, 전근
1251.	**desperate**	*a.* 필사적인, 절망적인
1252.	**gradually**	*ad.* 점차

check! 1☐ 2☐ 3☐ 4☐ 5☐

1253.	**insurance**	n. 보험, 보증
1254.	**collaboration**	n. 협력, 합작
1255.	**layout**	n. 터잡기, 지면 배정, 배치
1256.	**theft**	n. 도둑질, 절도
1257.	**rebate**	n. 환불 금액, 할인 금액
1258.	**describe**	v. 묘사하다, 설명하다
1259.	**signature**	n. (서류상의 공식) 서명
1260.	**coordinate**	v. 조정하다, 조율하다
1261.	**candid**	a. 솔직한
1262.	**concern**	n. 우려 v. 영향을 주다, ~에 관련되다
1263.	**proof**	n. 증거
1264.	**latter**	n. a. 후자(의)
1265.	**indicate**	v. 보여주다, 가리키다, 암시하다
1266.	**object**	n. 물체, 대상, 목표
1267.	**overcome**	v. 극복하다, 압도하다
1268.	**identification**	n. 신분 증명, 신분증
1269.	**resistance**	n. 저항, 반항
1270.	**width**	n. 폭, 너비
1271.	**voluntary**	a. 자원하는, 스스로 하는
1272.	**following**	a. n. 다음에 나오는 (것)

1273.	**note**	n. 쪽지, 간단한 메모 v. ~에 주의하다
1274.	**absolutely**	ad. 물론, 절대적으로, 무척
1275.	**method**	n. (체계적) 방식
1276.	**associate**	v. 연관시키다, 제휴하다, 어울려 다니다 n. 친구, 동료
1277.	**maximum**	n. a. 최대(의)
1278.	**horizon**	n. 지평선, 수평선, 영역
1279.	**attach**	v. 붙이다, 첨부하다
1280.	**beg**	v. 빌다, 애원하다
1281.	**carry**	v. 팔다, 재고로 갖고 있다
1282.	**analyze**	v. 분석하다
1283.	**correspondence**	n. 편지, 서신 왕래, 연관
1284.	**decisive**	a. 결정적인, 결단력 있는
1285.	**remind**	v. 생각나게 하다, 상기시키다
1286.	**emphasize**	v. 강조하다
1287.	**counselor**	n. 상담사
1288.	**requisition**	n. 요구, 요청(서)
1289.	**divine**	a. 신의, 신적인
1290.	**investigate**	v. 조사하다, 알아보다
1291.	**instruction**	n. 교육, 지시, 설명문

check! 1☐ 2☐ 3☐ 4☐ 5☐

1292.	**objective**	*n.* 목표, *a.* 객관적인
1293.	**dim**	*a.* 흐린, 어둑어둑한, 암울한
1294.	**conceal**	*v.* 숨기다
1295.	**ban**	*n.* 금지 *v.* 금지하다
1296.	**sponsor**	*n.* 후원사, 후원인 *v.* 후원하다
1297.	**speculation**	*n.* 추측, 투기
1298.	**defect**	*n.* 결함, 흠
1299.	**fertile**	*a.* 비옥한, 생산적인
1300.	**freeze**	*v.* 얼다, 얼리다 *n.* 동결, 중단
1301.	**frown**	*v.* 찡그리다, 찌푸리다
1302.	**innovate**	*v.* 혁신하다, 도입하다
1303.	**legitimate**	*a.* 합법적인, 합당한
1304.	**relate**	*v.* 연관 짓다, 진술하다
1305.	**hike**	*n.* 증가, 등산 *v.* 늘리다
1306.	**considerate**	*a.* 신중한, 배려를 잘 하는
1307.	**yield**	*v.* 굴복하다, 양보하다, (성과를) 내다
1308.	**ignore**	*v.* 무시하다, 못 본 척하다
1309.	**sue**	*v.* 소송을 걸다
1310.	**fold**	*v.* 접다
1311.	**response**	*n.* 반응, 대응

1312.	**particular**	*a.* 특정한, 특별한
1313.	**blanket**	*n.* 모포, 이불, 두터운 층
1314.	**solution**	*n.* 해결책, 대책
1315.	**extent**	*n.* 정도, 규모
1316.	**contrast**	*n.* 대조 *v.* 대조하다
1317.	**considerable**	*a.* 상당한, 꽤 많은[큰]
1318.	**prevention**	*n.* 방지, 예방
1319.	**virtually**	*ad.* 거의
1320.	**dependent**	*a.* 의존하는, ~에 좌우되는
1321.	**definition**	*n.* 뜻, 정의, 해상도
1322.	**lap**	*n.* 무릎, (트랙의) 한 바퀴
1323.	**lid**	*n.* 뚜껑, 마개
1324.	**rid**	*v.* 제거하다
1325.	**limb**	*v.* 팔다리, 가지
1326.	**rim**	*n.* 가장자리, 테
1327.	**bloom**	*n.* 꽃 *v.* 꽃 피다, 확연히 좋아지다
1328.	**bleed**	*v.* 피를 흘리다
1329.	**breed**	*v.* 번식하다, 키우다 *n.* 품종
1330.	**literally**	*ad.* 글자 그대로, 정말로
1331.	**youth**	*n.* 젊음, 청년

check! 1☐ 2☐ 3☐ 4☐ 5☐

1332.	**faith**	*n.* 신뢰
1333.	**path**	*n.* 오솔길, 작은 길
1334.	**sin**	*n.* (윤리적) 죄
1335.	**imaginary**	*a.* 상상에만 존재하는, 가상적인
1336.	**soak**	*v.* 적시다, 담그다, 젖다
1337.	**worth**	*a.* ~의 가치가 있는 *n.* 가치
1338.	**sigh**	*n. v.* 한숨(을 쉬다)
1339.	**shave**	*n. v.* 면도(하다)
1340.	**ship**	*v.* 보내다, 배송하다
1341.	**siege**	*n.* 포위 (공격)
1342.	**cease**	*v.* 중지하다
1343.	**seize**	*v.* 쥐다, 체포하다, 압수하다
1344.	**vanish**	*v.* 사라지다
1345.	**breathe**	*v.* 숨 쉬다
1346.	**exhausted**	*a.* 무척 지친, 다 써 버린
1347.	**architect**	*n.* 설계사, 기획자
1348.	**evident**	*a.* 명백한, 분명한
1349.	**artistic**	*a.* 예술적인, 예술가의
1350.	**flexible**	*a.* 유연한, 융통성 있는
1351.	**feasible**	*a.* 가능한, 효과를 거둘 수 있는

# 텝스

1352.	**cough**	*n. v.* 기침(하다)
1353.	**isolation**	*n.* 고립, 소외
1354.	**volunteer**	*n.* 지원자, 자원봉사자 *v.* 자진해서 하다
1355.	**imply**	*v.* 내포하다, 넌지시 비치다
1356.	**enthusiastic**	*a.* 열렬한
1357.	**endurance**	*n.* 참을성, 지구력
1358.	**insight**	*n.* 통찰력, 이해
1359.	**drought**	*n.* 가뭄
1360.	**supervise**	*v.* 감독하다
1361.	**librarian**	*n.* 사서, 도서관원
1362.	**vicious**	*a.* 나쁜, 악랄한
1363.	**resident**	*n.* 거주자, 주민
1364.	**cafeteria**	*n.* 구내식당
1365.	**inheritance**	*n.* 상속, 물려받음
1366.	**diminish**	*v.* 줄다, 줄이다
1367.	**hatch**	*v.* 알을 까다, 부화하다
1368.	**inconvenience**	*n.* 불편, 성가신 것
1369.	**donor**	*n.* 기증자, 제공자
1370.	**peep**	*v.* 몰래 들여다보다
1371.	**gloomy**	*a.* 컴컴한, 암울한

check! 1☐ 2☐ 3☐ 4☐ 5☐

1372.	**priority**	n. 우선하는 것, 우선순위
1373.	**arithmetic**	n. 산수, 계산
1374.	**thermometer**	n. 온도계, 체온계
1375.	**agriculture**	n. 농업, 농학
1376.	**convert**	v. 개조하다, 바꾸다
1377.	**policy**	n. 정책, 보험 증권
1378.	**peninsula**	n. 반도
1379.	**formal**	a. 형식을 갖춘, 격식을 차린
1380.	**protein**	n. 단백질
1381.	**adopt**	v. 채택하다, 입양하다
1382.	**secretary**	n. 비서, 서기
1383.	**swell**	v. 부풀다, 부풀리다
1384.	**efficient**	a. 능률적인
1385.	**assemble**	v. 모으다, 조립하다, 모이다
1386.	**assure**	v. 보증하다, 장담하다
1387.	**cure**	n. 치료, 해결책 v. 치료하다
1388.	**smash**	v. 산산이 부수다, 후려치다
1389.	**suspect**	v. ~일 거라고 의심하다, 수상히 여기다 n. 용의자 a. 의심스러운
1390.	**internal**	a. 내부의, 국내의

1391.	**impulse**	n. 충동
1392.	**contractor**	n. 계약자, 도급업자
1393.	**magnificent**	a. 웅장한, 굉장한
1394.	**output**	n. 출력, 생산량
1395.	**rectangle**	n. 직사각형
1396.	**welfare**	n. 복지
1397.	**calculate**	v. 계산하다
1398.	**judgment**	n. 판단, 판결
1399.	**dimension**	n. 차원, 측면, 치수
1400.	**democracy**	n. 민주주의
1401.	**chemistry**	n. 화학
1402.	**guarantee**	n. 보증, v. 보증하다
1403.	**gauge**	n. 측정기 v. 측정하다, 가늠하다
1404.	**neutral**	a. 중립적인
1405.	**reform**	n. 개혁 v. 개혁하다
1406.	**deadly**	a. 치명적인, 완전한
1407.	**decay**	v. 썩다, n. 부패
1408.	**conscience**	n. 양심, 자제심, 분별
1409.	**institute**	n. (학문, 연구) 기관
1410.	**dedicate**	v. 바치다, 헌신하다

1411.	**accuse**	v. 고발하다, 비난하다
1412.	**square**	n. 정사각형, 제곱, 광장
1413.	**circulation**	n. 순환, 유통, 판매부수
1414.	**reproduction**	n. 복사, 번식, 재생
1415.	**energetic**	a. 정력적인, 강력한
1416.	**bruise**	n. 멍, 타박상 v. 멍들게 하다
1417.	**suspense**	n. 긴장, 불안
1418.	**designate**	v. 지정하다, 임명하다
1419.	**evaporate**	v. 증발하다[시키다], 점차 사라지다
1420.	**conceive**	v. 마음에 품다, 임신하다
1421.	**survey**	n. 설문 조사 v. 조사하다, 살펴보다
1422.	**sink**	n. 싱크대, 세면대 v. 가라앉다
1423.	**tow**	v. 끌고 가다 n. 차 견인
1424.	**theme**	n. 주제
1425.	**memo**	n. 회람
1426.	**lifetime**	n. 평생, 살아 있는 동안
1427.	**extension**	n. 연장, 늘임, (전화) 교환
1428.	**alarm**	n. 경보 v. 걱정시키다
1429.	**auction**	n. v. 경매(에 부치다)
1430.	**vacancy**	n. 빈 방, 일자리

1431.	**opportunity**	n. 기회
1432.	**downturn**	n. 경기 침체, 부진
1433.	**suburb**	n. 교외, 변두리
1434.	**personality**	n. 성격, 개성, 유명인사
1435.	**primary**	a. 가장 중요한, 근본적인
1436.	**checkup**	n. 검사, 건강검진
1437.	**cashier**	n. 계산원, 현금출납계
1438.	**variety**	n. 다양함
1439.	**disorder**	n. 무질서, (신체, 정신) 장애
1440.	**assume**	v. 가정하다, 가장하다, 떠맡다
1441.	**ache**	v. 아프다 n. 아픔
1442.	**mend**	v. 고치다, 수선하다
1443.	**fit**	n. 경련, 발작
1444.	**barely**	ad. 간신히, 거의 ~ 아닌
1445.	**recommendation**	n. 추천, 권유
1446.	**bark**	v. 짖다 n. 나무껍질
1447.	**rub**	v. 문지르다, 비비다
1448.	**urban**	a. 도시의
1449.	**shelf**	n. 선반 (pl. shelves)
1450.	**remote**	a. 멀리 떨어진, 외딴 곳에 있는

check! 1☐ 2☐ 3☐ 4☐ 5☐

1451.	**previous**	*a.* 이전의, 앞선
1452.	**deposit**	*v.* 예금하다, 맡겨두다 *n.* 보증금
1453.	**laboratory**	*n.* 실험실, 실습실
1454.	**satisfy**	*v.* 만족시키다, 충족시키다
1455.	**contribute**	*v.* 기부하다, 기여하다
1456.	**procedure**	*n.* 절차, 진행
1457.	**sustain**	*v.* 유지하다, 뒷받침하다
1458.	**attractive**	*a.* 매력적인
1459.	**fascinating**	*a.* 매혹적인
1460.	**significant**	*a.* 중대한, 꽤 많은, 의미심장한
1461.	**concentrate**	*v.* 집중하다, 농축하다
1462.	**terrific**	*a.* 대단한, 엄청난
1463.	**barren**	*a.* 생물이 못 사는, 임신을 못 하는
1464.	**assignment**	*n.* 임명, 과제
1465.	**semester**	*n.* 학기
1466.	**ideal**	*n.* 이상형 *a.* 이상적인
1467.	**principal**	*a.* 주된, *n.* 교장, 원금
1468.	**monument**	*n.* 기념관, 기념물
1469.	**descend**	*v.* 내려가다, 줄어들다
1470.	**various**	*a.* 많은, 다양한

1471.	**heir**	n. 상속인, 후계자
1472.	**plain**	a. 명백한, 쉬운, 평범한 n. 평야
1473.	**dub**	v. 별명을 붙이다, 외국어로 더빙하다
1474.	**raise**	v. 올리다, 키우다, 모금하다 거론하다 n. 봉급 인상
1475.	**florist**	n. 꽃집 주인, 꽃가게
1476.	**dye**	v. 염색하다, 물들이다
1477.	**largely**	ad. 주로
1478.	**tale**	n. 이야기
1479.	**seed**	n. 씨앗
1480.	**desert**	v. 저버리다, 버리고 떠나다
1481.	**cell**	n. 작은 방, 세포, 전지
1482.	**stare**	v. 빤히 보다, 멍하니 보다
1483.	**route**	n. 길, 노선
1484.	**bury**	v. 파묻다
1485.	**male**	n. a. 남성(의), 수컷(의)
1486.	**heal**	v. 아물다, 치료하다
1487.	**sole**	a. 유일한, n. 발바닥, 밑창
1488.	**vain**	a. 헛된, 허영심이 강한
1489.	**alter**	v. 바꾸다, 바뀌다

1490.	**aisle**	*n.* (차 안의) 통로
1491.	**complement**	*v.* 보충하다, 보완하다
1492.	**foul**	*a.* 고약한, 모욕적인
1493.	**idle**	*a.* 게으른, 일이 없는 *v.* 빈둥거리다, 공회전하다
1494.	**tension**	*n.* 긴장
1495.	**martial**	*a.* 전쟁의, 전투의
1496.	**row**	*n.* 줄, 열 *v.* (배를) 젓다
1497.	**graduate**	*v.* 졸업하다 *n.* 졸업생, 학사
1498.	**major**	*n.* 전공, 전공 학생 *v.* 전공하다
1499.	**tax**	*n.* 세금 *v.* 세금을 부과하다
1500.	**characterize**	*v.* 특징짓다
1501.	**post**	*n.* 직책 *v.* 일자리에 배치하다, 게시하다
1502.	**tide**	*n.* 조수, 밀물과 썰물
1503.	**department**	*n.* 부서, 학과
1504.	**faint**	*a.* 희미한, *v.* 기절하다
1505.	**spark**	*n.* 불꽃 *v.* 갑자기 일으키다
1506.	**plot**	*n.* (작은) 땅, 줄거리, 음모
1507.	**hot**	*a.* 인기 있는, 유행하는
1508.	**ongoing**	*a.* 계속되는

1509.	**pickpocket**	n. 소매치기
1510.	**bad-off**	a. 가난한, 돈이 없는
1511.	**engrave**	v. 새기다
1512.	**fatality**	n. 사망, (사고로 인한) 사망자
1513.	**womb**	n. 자궁
1514.	**attitude**	n. 태도, 마음가짐
1515.	**possess**	v. 갖고 있다, 소유하다
1516.	**sidestep**	v. 회피하다, 옆으로 피하다
1517.	**startle**	v. 무척 놀라게 하다
1518.	**enchanting**	a. 매혹적인
1519.	**sanity**	n. 제정신, 말짱한 정신
1520.	**dishonor**	v. 망신을 주다, 수표를 부도내다 n. 망신, 불명예
1521.	**rekindle**	v. 다시 일깨우다, 다시 상기시키다
1522.	**embody**	v. 구현하다, 포함하다
1523.	**oriented**	a. 지향하는, 집중하는
1524.	**standardize**	v. 표준화하다
1525.	**tumble**	v. 떨어지다, 폭락하다
1526.	**uproar**	n. 소동, 야단법석

PART 4

TEPS
Essential Words

TEPS 고득점을 목표로 하는 학습자들이 반드시
알아야 할 단어를 우선순위로 수록하였다.

0001.	**court**	n. 법원, 법정
0002.	**location**	n. 장소, 위치 찾기
0003.	**idol**	n. 우상, 숭배되는 사람[사물], 숭배
0004.	**rubbish**	n. 쓰레기
0005.	**storage**	n. 저장, 보관
0006.	**insert**	v. 삽입하다, 집어넣다
0007.	**scenery**	n. 경치, 배경
0008.	**dodge**	v. 잽싸게 피하다, (책임을) 회피하다
0009.	**broaden**	v. 넓어지다, 넓히다
0010.	**object**	v. 반대하다, 반발하다
0011.	**firm**	n. 회사
0012.	**portable**	a. 들고 다닐 수 있는 n. 휴대용품
0013.	**remark**	n. 발언, 연설문 v. 발언하다
0014.	**examine**	v. 조사하다, 검사하다
0015.	**qualified**	a. 자격을 갖춘, 검사를 통과한
0016.	**pierce**	v. 구멍을 내다, 뚫다
0017.	**predict**	v. 예측하다, 미루어 짐작하다
0018.	**jail**	n. 교도소, 감옥 v. 투옥하다
0019.	**appetite**	n. 식욕, 욕구
0020.	**site**	n. 장소, 부지, 웹사이트

check! 1□ 2□ 3□ 4□ 5□

0021.	**aptitude**	*n.* 적성, 재능
0022.	**appearance**	*n.* 외모, 겉모습, 출현
0023.	**publicly**	*ad.* 공개적으로, 공공연히
0024.	**earn**	*v.* 벌다, 획득하다
0025.	**escort**	*v.* 호위하다, 호송하다 *n.* 호위
0026.	**heat**	*n.* 격한 감정, 고조된 분위기
0027.	**scratch**	*v.* 긁다 *n.* 긁음, 긁힌 자국
0028.	**guardian**	*n.* 보호자
0029.	**cool**	*a.* 침착한, 훌륭한 *v.* 식(히)다, 진정하다
0030.	**intentionally**	*ad.* 일부러, 고의로
0031.	**trace**	*v.* 추적하다, (유래·출처를) 찾다
0032.	**contract**	*n.* 계약(서)
0033.	**pet**	*n.* 애완동물 *v.* (귀여워서) 쓰다듬다
0034.	**offend**	*v.* 불쾌하게 하다, 감정 상하게 하다
0035.	**comfort**	*n.* 편함 *v.* 위로하다
0036.	**faithful**	*a.* 믿을 수 있는, 충실한, 수절하는
0037.	**worthless**	*a.* 가치 없는, 쓸모없는
0038.	**disappearance**	*n.* 실종, 사라짐
0039.	**amaze**	*v.* 무척 놀라게 하다
0040.	**crash**	*n.* (차량) 충돌, 추락

0041.	**cereal**	n. 곡물, 시리얼
0042.	**accidental**	a. 우연의, 우발적인
0043.	**adulthood**	n. 성인기
0044.	**advent**	n. 출현, 도래, 시작
0045.	**convict**	v. 유죄 판결하다 n. 기결수
0046.	**adversity**	n. 역경, 불운
0047.	**advertise**	v. 광고하다
0048.	**advocate**	v. 지지[옹호]하다 n. 지지자, 옹호자
0049.	**aesthetic**	a. 미적인, 미학의
0050.	**affiliate**	n. 계열사 v. 지부로 삼다, ~의 산하에 두다, 제휴하다
0051.	**affluent**	a. 부유한
0052.	**aggravate**	v. 악화시키다, 화를 돋우다
0053.	**agile**	a. 민첩한, 사고력이 빠른
0054.	**agitate**	v. 선동하다, 강력히 요구하다, 심란하게 하다
0055.	**ailment**	n. (가벼운) 질병
0056.	**align**	v. 정렬하다, 조정하다, 제휴하다
0057.	**allegedly**	ad. 듣자 하니, 들리는 말로는
0058.	**irritable**	a. 짜증을 잘 내는, 신경질적인
0059.	**allergy**	n. 알레르기

0060.	**alley**	n. 골목
0061.	**alliance**	n. 연합, 연맹
0062.	**alloy**	n. 합금
0063.	**allure**	v. 매혹하다, 꾀다, n. 매혹
0064.	**allusion**	n. 암시, 언급
0065.	**alteration**	n. 변화, 변경
0066.	**strike**	v. (불행이) 덮치다, 인상을 주다, 생각이 들게 하다
0067.	**amass**	v. 축적하다, 모으다
0068.	**ambivalent**	a. 확신이 없는, 어정쩡한
0069.	**amend**	v. (약간) 수정하다
0070.	**amenity**	n. 편의(시설), (모임에서) 소개말
0071.	**settle**	v. 해결하다, 정하다, 안정시키다
0072.	**amicable**	a. 우호적인, 평화적인
0073.	**amnesia**	n. 기억상실증
0074.	**amnesty**	n. 사면, 특사
0075.	**anatomy**	n. 해부, 분석
0076.	**anemia**	n. 빈혈
0077.	**anesthesia**	n. 마취
0078.	**annihilate**	v. 전멸시키다, 압승을 거두다

0079.	**anonymous**	*a.* 익명의, 실명을 밝히지 않은
0080.	**anorexia**	*n.* 신경성 식욕 부진증, 거식증
0081.	**anthropology**	*n.* 인류학
0082.	**antibiotic**	*n.* 항생제
0083.	**apathetic**	*a.* 관심 없는, 무심한
0084.	**apprentice**	*n.* 견습생
0085.	**aquatic**	*a.* 물에 사는, 수중의
0086.	**arbitrary**	*a.* 자의적인, 이유 없는
0087.	**arbitration**	*n.* 중재, 조정
0088.	**archaeology**	*n.* 고고학
0089.	**archive**	*n.* 문서 보관소, 보관 문서
0090.	**ardent**	*a.* 열심인, 열성적인
0091.	**aroma**	*n.* 향기
0092.	**arraign**	*v.* 법정에 소환하다, 혐의의 진위를 묻다, 기소 인정 여부 절차를 밟다
0093.	**arson**	*n.* 방화
0094.	**artifact**	*n.* 유물
0095.	**assassin**	*n.* 암살범
0096.	**assembly**	*n.* 조립, 의회, 모임
0097.	**assessment**	*n.* 평가, 판단

0098.	**assortment**	n. 혼합, 뒤섞임
0099.	**assuage**	v. 달래다, 덜어주다
0100.	**astounding**	a. 무척 놀라운
0101.	**astronaut**	n. 우주조종사
0102.	**astronomer**	n. 천문학자
0103.	**athletic**	a. 운동의, 운동을 잘 하는
0104.	**atrocity**	n. 참사, 끔찍한 일
0105.	**glamorous**	a. 매력적인, 화려한
0106.	**attain**	v. 달성하다, 획득하다
0107.	**attire**	n. 옷, 의상
0108.	**attorney**	n. 변호사, 법률가, 대리인
0109.	**authentic**	a. 진짜인, 진품인
0110.	**authorize**	v. 공인하다, 인증하다
0111.	**precise**	a. 정확한
0112.	**avenue**	n. 거리, 방법
0113.	**aversion**	n. 증오
0114.	**avian**	a. 새의, 조류의
0115.	**aviation**	n. 항공(술)
0116.	**back**	v. 후진하다
0117.	**backfire**	v. (엔진이) 역화하다, 역효과를 낳다

0118.	**mess**	*n.* 엉망 *v.* 어질러놓다
0119.	**baffle**	*v.* (완전히) 혼란스럽게 하다, 갈피를 못 잡게 하다
0120.	**bail**	*n.* 보석(금)
0121.	**ballot**	*n.* 투표, 투표용지, 투표 수
0122.	**bankbook**	*n.* 은행 통장
0123.	**bankruptcy**	*n.* 파산
0124.	**totally**	*ad.* 완전히, 전적으로
0125.	**bibliographic**	*a.* 도서 목록의, 서지학의
0126.	**deliberate**	*a.* 의도적인, 고의적인
0127.	**binge**	*n.* 폭음, 폭식
0128.	**blackmail**	*n.* 협박 *v.* 협박하다
0129.	**blackout**	*n.* (정전으로 인한) 소등, 관제
0130.	**blast**	*n.* 폭발, 굉음 *v.* 폭파하다, 큰 소리나다
0131.	**blatant**	*a.* 뻔뻔스러운, 노골적인
0132.	**bleak**	*a.* 암담한, 춥고 황량한
0133.	**blemish**	*n.* 흠, 잡티 *v.* 훼손하다
0134.	**blizzard**	*n.* 눈보라
0135.	**blunder**	*n.* 실수
0136.	**blunt**	*a.* 무딘, 직설적인

0137.	**bombard**	v. 폭격하다
0138.	**boulevard**	n. 가로수길, 대로
0139.	**bounce**	v. 튀다, (수표를) 부도내다, 반송되다
0140.	**brace**	v. 대비하다, 지탱하다, n. 버팀목
0141.	**breach**	n. 위반 v. 위반하다
0142.	**brevity**	n. 간결함, 단기간
0143.	**brew**	v. 술을 만들다 n. 양조주, 맥주
0144.	**brinkmanship**	n. 벼랑 끝 전술, 극단적인 위협 수법
0145.	**brisk**	a. 활달한, 서늘한
0146.	**brittle**	a. 잘 부러지는, 쉽게 파손되는
0147.	**broadcast**	n. 방송 v. 방송하다, 말을 퍼뜨리다
0148.	**broke**	a. 돈이 없는, 무일푼인
0149.	**broth**	n. 수프
0150.	**bulletin**	n. 보도, 공지
0151.	**bully**	v. (약자를) 괴롭히다, 왕따시키다 n. 약자를 괴롭히는 사람
0152.	**bunch**	n. 송이, 다발, 다수
0153.	**burglar**	n. (침입) 절도범
0154.	**by-election**	n. 보궐 선거
0155.	**bylaw**	n. 내규, (지방자치단체) 조례

0156.	**calamity**	n. 재해, 재난
0157.	**calligraphy**	n. 서예
0158.	**renewal**	n. 갱신, 재개발, 반복
0159.	**camouflage**	n. (군사) 위장 v. 위장하다
0160.	**canine**	n. a. 개(의); 송곳니(의)
0161.	**capacity**	n. 수용력, 용량, 구실
0162.	**captive**	n. 포로 a. 붙잡혀 있는
0163.	**casualty**	n. 사상자
0164.	**catastrophe**	n. 재해, 재앙
0165.	**cater**	v. 행사용 음식을 조달하다, 충족하다
0166.	**cautious**	a. 신중한, 조심하는
0167.	**down**	a. 우울한, 불행한
0168.	**celebrity**	n. 유명인사
0169.	**celestial**	a. 하늘의, 천체의
0170.	**cellulose**	n. 셀룰로오스, 섬유소
0171.	**Celsius**	n. 섭씨
0172.	**censure**	n. 비난, 견책 v. 비난하다
0173.	**census**	n. 인구 조사
0174.	**chant**	v. 염송하다, (같은 말을) 반복하다
0175.	**charter**	n. 전세, 전용 임대 v. 전세로 빌리다

check! 1☐ 2☐ 3☐ 4☐ 5☐

0176.	**chauffeur**	*n.* 운전사
0177.	**checkout**	*n.* 계산대, (호텔) 체크아웃 시간
0178.	**cherish**	*v.* 간직하다, 소중히 보관하다
0179.	**crawl**	*v.* 기어다니다, 느리게 움직이다
0180.	**chilly**	*a.* 쌀쌀한, 냉정한
0181.	**chivalrous**	*a.* 기사도 정신이 있는
0182.	**choir**	*n.* 합창단
0183.	**chop**	*v.* 작게 썰다[자르다]
0184.	**circumvent**	*v.* 회피하다
0185.	**clasp**	*v.* 꽉 쥐다
0186.	**clique**	*n.* 파벌, (배타적인) 패거리
0187.	**clog**	*v.* 막다, 막히다
0188.	**clone**	*n.* 복제된 생물 *v.* (생물을) 복제하다
0189.	**cluster**	*n.* 무리, 군중
0190.	**coalesce**	*v.* 합쳐지다, 통합되다
0191.	**cogent**	*a.* 타당한, 옳게 보이는
0192.	**cohesive**	*a.* 유기적인, 결집력 있는, 일관성 있는
0193.	**donate**	*v.* 기부하다, 기증하다
0194.	**coincidence**	*n.* 우연의 일치
0195.	**collateral**	*n.* 담보 *a.* 부수적인

0196.	**collision**	n. 충돌
0197.	**instant**	a. 즉각적인, 즉시 하는
0198.	**ploy**	n. 꾀, 술수
0199.	**commemorate**	v. 기념하다
0200.	**compile**	v. 모으다, 모음집을 만들다
0201.	**compliment**	n. 칭찬 v. 칭찬하다
0202.	**composer**	n. 작곡가
0203.	**content**	a. 만족하는
0204.	**composition**	n. 구성, 작곡, 작문
0205.	**outfit**	n. (특수) 복장, 의상
0206.	**comprehensive**	a. 종합적인, 완전한
0207.	**compulsory**	a. 의무적인, 강제적인
0208.	**concierge**	n. (아파트) 관리인, (호텔) 안내원
0209.	**confer**	v. 상의하다, (직위를) 부여하다
0210.	**confide**	v. 고백하다, 속이야기를 털어놓다
0211.	**congenial**	a. 편안한, 적당한
0212.	**congestion**	n. (교통) 체증, 막힘
0213.	**contract**	n. 계약, 계약서 v. 계약하다
0214.	**controversy**	n. 논란
0215.	**convene**	v. 소집하다, 불러모으다

check! 1☐ 2☐ 3☐ 4☐ 5☐

0216.	**covenant**	n. 계약
0217.	**coverage**	n. (보장) 범위, 언론 보도
0218.	**cozy**	a. 아늑한, 편안한
0219.	**culpable**	a. 잘못이 있는, 범죄로 간주되는
0220.	**curb**	v. 억제하다, 제어하다
0221.	**curfew**	n. 통행금지 (시간), (정해진) 귀가 시간
0222.	**dabble**	v. 부담 없이 하다, 조금 해보다
0223.	**debris**	n. 파편, 쓰레기
0224.	**debtor**	n. 채무자
0225.	**default**	n. 불이행, 태만, (컴퓨터) 기본 설정값
0226.	**defective**	a. 결함이 있는
0227.	**deflate**	v. 바람을 빼다, 위축시키다, 물가를 떨어뜨리다
0228.	**defy**	v. 거부하다, 복종하지 않다
0229.	**degenerate**	a. 타락한 v. 전락하다, 악화되다
0230.	**delegation**	n. 위임, 대표단
0231.	**delicatessen**	n. 식료품점
0232.	**delineate**	v. 상세히 설명하다, 구분하다
0233.	**delinquent**	a. 체납된, 미지급된, 비행을 저지르는 n. 체납자, 비행 청소년
0234.	**delve**	v. 깊숙이 뒤지다, 탐구하다

0235.	**demeanor**	n. 행동거지, 말투
0236.	**competent**	a. 유능한, 쓸 만한
0237.	**demilitarize**	v. 비군사화하다, 무장을 해제하다
0238.	**demise**	n. 파멸, 죽음
0239.	**demographic**	n. 인구층, ⟨-s⟩ 인적 정보 a. 인구의
0240.	**demolition**	n. 철거
0241.	**demote**	v. 강등하다, 지위를 떨어뜨리다
0242.	**denomination**	n. 액면가
0243.	**denote**	v. 의미하다, 가리키다
0244.	**peel**	v. 껍질을 벗기다, 벗겨지다
0245.	**denounce**	v. 비난하다
0246.	**dent**	n. 움푹 팬 곳, 찌그러짐 v. 흠집을 내다
0247.	**tolerant**	a. 참을성 있는, 관대한
0248.	**depict**	v. 묘사하다, 나타내다
0249.	**deplane**	v. 비행기에서 내리다
0250.	**deplete**	v. 고갈시키다, 많이 줄이다
0251.	**detach**	v. 분리하다, 파견하다
0252.	**detain**	v. 억류하다, 지체시키다
0253.	**wipe**	v. 닦다, 훔치다
0254.	**detector**	n. 탐지기

0255.	**equate**	v. 같다고 여기다
0256.	**studious**	a. 열심히 공부하는
0257.	**roughly**	ad. 대략, 대강
0258.	**thorough**	a. 철저한, 완전한
0259.	**tolerance**	n. 참을성, 관용
0260.	**toll**	n. 통행료, 사상자 수, 피해 규모
0261.	**despair**	n. 절망, v. 절망하다, 단념하다
0262.	**deter**	v. 저지하다, 못 하게 하다
0263.	**engaged**	a. 약혼한
0264.	**detergent**	n. 세제
0265.	**bonfire**	n. 모닥불, 화톳불
0266.	**require**	v. 요구하다, 필요하다
0267.	**dictatorship**	n. 독재
0268.	**dietary**	a. 식생활의, 음식의
0269.	**diffuse**	v. 퍼뜨리다, 전파하다, 누그러뜨리다
0270.	**digress**	v. 주제에서 벗어나다, 다른 말을 하다
0271.	**dilute**	v. 희석하다, 묽게 하다
0272.	**flammable**	a. 가연성의, 잘 타는
0273.	**abortion**	n. 낙태, 임신 중절
0274.	**diploma**	n. 졸업장

0275.	**dire**	*a.* 심각한, 절박한
0276.	**disarm**	*v.* 무장을 해제하다, 군비를 감축하다
0277.	**detailed**	*a.* 자세한, 상세한
0278.	**optional**	*a.* 선택하는, 선택 가능한
0279.	**disciple**	*n.* 제자, 추종자
0280.	**fair**	*n.* 박람회
0281.	**impatience**	*n.* 조바심, 안달
0282.	**ecosystem**	*n.* 생태계
0283.	**effective**	*a.* 효과적인, 효력이 있는
0284.	**effort**	*n.* 노력
0285.	**elaborate**	*a.* 정교한, 세밀한 *v.* 자세히 설명하다
0286.	**elapse**	*v.* 시간이 지나다, 경과하다
0287.	**elastic**	*a.* 유연한, 신축성 있는, 융통성 있는
0288.	**elective**	*a.* 선거의, 선택의
0289.	**eligible**	*a.* ~할 수 있는, ~을 가질 수 있는
0290.	**eliminate**	*v.* 제거하다, 탈락시키다
0291.	**elliptical**	*a.* 타원형의
0292.	**eloquent**	*a.* 말을 잘 하는, 말이 조리 있는
0293.	**corporate**	*a.* 기업의, 법인의
0294.	**elusive**	*a.* 찾기 힘든, 달성하기 힘든

check! 1□ 2□ 3□ 4□ 5□

0295.	**dinosaur**	n. 공룡, 덩치만 큰 퇴물
0296.	**emancipate**	v. 해방시키다
0297.	**embryonic**	a. 태아의, 태동기의
0298.	**eminence**	n. 저명함, 두각
0299.	**emission**	n. 방출, 내뿜음
0300.	**employ**	v. 고용하다, 이용하다
0301.	**enact**	v. (법을) 제정하다, 상연하다
0302.	**exactly**	ad. 정확히, 말 그대로
0303.	**enclose**	v. 동봉하다, 둘러싸다
0304.	**encounter**	v. 우연히 만나다, 겪다 n. 우연한 만남
0305.	**endanger**	v. 위험에 빠뜨리다, 위협하다
0306.	**enforce**	v. 집행하다, 시행하다
0307.	**enhance**	v. 향상시키다, 드높이다
0308.	**enmeshed**	a. (달갑지 않은 일에) 휘말린, 연루된
0309.	**ensue**	v. 초래되다, 발생하다
0310.	**entail**	v. 수반하다, ~에 꼭 따라다니다
0311.	**entrench**	v. 확립하다, 단단히 뿌리박다
0312.	**entrepreneur**	n. (벤처) 사업가
0313.	**envelop**	v. 뒤덮다, 감싸다
0314.	**environmentally-friendly**	a. 친환경적인

0315.	**envoy**	n. 사절, 특사, 공사
0316.	**epicenter**	n. (지진의) 진원지, 핵심, 중심지
0317.	**equation**	n. 방정식, 평형 상태, 구성 요소
0318.	**eradicate**	v. 박멸하다, 완전히 없애다
0319.	**erode**	v. 침식하다, 서서히 파괴하다
0320.	**espionage**	n. 첩보 행위, 스파이 활동
0321.	**estranged**	a. 사이가 멀어진, 소외된, 별거 중인
0322.	**ethical**	a. 윤리적인, 도덕의
0323.	**ethnic**	a. 민족의
0324.	**euthanasia**	n. 안락사
0325.	**evade**	v. 피하다, 회피하다
0326.	**evolution**	n. 진화, 진보
0327.	**exacerbate**	v. 악화시키다
0328.	**exacting**	a. 까다로운, 많은 것을 요구하는
0329.	**exalt**	v. 추앙하다, 떠받들다
0330.	**excavate**	v. 발굴하다, 땅을 파다
0331.	**excerpt**	n. 발췌문, 일부분
0332.	**excess**	n. 과다, 초과
0333.	**ex-convict**	n. 전과자
0334.	**deliver**	v. 분만하다, 출산을 돕다

check! 1☐ 2☐ 3☐ 4☐ 5☐

0335.	**cruise**	v. 배 타고 유람하다, (차·비행기가) 천천히 다니다 n. 유람선 여행
0336.	**excrete**	v. (노폐물을) 배설하다
0337.	**lighthouse**	n. 등대
0338.	**excursion**	n. 단거리 여행, 소풍
0339.	**exhaustive**	a. 철저한, 완전한
0340.	**exhilarating**	a. 즐겁게 하는, 활력을 주는
0341.	**exorbitant**	a. 수량이 엄청난, 부담스러운
0342.	**expenditure**	n. 지출, 소모
0343.	**expertise**	n. 전문 지식
0344.	**expire**	v. 만료되다, 끝나다
0345.	**exploit**	v. 착취하다, (사업용으로) 개발하다
0346.	**fertility**	n. 번식력, 비옥함
0347.	**exposure**	n. 노출, 폭로
0348.	**expulsion**	n. 추방, 퇴학
0349.	**extenuating**	a. 정상을 참작할 만한, (죄를) 가볍게 할 수 있는
0350.	**external**	a. 외부의, 외국의
0351.	**extinct**	a. 멸종한, (화산이) 활동하지 않는
0352.	**extol**	v. 칭찬하다, 찬탄하다
0353.	**extract**	v. 뽑다, 추출하다 n. 발췌문, 추출물

0354.	**extracurricular**	*a.* 과외의, 학과과정 외의
0355.	**extraterrestrial**	*a.* 외계의, 지구 밖의
0356.	**exude**	*v.* 스며나오다, 발산하다
0357.	**compassionate**	*a.* 인정 많은, 동정심 많은
0358.	**felony**	*n.* 중범죄
0359.	**ferment**	*v.* 발효하다, 발효시키다
0360.	**fetus**	*n.* 태아
0361.	**feudal**	*a.* 봉건제의
0362.	**fiasco**	*n.* 재앙, 대실패
0363.	**fictional**	*a.* 허구의, 지어 낸
0364.	**financial**	*a.* 금융의, 재정의
0365.	**fiscal**	*a.* 회계의, 공금의
0366.	**flair**	*n.* 재능, 창의력
0367.	**flatter**	*v.* 아첨하다
0368.	**discrimination**	*n.* 차별, 구별
0369.	**evolve**	*v.* 진화하다, 진보하다, 전개되다
0370.	**flimsy**	*a.* 얇은, 허술한, 근거가 박약한
0371.	**dissolve**	*v.* 물에 녹다, 용해시키다, 종료하다
0372.	**investment**	*n.* 투자
0373.	**drool**	*v.* 침을 흘리다

check! 1☐ 2☐ 3☐ 4☐ 5☐

0374.	**fluorescent**	*a.* 형광의
0375.	**flurry**	*n.* 쇄도, (바람에 실린) 눈비
0376.	**founder**	*n.* 창립자, 설립자
0377.	**Fahrenheit**	*n.* 화씨
0378.	**fragile**	*a.* 부서지기 쉬운, 약한
0379.	**fraud**	*n.* 사기, 가짜
0380.	**fret**	*v.* 걱정하다, 안절부절 못하다
0381.	**frisk**	*v.* (손으로) 몸수색을 하다
0382.	**frivolous**	*a.* 사소한, 경박한
0383.	**frontier**	*n.* 미개척지, 한계
0384.	**frugal**	*a.* 검소한
0385.	**futile**	*a.* 헛된, 소용없는
0386.	**galaxy**	*n.* 은하계
0387.	**gale**	*n.* 강풍, 사나운 바람
0388.	**garage**	*n.* 차고, 정비소
0389.	**gemstone**	*n.* 보석
0390.	**forbid**	*v.* 금지하다
0391.	**genesis**	*n.* 발생, 기원
0392.	**genetic**	*a.* 유전자의, 유전의
0393.	**genome**	*n.* 게놈(한 세포 내의 모든 유전자)

0394.	**backbone**	n. 등뼈, 중추, 중심
0395.	**gist**	n. 핵심, 요지
0396.	**giveaway**	n. 사은품, 무료 견본
0397.	**glimmer**	n. 은은한 빛 v. 은은하게 빛나다
0398.	**ordeal**	n. 고난, 괴로운 경험
0399.	**gourmet**	n. 미식가, 음식 전문가
0400.	**gratification**	n. 만족, 충족
0401.	**gene**	n. 유전자
0402.	**gratis**	a. 무료의 ad. 무료로
0403.	**gratuitous**	a. 불필요한
0404.	**grave**	n. 묘지 a. 심각한
0405.	**grudge**	n. 앙심, 해묵은 증오 v. 억울해 하다
0406.	**grumble**	v. 불평하다, 우르릉거리다
0407.	**kindergarten**	n. 유치원
0408.	**gulp**	v. 마구 마시다, 빨리 들이키다
0409.	**gust**	n. 돌풍, 갑작스런 비
0410.	**gynecology**	n. 부인과(부인병을 치료하는 의학)
0411.	**haphazard**	a. 두서없는, 무작위의
0412.	**harmless**	a. 해가 없는, 피해를 안 주는
0413.	**harness**	v. (자연의 힘을) 동력으로 이용하다

check! 1☐ 2☐ 3☐ 4☐ 5☐

0414.	**hassle**	*n.* 짜증나는 것, 분쟁 *v.* 짜증나게 하다
0415.	**hasty**	*a.* 성급한, 서두르는
0416.	**hazard**	*n.* 위험
0417.	**haze**	*n.* 아지랑이, 연무
0418.	**hectic**	*a.* 바쁜, 분주한
0419.	**hedge**	*n.* 울타리, 방지책 *v.* 회피하다, 방지하다
0420.	**heredity**	*n.* 유전
0421.	**hibernate**	*v.* 겨울잠을 자다
0422.	**save**	*prep.* ~을 제외하고 *v.* 모으다, 저축하다, 구해내다
0423.	**hierarchy**	*n.* 위계질서
0424.	**hostage**	*n.* 인질
0425.	**hostile**	*a.* 미워하는, 반감을 가진, 반대하는
0426.	**improper**	*a.* 부적절한, 잘못된
0427.	**hub**	*n.* 중심, 바퀴통
0428.	**hygrometer**	*n.* 습도계
0429.	**icecap**	*n.* 만년설
0430.	**aspire**	*v.* 열망하다, 야심을 품다
0431.	**invalid**	*a.* 효력이 없는, 근거 없는
0432.	**legislation**	*n.* 입법, 법률

0433.	**synchronize**	v. 동시에 하다
0434.	**precision**	n. 정확성
0435.	**theoretical**	a. 이론(상)의
0436.	**abstain**	v. 삼가다, 기권하다
0437.	**censor**	n. 검열관, 검열기관 v. 검열하다
0438.	**capricious**	a. 변덕스러운, 수시로 변하는
0439.	**analogy**	n. 유사(성), 비유, 비교
0440.	**fragment**	n. 부분, 파편
0441.	**snatch**	v. 잡아채다, 훔치다
0442.	**indignant**	a. 화내는, 분개하는
0443.	**inhabit**	v. ~에 살다
0444.	**grant**	v. 주다, 승인하다, 인정하다 n. 지원금
0445.	**furnish**	v. ~에 가구를 들이다, 제공하다
0446.	**strive**	v. 노력하다, 분발하다
0447.	**interrogate**	v. 심문하다, 취조하다
0448.	**adequate**	a. 충분한
0449.	**restrain**	v. 제지하다, 억제하다
0450.	**terminate**	v. 종결하다, 종점에 이르다
0451.	**worldly**	a. 세속적인, 세상물정에 밝은
0452.	**adolescent**	n. 청소년, 십대

0453.	**notion**	n. 생각, 신념, 이해
0454.	**gross**	a. (공제 이전) 총계의, 중대한, 징그러운 n. 총계
0455.	**integral**	a. 필수적인, 완전한, 내장된
0456.	**trail**	n. 긴 흔적, 길, 순회 코스 v. 끌다, 쫓다
0457.	**transplant**	v. 이식하다, 옮겨 심다 n. 이식
0458.	**indecisive**	a. 우유부단한, 결정짓지 못하는
0459.	**tug**	v. (세게 여러 번) 당기다 n. 당김
0460.	**commence**	v. 시작하다, 시작되다
0461.	**clarify**	v. 명확히 하다, 확실히 설명하다
0462.	**icicle**	n. 고드름
0463.	**illegible**	a. 읽기 어려운, 판독이 불가능한
0464.	**illustration**	n. 묘사, 그림
0465.	**immediately**	ad. 즉시
0466.	**immerse**	v. 푹 담그다, 몰입시키다
0467.	**imminent**	a. 임박한, 곧 발생할
0468.	**imparity**	n. 같지 않음, 부동
0469.	**implicit**	a. 암묵적인, 암시하는
0470.	**improvise**	v. (연주·연설 등을) 즉흥적으로 하다, 즉석에서 만들다
0471.	**impurity**	n. 불순물, 불순함

0472.	**inaugural**	*a.* 취임의 *n.* 취임식
0473.	**inception**	*n.* 출범, 시작
0474.	**incidental**	*a.* 부수적인, 자연히 수반되는
0475.	**incite**	*v.* 부추기다, 자극하다
0476.	**commitment**	*n.* 공약, 위탁, 헌신
0477.	**incompatible**	*a.* 공존할 수 없는, 양립 불가능한
0478.	**increment**	*n.* (정기적) 인상, 증가액
0479.	**incumbent**	*a.* 재임 중인 *n.* 현 재직자
0480.	**indebted**	*a.* 빚을 진, 고마워하는
0481.	**indemnity**	*n.* (보험) 보장, 배상, 보상금
0482.	**odds**	*n.* 확률, 가능성
0483.	**indict**	*v.* 기소하다
0484.	**engulf**	*v.* 둘러싸다, 사로잡다
0485.	**cast**	*n.* 깁스
0486.	**frail**	*a.* 쇠약한, 부서지기 쉬운
0487.	**indiscriminate**	*a.* 마구잡이의, 생각 없는
0488.	**induce**	*v.* ~하도록 이끌다, 유발[유도]하다
0489.	**inept**	*a.* 무능한, 잘 못하는
0490.	**infancy**	*n.* 유아기, 초창기
0491.	**infest**	*v.* 들끓게 하다, 많이 넣다

check! 1☐ 2☐ 3☐ 4☐ 5☐

0492.	**informative**	*a.* 정보를 주는, 유익한 것을 알려주는
0493.	**infrastructure**	*n.* 기반시설
0494.	**ingest**	*v.* 섭취하다
0495.	**inherent**	*a.* 내재된, 본래 있는
0496.	**inject**	*v.* 주사를 놓다
0497.	**inquisitive**	*a.* 꼬치꼬치 묻는, 호기심 많은
0498.	**insidious**	*a.* 천천히 진행되는, 서서히 해를 끼치는
0499.	**installment**	*n.* (1회) 할부금, (연재물) 1회
0500.	**instill**	*v.* 서서히 주입하다, 가르치다
0501.	**instinct**	*n.* 본능
0502.	**insulation**	*n.* 절연, 방음, 단열
0503.	**intact**	*a.* 멀쩡한, 원 상태 그대로인
0504.	**intake**	*n.* 섭취량
0505.	**integrity**	*n.* 성실함, 정직, 통일
0506.	**intend**	*v.* 의도하다, ~할 작정이다
0507.	**intensity**	*n.* 강도, 심각함
0508.	**interim**	*a.* 임시의
0509.	**intermittent**	*a.* 간헐적인, 자주 중단되는
0510.	**intestine**	*n.* 장(대장, 소장)
0511.	**intimate**	*a.* 친밀한, 밀접한, 사적인

0512.	**intoxicated**	*a.* 술에 취한
0513.	**intrepid**	*a.* 모험을 즐기는
0514.	**intrinsic**	*a.* 내재된, 본래 있는
0515.	**invincible**	*a.* 무적의, 굳건한
0516.	**irresistible**	*a.* 너무 강력한, 거부할 수가 없는
0517.	**irreversible**	*a.* 돌이킬 수 없는, 되돌릴 수 없는
0518.	**exhausting**	*a.* 무척 지치게 하는
0519.	**itinerary**	*n.* 여행 일정
0520.	**jaywalk**	*v.* 무단 횡단하다
0521.	**jewelry**	*n.* 보석류, 장신구
0522.	**junction**	*n.* 교차로
0523.	**weird**	*a.* 이상한, 특이한
0524.	**totalitarian**	*a.* 전체주의의, 일국 일당주의의
0525.	**stimulate**	*v.* 자극하다, 촉진하다
0526.	**advisory**	*a.* 조언하는, 충고하는
0527.	**stubborn**	*a.* 고집 센, 완고한, 잘 안 없어지는
0528.	**evacuate**	*v.* 대피시키다, ~을 빠져나오다
0529.	**disposition**	*n.* 기질, 성향, 배열
0530.	**juror**	*n.* 배심원 (한 명)
0531.	**intrude**	*v.* 침범하다, 끼어들다

check! 1☐ 2☐ 3☐ 4☐ 5☐

0532.	**lag**	v. 늦어지다, 지체되다
0533.	**latent**	a. 잠재된, 숨어 있는
0534.	**lavish**	a. 대규모의, 잘 베푸는 v. 많이 베풀다
0535.	**legislature**	n. 입법부
0536.	**lenient**	a. 관대한, 관용을 베푸는
0537.	**lethal**	a. 치명적인, 죽음을 일으키는
0538.	**liable**	a. 배상 책임이 있는, 가능성이 있는
0539.	**libel**	n. (문서에 의한) 비방, 명예훼손
0540.	**limp**	a. 힘없는 v. 절름거리다
0541.	**linger**	v. 오래 끌다, 좀처럼 없어지지 않다
0542.	**literature**	n. 문학, 문헌, 문서
0543.	**litigation**	n. 소송
0544.	**decorum**	n. 예의, 예절
0545.	**lofty**	a. 높은, 고매한
0546.	**innate**	a. 타고난, 천성적인
0547.	**longevity**	n. 장수, 오래 지속됨
0548.	**lucid**	a. 명료한, 정신이 든
0549.	**daydream**	n. 백일몽 v. 공상하다
0550.	**lifesaver**	n. 구세주, 생명을 구해주는 것
0551.	**portray**	v. 묘사하다, 역할을 맡다, 내세우다

0552.	**lucrative**	*a.* 수익성이 높은, 많은 돈을 버는
0553.	**ludicrous**	*a.* 말도 안 되는, 웃기는
0554.	**lukewarm**	*a.* 미지근한, 시큰둥한
0555.	**lush**	*a.* 수풀이 우거진, 호화스러운
0556.	**malady**	*n.* 질병, 병폐, 심각한 문제
0557.	**malfunction**	*n. v.* 기능 이상, 고장(을 일으키다)
0558.	**malignant**	*a.* (종양 등이) 악성의
0559.	**maltreat**	*v.* 학대하다
0560.	**mandatory**	*a.* 의무적인, 법에 규정된
0561.	**maneuver**	*n.* 책략, 술책 *v.* 교묘히 움직이다
0562.	**manned**	*a.* 사람이 조종하는, 운영하는
0563.	**marginal**	*a.* 약간의, 비주류의
0564.	**marital**	*a.* 혼인의, 결혼의
0565.	**materialistic**	*a.* 물질을 중시하는, 돈을 숭배하는
0566.	**meager**	*a.* 빈약한, 보잘 것 없는
0567.	**medieval**	*a.* 중세의, 구식의
0568.	**menace**	*n.* 위협 *v.* 위협하다
0569.	**menial**	*a.* 시시한, 지루한
0570.	**mentor**	*n.* 스승, 정신적 지주
0571.	**merger**	*n.* 합병

check! 1☐ 2☐ 3☐ 4☐ 5☐

0572.	**metabolism**	*n.* 신진대사
0573.	**metamorphosis**	*n.* 변신, 변태
0574.	**veto**	*v.* 거부권을 행사하다, 거부하다 *n.* 거부
0575.	**undoubtedly**	*ad.* 확실히, 의심할 여지없이
0576.	**metropolitan**	*a.* 대도시의
0577.	**migraine**	*n.* 편두통
0578.	**deafening**	*a.* 엄청 시끄러운
0579.	**dizziness**	*n.* 어지럼증, 현기증
0580.	**miscarriage**	*n.* 유산(流産)
0581.	**mishap**	*n.* 실수, 사고
0582.	**mitigate**	*v.* 완화하다, 덜다
0583.	**modification**	*n.* 수정, 변경
0584.	**molar**	*n.* 어금니
0585.	**molest**	*v.* (아동을) 성추행하다
0586.	**monarchy**	*n.* 군주제
0587.	**monopoly**	*n.* 독점
0588.	**process**	*v.* 처리하다, 가공하다
0589.	**pitch**	*v.* 던지다, *n.* 음조, 음감
0590.	**revert**	*v.* 되돌아가다
0591.	**morality**	*n.* 도덕성

0592.	**morbid**	*a.* 질병의, 병적인
0593.	**mortality**	*n.* 사망률, 죽을 운명
0594.	**corruption**	*n.* 타락, 부패
0595.	**dazzle**	*v.* 눈부시게 하다, 감탄을 자아내다
0596.	**mourning**	*n.* 상(喪), 상복, 조문, 애도
0597.	**muggy**	*a.* 후텁지근한, 습도가 높은
0598.	**brutal**	*a.* 잔혹한, 악랄한
0599.	**mundane**	*a.* 지루한, 세속적인
0600.	**musty**	*a.* 퀴퀴한, 곰팡내 나는
0601.	**mutation**	*n.* 돌연변이(체)
0602.	**mythology**	*n.* 신화들, 통념
0603.	**nasal**	*a.* 코의
0604.	**nautical**	*a.* 항해의, 선박의
0605.	**nocturnal**	*a.* 야행성의, 밤에 발생하는
0606.	**nominal**	*a.* 명목상의, 매우 적은
0607.	**novelty**	*n.* 새로운 것, 참신함
0608.	**novice**	*n.* 초보자
0609.	**coy**	*a.* 수줍음 많은, 잘 알려주지 않는
0610.	**loosen**	*v.* 풀리다, 완화하다
0611.	**insistence**	*n.* 고집, 강한 요구

check! 1□ 2□ 3□ 4□ 5□

0612.	**nuclear**	*a.* 핵의
0613.	**nullify**	*v.* (법적으로) 무효화하다, 효과 없게 만들다, 무가치하게 만들다
0614.	**numb**	*a.* 마비된, 멍한
0615.	**nursery**	*n.* 탁아소, 육아실
0616.	**whimsical**	*a.* 독특한, 괴짜 같은
0617.	**obedience**	*n.* 복종, 준수
0618.	**obesity**	*n.* 비만
0619.	**contingent**	*a.* ~에 달려 있는, 좌우되는
0620.	**peril**	*n.* 위험
0621.	**plummet**	*v.* 폭락하다, 곤두박질치다
0622.	**exotic**	*a.* 이국적인, 열대지방의
0623.	**relevance**	*n.* 상관성, 연관성
0624.	**predicament**	*n.* 곤란, 곤경
0625.	**fumes**	*n.* 매연, 유독 가스
0626.	**primitive**	*a.* 원시적인, 조악한
0627.	**intensive**	*a.* 단기간 집중하는, 심도 있는
0628.	**haul**	*v.* 나르다, 끌다 *n.* 거리
0629.	**thrust**	*v.* 세게 밀다, 찌르다, 달려들다
0630.	**slant**	*n. v.* 경사(지게 하다)

 텝스

0631.	**formidable**	*a.* 막강한, 굉장한, 어려운
0632.	**revolt**	*n.* 반란, 봉기, 저항 *v.* 반란을 일으키다, 역겹게 하다
0633.	**ghastly**	*a.* 끔찍한, 무시무시한
0634.	**absenteeism**	*n.* 무단결석, 부재
0635.	**accelerate**	*v.* 빨라지다, 촉진하다
0636.	**slap**	*v.* 찰싹 치다, 손바닥으로 치다
0637.	**dart**	*n.* 화살, 〈-s〉 다트 게임, 돌진 *v.* 돌진하다, 빨리 움직이다
0638.	**longitude**	*n.* 경도
0639.	**array**	*n.* 배열 *v.* 배열하다, 정렬하다
0640.	**prosecute**	*v.* 기소하다
0641.	**retrieve**	*v.* 되찾다, 자료를 불러오다
0642.	**implant**	*v.* 주입하다, (몸속에) 심다 *n.* 삽입물
0643.	**scent**	*n.* 향기, 체취
0644.	**detest**	*v.* 혐오하다, 질색하다
0645.	**detrimental**	*a.* 해로운, 피해를 주는
0646.	**devalue**	*v.* 가치를 하락시키다, 깎아내리다
0647.	**devastate**	*v.* 완전히 파괴하다, 큰 충격을 주다
0648.	**devour**	*v.* 마구 먹어치우다, 열심히 읽다[보다]
0649.	**dialect**	*n.* 방언, 사투리

check! 1□ 2□ 3□ 4□ 5□

0650.	**diarrhea**	*n.* 설사
0651.	**vein**	*n.* 정맥
0652.	**penetrate**	*v.* 꿰뚫다, 진입하다
0653.	**decimal**	*a.* 소수의, 십진법의 *n.* 소수
0654.	**isle**	*n.* 작은 섬
0655.	**gradual**	*a.* 점진적인, 점차 변하는
0656.	**subtract**	*v.* 빼다, 공제하다
0657.	**stall**	*n.* (화장실 등) 칸막이로 된 공간, 노점, 가판대 *v.* 급정거하다, 지연시키다
0658.	**scrape**	*v.* 긁어내다, 흠집을 내다
0659.	**crude**	*a.* 천연 그대로의, 조잡한, 불쾌한
0660.	**utmost**	*n. a.* 최고(의), 최선(의)
0661.	**clutch**	*v.* 꽉 쥐다, 재빨리 잡다
0662.	**spine**	*n.* 척추, 등뼈
0663.	**chore**	*n.* 허드렛일, 늘 하는 일, 귀찮은 일
0664.	**pluck**	*v.* 잡아 뜯다, 없애다
0665.	**scrub**	*v.* 북북 문지르다, 문질러 닦다
0666.	**dispense**	*v.* 나눠주다, 지급하다
0667.	**partition**	*n.* 실내의 칸막이, 분할
0668.	**squash**	*v.* 으깨다, 뭉개다 *n.* 〈스포츠〉 스쿼시

0669.	**discrete**	*a.* 구분되는, 별개의
0670.	**disentangle**	*v.* 분리하다, 얽힌 것을 풀다
0671.	**disillusion**	*v.* 환상을 깨다
0672.	**flunk**	*v.* 시험에 떨어지다, 낙제시키다
0673.	**dislocate**	*v.* 탈골시키다, 교란하다
0674.	**dismal**	*a.* 음울한, 비참한
0675.	**dismantle**	*v.* 분해하다, 와해하다, 무력하게 하다
0676.	**dismissal**	*n.* 해고, 기각
0677.	**disparage**	*v.* 평가절하하다, 무시하다
0678.	**dispel**	*v.* 없애다, 깨다
0679.	**displace**	*v.* 대체하다, 강제로 옮기다, 떨어져나가다, 해고하다
0680.	**disposed**	*a.* ~하고 싶어 하는, ~의 경향이 있는
0681.	**disruptive**	*a.* 방해하는, 교란하는
0682.	**dissipate**	*v.* 조금씩 줄다, 낭비하다
0683.	**distraction**	*n.* 집중 방해, 정신 산란
0684.	**diurnal**	*a.* 낮에 활동하는, 매일 발생하는
0685.	**dormant**	*a.* 활동을 쉬고 있는
0686.	**downfall**	*n.* 몰락(의 원인), 대실패
0687.	**downhearted**	*a.* 낙담한, 실망한

check! 1☐ 2☐ 3☐ 4☐ 5☐

0688.	**downpour**	n. 폭우
0689.	**downsize**	v. 감원하다, 인력을 감축하다
0690.	**dowry**	n. 지참금
0691.	**drizzle**	n. 가랑비
0692.	**duration**	n. 지속 (기간)
0693.	**eccentric**	a. 특이한
0694.	**exceptional**	a. 예외적인, 드문, 탁월한
0695.	**eclipse**	n. 일식, 월식
0696.	**rational**	a. 합리적인, 이성적인
0697.	**awkward**	a. 어색한, 몸놀림이 둔한, 불편한
0698.	**swarm**	n. 벌레 떼, 군중 v. 몰려다니다
0699.	**statistics**	n. 통계학, 통계 자료[수치]
0700.	**slit**	v. 째다, 가는 틈을 만들다 n. 가는 틈
0701.	**flare**	v. 확 타오르다, 분출하다 n. (순간적으로) 확 타오르는 불길[불꽃]
0702.	**conventional**	a. 구식의, 인습의, 전통적인
0703.	**banquet**	n. 연회, 축하연
0704.	**barbarian**	n. 야만인, 미개인
0705.	**barometer**	n. 기압계, 변화의 척도
0706.	**barter**	n. v. 물물교환(하다)

0707.	**beforehand**	*ad.* 미리, 사전에
0708.	**bellhop**	*n.* 호텔 심부름꾼, 사환
0709.	**benefactor**	*n.* 기부자, 후원자
0710.	**benign**	*a.* 양성의, 악성이 아닌
0711.	**betrayal**	*n.* 배신
0712.	**beverage**	*n.* 음료
0713.	**bewail**	*v.* 슬퍼하다, 한탄하다
0714.	**biased**	*a.* 편견을 가진, 편향된
0715.	**biblical**	*a.* 성경의, 성서의
0716.	**intermission**	*n.* (연극·영화 등의) 중간 휴식 시간, 중단 기간
0717.	**allergen**	*n.* 알레르기 원인 물질
0718.	**fertilizer**	*n.* 비료
0719.	**obliterate**	*v.* 완전히 파괴하다, 없애다
0720.	**oblivious**	*a.* 의식하지 않는, 모르는
0721.	**obscenity**	*n.* 외설, 외설적인 언행
0722.	**offensive**	*a.* 모욕적인, 불쾌한, 공격하는
0723.	**ominous**	*a.* 불길한, 징조가 안 좋은
0724.	**onset**	*n.* 시작
0725.	**opinionated**	*a.* 자기주장이 강한, 독선적인

check! 1□ 2□ 3□ 4□ 5□

0726.	**opulent**	a. 사치스러운, 부유한
0727.	**orbital**	a. 궤도의
0728.	**original**	a. 본래의, 독창적인 n. 원본
0729.	**ornamental**	a. 장식용의
0730.	**ostentatious**	a. 부를 과시하는, 화려한
0731.	**oust**	v. 내쫓다, 물러나게 하다
0732.	**outstanding**	a. 눈에 띄는, 미지급된, 미해결된
0733.	**outlandish**	a. 특이한, 기묘한
0734.	**outlay**	n. 초기 비용, 종자돈
0735.	**complication**	n. 문제점, 〈보통 –s〉 합병증
0736.	**outmoded**	a. 구식의, 시대에 뒤떨어진
0737.	**forbidden**	a. 금지된
0738.	**outspoken**	a. 까놓고 말하는
0739.	**outweigh**	v. ~보다 값지다, ~보다 중요하다
0740.	**overcast**	a. 구름이 잔뜩 낀, 먹구름이 낀
0741.	**overdose**	n. 과다 복용
0742.	**overrule**	v. (판결을) 뒤엎다, 무효로 하다
0743.	**reap**	v. 거두다, 수확하다
0744.	**avalanche**	n. 눈사태, 쇄도
0745.	**avant-garde**	a. 전위적인

0746.	**avatar**	n. 아바타, 분신
0747.	**overwhelming**	a. 압도적인, 저항하기 힘든
0748.	**panacea**	n. 만병통치약, 획기적 해결책
0749.	**parable**	n. (성경의) 우화
0750.	**paranoid**	a. 편집증의, 피해망상의
0751.	**parched**	a. 바싹 마른, 무척 목마른
0752.	**parole**	n. 가석방, 집행유예
0753.	**parvenu**	n. 벼락부자, 졸부
0754.	**passage**	n. 통과, 통로, 문구
0755.	**pastoral**	a. 시골의, 전원생활의
0756.	**patent**	n. 특허권
0757.	**opt**	v. 선택하다, ~하기로 하다
0758.	**superficial**	a. 피상적인, 자잘한, 천박한
0759.	**patronage**	n. 후원, (고객의) 상점 이용
0760.	**pecuniary**	a. 금전적인
0761.	**pedestrian**	n. 보행자
0762.	**penal**	a. 형벌의, 형법의
0763.	**bold**	a. (글씨체가) 굵은, 대담한
0764.	**cardiac**	a. 심장의
0765.	**penchant**	n. 열광, 많이 좋아함

check! 1□ 2□ 3□ 4□ 5□

0766.	**perception**	n. 인식, 인지
0767.	**perfunctory**	a. 성의 없는, 대충 빨리 하는
0768.	**perjury**	n. 위증
0769.	**affirmative**	a. 긍정하는 n. 긍정하는 말
0770.	**permeate**	v. 사방에 퍼지다, 만연하다
0771.	**acclaim**	n. v. 호평(하다), 칭찬(하다)
0772.	**accommodation**	n. 숙소, 숙박
0773.	**accord**	n. 합의, 협정
0774.	**admonish**	v. 비난하다, 주의를 주다
0775.	**adrift**	a. 방황하는, 풀려 있는
0776.	**adroit**	a. 재치 있는, 교묘한
0777.	**adultery**	n. 간통
0778.	**pernicious**	a. 악성의, 매우 안 좋은
0779.	**prescribe**	v. 처방하다
0780.	**replacement**	n. 후임, 대체
0781.	**perspiration**	n. 땀
0782.	**pervade**	v. 사방에 퍼지다, 만연하다
0783.	**classify**	v. 분류하다
0784.	**pest**	n. 해충, 농작물을 망치는 동물
0785.	**petition**	n. v. 탄원(을 넣다)

0786.	**picky**	*a.* 취향이 까다로운
0787.	**pivotal**	*a.* 중추적인, 중심적인
0788.	**plagiarism**	*n.* 표절
0789.	**dissertation**	*n.* 학위 논문
0790.	**plague**	*n.* 전염병 *v.* 괴롭히다
0791.	**plaque**	*n.* 장식판, 명판
0792.	**pliable**	*a.* 잘 휘는, 유연한, 영향 받기 쉬운
0793.	**plumber**	*n.* 배관공, 연관공
0794.	**poignant**	*a.* 슬픈, 연민을 자아내는
0795.	**poised**	*a.* 준비된, ~할 태세인, ~하기 직전인
0796.	**consensus**	*n.* 만장일치, 합의
0797.	**pollen**	*n.* 꽃가루
0798.	**potent**	*a.* 강력한, 효과적인, 성 능력이 있는
0799.	**precede**	*v.* 앞서다, ~보다 먼저 생기다
0800.	**precipitation**	*n.* 눈비, 강수량
0801.	**ridiculous**	*a.* 말도 안 되는, 우스꽝스러운
0802.	**predator**	*n.* 포식 동물
0803.	**drape**	*v.* 걸치다, 드리우다
0804.	**prelude**	*n.* 전주곡, 전조
0805.	**disgrace**	*n.* 창피함, 수치

check! 1□ 2□ 3□ 4□ 5□

0806.	**preservative**	n. 방부제
0807.	**preside**	v. (회의, 예식의) 사회를 보다, 주재하다
0808.	**pressed**	a. 압박을 받는, 쪼들리는
0809.	**primeval**	a. 태초의, 아주 오래된
0810.	**probation**	n. 집행유예, 보호 관찰, 수습기간
0811.	**prodigy**	n. 천재, 신동
0812.	**proliferate**	v. 급증하다, 확산되다
0813.	**prolific**	a. 많은 작품을 만드는, 다산하는
0814.	**promotional**	a. 홍보의, 판촉의
0815.	**prophesy**	v. 예언하다
0816.	**prudent**	a. 신중한, 현명한
0817.	**pulmonary**	a. 폐의, 폐질환의
0818.	**tease**	v. 놀려대다, 약 올리다
0819.	**pun**	n. 말장난
0820.	**quarantine**	n. 검역, 격리
0821.	**quorum**	n. 정족수, (의결에 필요한) 정수
0822.	**overturn**	v. 엎다, (결정을) 뒤집다
0823.	**rampant**	a. 마구 퍼지는, 만연하는
0824.	**rash**	n. 뾰루지, 발진
0825.	**rebellion**	n. 폭동, 반란

0826.	**rebuke**	v. 비난하다, 규탄하다
0827.	**reciprocate**	v. 주고받다, 맞대응하다
0828.	**rectify**	v. 바로잡다, 정정하다
0829.	**unrealistic**	a. 비현실적인
0830.	**position**	n. 입장, 처지, 직위
0831.	**quest**	n. 추구
0832.	**referendum**	n. 국민투표
0833.	**referral**	n. 위탁, (치료 가능한 병원으로) 이송
0834.	**reign**	n. 통치 기간, 치세 v. 통치[지배]하다
0835.	**reimburse**	v. 변상하다, 배상하다
0836.	**rein**	n. 고삐, 통제
0837.	**relatively**	ad. 상대적으로, 비교적
0838.	**relentless**	a. 꿋꿋한, 멈추지 않는, 끈질긴
0839.	**relevant**	a. (주제와) 관련 있는, 연관된
0840.	**relic**	n. 유물
0841.	**specific**	a. 특정한, 구체적인
0842.	**remorse**	n. 후회
0843.	**remuneration**	n. 급여, 보상
0844.	**repatriate**	v. 본국으로 송환하다, 송금하다
0845.	**replenish**	v. 다시 채우다, 보충하다

check! 1☐ 2☐ 3☐ 4☐ 5☐

0846.	**replete**	*a.* 가득한, 무척 많은
0847.	**reprimand**	*v.* 비난하다, 견책하다
0848.	**rescind**	*v.* 폐지하다, 철회하다
0849.	**resolve**	*v.* 해결하다, 결의하다, 결심하다
0850.	**retain**	*v.* 보존하다, 보유하다
0851.	**retarded**	*a.* 정서·지능 발달이 더딘, 정신 지체의
0852.	**revenue**	*n.* (세금에 의한) 수입, 총수입
0853.	**revolve**	*v.* 회전하다
0854.	**rift**	*n.* 갈등, 반목
0855.	**rigorous**	*a.* 엄격한, 철저한
0856.	**rudimentary**	*a.* 기초적인, 초보의
0857.	**rugged**	*a.* 울퉁불퉁한, 튼튼한
0858.	**sacred**	*a.* 신성한, 매우 중요한
0859.	**salvage**	*v.* 구제하다, (일부를) 건지다
0860.	**sanguine**	*a.* 긍정적인, 낙관적인
0861.	**sanitary**	*a.* 위생의, 깨끗한
0862.	**satire**	*n.* 풍자
0863.	**scarcity**	*n.* 결핍, 부족
0864.	**scoop**	*n.* 특종
0865.	**scrap**	*v.* 폐기하다 *n.* 쓰레기, 부스러기

0866.	secluded	*a.* 호젓한, 외진, 고독한
0867.	secretion	*n.* 분비, (침, 땀 등의) 분비물
0868.	sedative	*n.* 진정제
0869.	seismic	*a.* 지진의
0870.	shun	*v.* 회피하다
0871.	sift	*v.* 체에 거르다, 꼼꼼히 살피다
0872.	impeccable	*n.* 완벽한, 흠 잡을 데 없는
0873.	impediment	*n.* 장애, 지장
0874.	impervious	*a.* 둔감한, ~에 영향받지 않는, (물·공기를) 통과시키지 않는
0875.	myriad	*a.* 아주 많은 *n.* 다수
0876.	redress	*v.* 바로잡다, 정정하다
0877.	simmer	*v.* 약한 불에 끓이다, 은근히 달이다
0878.	sip	*v.* 조금씩 마시다, 홀짝이다 *n.* 한 모금
0879.	sizable	*a.* 꽤 큰, 상당히 많은
0880.	sleazy	*a.* 지저분한, 타락한
0881.	sleek	*a.* 매끈한, 윤기 있는
0882.	sleet	*n.* 진눈깨비
0883.	sluggish	*a.* 둔한, 활발하지 못한
0884.	smudge	*n.* 얼룩, 자국 *v.* 얼룩을 묻히다

0885.	**smuggle**	v. 밀수하다, 몰래 들여보내다
0886.	**snob**	n. 잘난 척하는 사람, 오만한 인간
0887.	**smear**	n. 자국, 얼룩 v. 바르다, 칠하다
0888.	**sojourn**	n. (짧은) 여행, 나들이 v. 나들이 가다, 잠시 체류하다
0889.	**sovereignty**	n. 주권, 통치권
0890.	**sparingly**	ad. 조금씩만, 아껴서
0891.	**spur**	v. 북돋우다, 격려하다 n. 동기부여, 의욕 고취
0892.	**stale**	a. 음식이 상한, 냄새가 고약한
0893.	**stature**	n. 명성, 평판, 키
0894.	**vehement**	a. 맹렬한, 강하게 표출하는
0895.	**staunch**	a. 굳건한, 믿음직한
0896.	**stipulate**	v. 명시하다, 규정하다
0897.	**strenuous**	a. 힘든, 활발한
0898.	**stub**	n. (영수증으로 받는 표의) 반쪽, 쓰고 남은 토막, 몽당연필
0899.	**stuffy**	a. 답답한, 공기가 안 통하는
0900.	**remnant**	n. 나머지, 남은 것
0901.	**subcontract**	v. 하청 계약하다 n. 하청 계약, 하도급
0902.	**decorative**	a. 장식하는, 장식용의

0903.	**luxurious**	*a.* 사치스러운, 호화로운
0904.	**promising**	*a.* 유망한, 장래성 있는
0905.	**depressant**	*n.* 진정제, 흥분제 *a.* 억제 효과가 있는
0906.	**submerge**	*v.* 물에 담그다, 억누르다
0907.	**distribute**	*v.* 배분하다, 유통시키다
0908.	**fantastic**	*a.* 멋진, 굉장한, 대규모의, 상상 속의
0909.	**flaw**	*n.* 결함, 흠
0910.	**bland**	*a.* 따분한, 맛없는, 밍밍한
0911.	**subtropical**	*a.* 아열대의
0912.	**succinct**	*a.* 간단명료한
0913.	**suffice**	*v.* 충분하다
0914.	**suffrage**	*n.* 참정권, 선거권
0915.	**suicidal**	*a.* 자살의, 죽음을 유발하는
0916.	**sully**	*v.* 더럽히다, 훼손하다
0917.	**sultry**	*a.* 후텁지근한, 습도가 높은
0918.	**sumptuous**	*a.* 호화스러운, 비싼
0919.	**superfluous**	*a.* 불필요한, 남아도는
0920.	**suppress**	*v.* 진압하다, 억제하다, 은폐하다
0921.	**supreme**	*a.* 최고의, 최고 지위의
0922.	**surf**	*v.* 인터넷 검색을 하다

0923.	**surge**	v. 급증하다, 들이닥치다 n. 급증, 쇄도
0924.	**surplus**	n. 흑자, 남는 것
0925.	**survival**	n. 생존
0926.	**susceptible**	a. 영향 받기 쉬운, 취약한
0927.	**suspend**	v. 매달다, 미루다, 잠시 중지하다
0928.	**obstinate**	a. 완고한, 고집 센
0929.	**outlive**	v. ~보다 오래 살다, 오래 가다
0930.	**parasite**	n. 기생충, 빌붙어 사는 인간
0931.	**turmoil**	n. 소란, 혼란
0932.	**pinch**	v. 꼬집다 n. 꼬집기, (엄지와 집게손가락으로 쥐는 정도의) 소량
0933.	**swamp**	n. 늪 v. 침수시키다, 쇄도하게 하다
0934.	**swindle**	v. 사기 치다 n. 사기
0935.	**swoop**	v. (공중에서) 내리 덮치다, 급습하다
0936.	**syndrome**	n. 증후군
0937.	**fiber**	n. 섬유, 섬유질
0938.	**foul-mouthed**	a. 입이 더러운, 욕을 잘 하는
0939.	**hair-raising**	a. 머리털이 쭈뼛 서는, 긴장 넘치는
0940.	**hustle**	v. 밀치다, 거칠게 밀다
0941.	**synthetic**	a. 합성의, 인조의

0942.	**tablet**	n. 알약
0943.	**tabloid**	n. 타블로이드, 가판대 신문
0944.	**tailgate**	n. (트럭 짐칸의) 뒷문 v. 차 뒤에 바짝 붙어가다
0945.	**talon**	n. 새의 발톱
0946.	**tamper**	v. 허락 없이 만지다
0947.	**tangible**	a. 눈에 보이는, 만져지는, 유형의
0948.	**tardy**	a. 늦은, 느린
0949.	**tarnish**	v. 훼손하다, 더럽히다
0950.	**tedious**	a. 지루한
0951.	**unlock**	v. 잠긴 것을 열다, 밝혀내다
0952.	**vomit**	v. 토하다
0953.	**supplementary**	a. 보충하는, 추가적인
0954.	**telecommunications**	n. 전기 통신
0955.	**telescope**	n. 망원경
0956.	**tempest**	n. 폭풍
0957.	**tenacious**	a. 의지가 강한, 유서 깊은
0958.	**tenure**	n. 재직, 재임(기간), (교수의) 종신 재직권
0959.	**terminal**	a. (병이) 고칠 수 없는, 불치의
0960.	**terminology**	n. 전문용어

check! 1□ 2□ 3□ 4□ 5□

0961.	**terrain**	*n.* 지형
0962.	**therapeutic**	*a.* 치료의, 심신을 편하게 하는
0963.	**thesis**	*n.* 학위 논문, 논제
0964.	**torpid**	*a.* 나른한, 둔한
0965.	**torrid**	*a.* 정열적인, 매우 더운
0966.	**touching**	*a.* 감동적인
0967.	**toxic**	*a.* 유독한, 독성이 있는
0968.	**transact**	*v.* 사업하다, (계약을) 체결하다
0969.	**transcend**	*v.* 초월하다, 뛰어넘다
0970.	**transcript**	*n.* (실제 한 말의) 기록, 성적표
0971.	**transmission**	*n.* 전달, 전송, 발신
0972.	**traverse**	*v.* 건너다, 가로지르다
0973.	**treacherous**	*a.* 배반하는, 위험이 도사리는
0974.	**trespass**	*v.* 무단출입하다, 금지구역에 들어가다
0975.	**trigger**	*n.* 방아쇠 *v.* 유발하다, 작동시키다
0976.	**passionate**	*a.* 정열적인, 열정적인
0977.	**trim**	*v.* 다듬다, 조금 줄이다 *n.* (머리) 다듬기
0978.	**trivial**	*a.* 하찮은
0979.	**troop**	*n.* 군대, 부대
0980.	**tuition**	*n.* 학교 등록금, 소그룹 지도

0981.	**turbulent**	*a.* 휘몰아치는, 격동의
0982.	**turnout**	*n.* 투표자 수, 참석자 수
0983.	**ulcer**	*n.* 궤양
0984.	**underlying**	*a.* 근원적인, 근간을 이루는
0985.	**undermine**	*v.* 서서히 약화시키다, 손상시키다
0986.	**underscore**	*v.* 강조하다, 밑줄을 치다
0987.	**undue**	*a.* 과다한, 부당한
0988.	**unearth**	*v.* 발굴하다, 알아내다
0989.	**unpretentious**	*a.* 꾸밈없는, 가식 없는
0990.	**abdominal**	*a.* 배의, 복부의
0991.	**abduct**	*v.* 납치하다
0992.	**administer**	*v.* 관리하다, (치료·약을) 제공하다
0993.	**unravel**	*v.* 얽힌 것을 풀다, 해명하다, 와해되다
0994.	**upholstery**	*n.* 가구를 덮는 겉천[가죽]
0995.	**upscale**	*a.* 상류층의, 부유층의
0996.	**uptight**	*a.* 신경질적인, 성질부리는, 보수적인
0997.	**upturn**	*n.* 증가, (경기의) 호전
0998.	**vaccine**	*n.* 접종 백신
0999.	**vague**	*a.* 막연한, 모호한, 흐릿한
1000.	**vandalize**	*v.* 공공기물을 파손하다

check! 1☐ 2☐ 3☐ 4☐ 5☐

#		
1001.	**vanity**	n. 허영, 부질없음
1002.	**vegetation**	n. 초목, (한 지방에 사는) 식물
1003.	**vent**	n. 통풍구 v. (부정적 감정을) 터뜨리다, 발산하다
1004.	**ventilate**	v. 환기시키다
1005.	**verbatim**	a. ad. 했던 말 그대로(의), 말[글자] 그대로(의), 한 마디도 틀림없이
1006.	**versatile**	a. 재주가 많은, 다용도의
1007.	**verse**	n. (노래, 성경의 한) 절, 운문
1008.	**vessel**	n. 선박, 혈관
1009.	**veterinarian**	n. 수의사
1010.	**via**	prep. ~을 들러, 경유하여, ~을 통해
1011.	**toddler**	n. (걸음마를 시작한) 아기
1012.	**viable**	a. 성공 가능한, 실효성이 있는
1013.	**vie**	v. 경쟁하다, 경합을 벌이다
1014.	**villain**	n. 악역, 악당
1015.	**virtuoso**	n. 거장, (음악의) 대가
1016.	**vivacious**	a. 활달한, 유쾌한
1017.	**vivid**	a. 생생한, 또렷한, 매우 밝은
1018.	**vocation**	n. 직업, 천직
1019.	**vogue**	n. 유행

1020.	**freight**	n. 화물, 운송
1021.	**void**	n. 공백, 공허함 a. 효력 없는, 전혀 없는 v. 무효임을 선언하다, 무효로 하다
1022.	**volatile**	a. 휘발성의, 쉽게 바뀌는, 불안정한
1023.	**surpass**	v. 능가하다, ~보다 낫다
1024.	**volcano**	n. 화산
1025.	**voracious**	a. 많이 먹는, 욕망이 왕성한
1026.	**voter**	n. 투표자
1027.	**voucher**	n. 교환권, 할인권
1028.	**voyage**	n. 항해, 우주선 비행
1029.	**vulnerable**	a. 취약한, 위험에 노출된
1030.	**vulture**	n. 독수리, 남을 등쳐먹는 사람
1031.	**wane**	v. 쇠퇴하다, (달이) 이지러지다
1032.	**gamut**	n. 전반, 모든 범위
1033.	**acquisition**	n. 습득, 인수
1034.	**acquittal**	n. 무죄 판결
1035.	**acupuncture**	n. 침술
1036.	**additive**	n. 식품 첨가물
1037.	**adhere**	v. 달라붙다, 고수하다
1038.	**adjacent**	a. 가까운, 근접한

check! 1☐ 2☐ 3☐ 4☐ 5☐

1039.	**adjourn**	v. 회의를 중단하다, (재판 중) 휴정하다
1040.	**wary**	a. 조심하는, 주의하는
1041.	**wean**	v. 젖을 떼다, 점차 못 하게 하다
1042.	**weatherman**	n. 일기예보 아나운서, 기상 캐스터
1043.	**wield**	v. 휘두르다, 행사하다
1044.	**windshield**	n. 차 앞유리
1045.	**wireless**	n. 무선 통신장치 a. 무선의
1046.	**withdraw**	v. 빼 가다, 철수[철회]하다, 인출하다
1047.	**withhold**	v. 주지 않다, 지급을 거부하다
1048.	**wrangle**	n. 다툼, 분쟁 v. 다투다
1049.	**effusion**	n. 발산, 토로
1050.	**momentous**	a. 중대한, 중요한
1051.	**merely**	ad. 그저, 단지
1052.	**teem**	v. 퍼붓다
1053.	**concede**	v. 인정하다, 넘겨주다
1054.	**sufficient**	a. 충분한, 넉넉한
1055.	**fowl**	n. 가금류(닭, 오리 등 사육 조류), 새
1056.	**awesome**	a. 굉장한, 멋진
1057.	**nourish**	v. 영양분을 주다, 계발하다
1058.	**remedy**	n. 해결책, 치료 v. 해결하다

1059.	**insane**	*a.* 미친, 제정신이 아닌
1060.	**haggle**	*v.* (값을 두고) 흥정하다, 실랑이하다
1061.	**headstrong**	*a.* 고집 센, 굳게 결심한
1062.	**loom**	*v.* 불쑥 나타나다, 임박하다
1063.	**membrane**	*n.* 얇은 막, 피부
1064.	**optimistic**	*a.* 낙관적인, 긍정적인
1065.	**fraction**	*n.* 작은 부분, 분수
1066.	**mingle**	*v.* 섞(이)다, 사람들과 어울리다
1067.	**subordinate**	*a.* 하급의, 덜 중요한 *n.* 하급자 *v.* 홀대하다, 하급으로 취급하다
1068.	**stalk**	*v.* 몰래 다가가다, 계속 따라다니다 *n.* 잎[꽃]자루
1069.	**segment**	*n.* 부분, (프로그램의 한) 코너
1070.	**sniff**	*v.* 코를 훌쩍이다, 킁킁거리다
1071.	**nosedive**	*v.* 폭락하다, 급격히 감소하다 *n.* 폭락
1072.	**supervision**	*n.* 감독, 관리
1073.	**sneeze**	*n. v.* 재채기(하다)
1074.	**dignified**	*a.* 위엄 있는, 품위 있는
1075.	**respiration**	*n.* 호흡
1076.	**superstitious**	*a.* 미신을 믿는
1077.	**render**	*a.* 만들다, 제공하다, 번역하다

check! 1☐ 2☐ 3☐ 4☐ 5☐

#		
1078.	**tactic**	*n.* 전술, 수법
1079.	**conspicuous**	*a.* 잘 보이는, 돋보이는
1080.	**condolence**	*n.* (고인에 대한) 애도
1081.	**placid**	*a.* 잔잔한, 조용한, 얌전한
1082.	**edible**	*a.* 식용의, 독성이 없는, 먹을 만한
1083.	**jurisdiction**	*n.* 사법[관할]권, (사법)관할구역
1084.	**immunity**	*n.* 면역력, 면책
1085.	**proposition**	*n.* 제안, 발의, 과업
1086.	**imperative**	*a.* 매우 중요한, 필수적인, 다급한 *n.* 다급한 일
1087.	**testimony**	*n.* 증언, 증거
1088.	**elude**	*v.* 피하다, 빠져나가다
1089.	**apprehensive**	*a.* 두려워하는
1090.	**initiate**	*v.* 시작하다
1091.	**heritage**	*n.* 전통, 유산
1092.	**degrade**	*v.* 질을 떨어뜨리다, 격을 낮추다
1093.	**articulate**	*v.* 말을 조리 있게 하다, 발음을 똑똑히 하다 *a.* 조리 있는, 발음이 분명한
1094.	**noted**	*a.* 유명한
1095.	**sprawling**	*a.* 마구 뻗는, 난립하는
1096.	**outlaw**	*v.* 불법화하다, 금지하다 *n.* 범법자

1097.	**substantial**	*a.* 상당히 많은
1098.	**glare**	*v.* 노려보다, 이글거리다 *n.* 노려봄, 이글거림
1099.	**aphrodisiac**	*n.* 최음제
1100.	**breathless**	*a.* 숨가쁜, 숨 차는
1101.	**bend**	*v.* 몸을 구부리다, 왜곡하다, (규칙을 약간) 바꾸다
1102.	**alert**	*a.* 눈치 빠른, 인식하는 *v.* 경고하다 *n.* 경고
1103.	**toss**	*v.* 던지다, 왔다갔다 움직이다
1104.	**swift**	*a.* 재빠른, 신속한
1105.	**astonish**	*v.* 무척 놀라게 하다
1106.	**blank**	*a.* 비어 있는, *n.* 빈칸
1107.	**plush**	*a.* 고급스러운, 호화스러운
1108.	**invalidate**	*v.* 무효로 하다, 오류를 증명하다
1109.	**law-abiding**	*a.* 법을 지키는
1110.	**house**	*v.* 숙소를 제공하다, 수용하다
1111.	**harass**	*v.* 괴롭히다
1112.	**complimentary**	*a.* 무료의, 칭찬하는
1113.	**fee**	*n.* 수수료, 가입비, 입장료
1114.	**streak**	*n.* 줄무늬, 연속 *v.* 줄무늬를 그리다

check! 1☐ 2☐ 3☐ 4☐ 5☐

#		
1115.	**expectancy**	n. 기대, (통계) 기대치
1116.	**reincarnation**	n. 환생, 환생한 사람
1117.	**obsolete**	a. 구식의, 낡아서 버려진
1118.	**thwart**	v. 못 하게 하다, 좌절시키다
1119.	**obstruct**	v. 가로막다, 방해하다
1120.	**border**	n. 경계, 국경
1121.	**ingenious**	a. 창의적인, 현명한
1122.	**wholesome**	a. 건강에 좋은, 건전한
1123.	**hygienic**	a. 위생적인
1124.	**dismay**	v. 실망시키다 n. 실망
1125.	**recount**	v. 이야기하다, 자초지종을 말하다
1126.	**puzzle**	v. 헷갈리게 하다
1127.	**profitable**	a. 수익성이 높은, 돈이 되는, 보람 있는
1128.	**initiative**	n. 주도권, 기획, 독창성
1129.	**jerk**	v. 갑자기 움직이다
1130.	**splendid**	a. 훌륭한, 멋진
1131.	**conscientious**	a. 양심적인, 성실한
1132.	**perplex**	v. 헷갈리게 하다
1133.	**hesitate**	v. 망설이다
1134.	**govern**	v. 다스리다, 관장하다

1135.	**payable**	*a.* 지불해야 하는, 지불될 수 있는
1136.	**disturb**	*v.* 방해하다, 걱정을 끼치다
1137.	**gaze**	*v.* 빤히 보다, 응시하다
1138.	**surrender**	*v.* 항복하다, 양도하다, 포기하다
1139.	**stern**	*a.* 엄한, 매정한
1140.	**unveil**	*v.* 베일을 벗기다, 공개하다
1141.	**vestigial**	*a.* (신체 일부가) 퇴화한, 약간 남은
1142.	**confront**	*v.* 맞닥뜨리다, 정면으로 맞서다
1143.	**whisper**	*v.* 속삭이다, 조용히 말하다
1144.	**scholarship**	*n.* 장학금, 학문
1145.	**thrive**	*v.* 번영하다, 잘 살다
1146.	**goof**	*v.* 바보 같은 실수를 하다, 망치다
1147.	**refine**	*v.* 정제하다, 순도를 높이다, 개선하다
1148.	**empathy**	*n.* 감정 이입, 공감
1149.	**wade**	*v.* (물, 진흙탕을) 힘들게 지나가다, 첨벙거리다
1150.	**habitation**	*n.* 서식, 살고 있음, 주거지
1151.	**wedge**	*n.* 쐐기(를 박다) *v.* 꽉 끼다, 괴어 놓다
1152.	**evoke**	*v.* 상기시키다, 일으키다
1153.	**contour**	*n.* 윤곽, 등고선

check! 1☐ 2☐ 3☐ 4☐ 5☐

1154.	**discard**	*v.* 버리다, 없애다
1155.	**dangle**	*v.* 대롱대롱 매달리다, 흔들리다
1156.	**smack**	*v.* 세게 치다, 내려치다
1157.	**blur**	*n.* 흐릿한 것 *v.* 흐릿해지다, 흐리게 하다
1158.	**ultraviolet**	*a.* 자외선의
1159.	**persistent**	*a.* 좀체 없어지지 않는, 집요한
1160.	**cavity**	*n.* (충치 등의) 구멍, (내부) 공간
1161.	**innumerable**	*a.* 엄청 많은, 무수한
1162.	**feeble**	*a.* 체력이 약한, 희미한
1163.	**staple**	*n.* 꺾쇠, (스테이플러) 알, 기본 식료품
1164.	**ample**	*a.* 충분한
1165.	**shrewd**	*a.* 눈치 빠른, 판단력이 좋은
1166.	**amplify**	*v.* 증폭하다, 부연설명하다
1167.	**brim**	*n.* (그릇의) 가장자리, 모자 챙 *v.* 가득 차다, 채우다
1168.	**pendulum**	*n.* 진자, 시계 추
1169.	**slender**	*a.* 날씬한, 가느다란, 적은
1170.	**stout**	*a.* 통통한, 굵고 튼튼한 *n.* 흑맥주
1171.	**incur**	*v.* (불쾌한 것, 비용 등을) 발생시키다, 유발하다
1172.	**confirmation**	*n.* 확인, 확인서

1173.	**bilateral**	*a.* 쌍방간의, 양쪽의
1174.	**emit**	*v.* 내뿜다, 내보내다, 방출하다
1175.	**garment**	*n.* 의류
1176.	**hybrid**	*n.* 잡종, 합성물
1177.	**dwindle**	*v.* 차츰 작아지다, 감소하다
1178.	**fabulous**	*a.* 멋진, 엄청난, 굉장한
1179.	**classified**	*a.* 비밀의, 기밀로 분류된 *n.* 〈–s〉 신문의 분야별 광고란
1180.	**venue**	*n.* 행사장, 개최지
1181.	**ignition**	*n.* 점화(장치), 차 시동장치
1182.	**dispatch**	*v.* 발송하다, 파견하다
1183.	**plead**	*v.* 주장하다, 간청하다
1184.	**appall**	*v.* 소름끼치게 하다, 섬뜩하게 하다
1185.	**cram**	*v.* 우겨넣다, 벼락치기 공부하다
1186.	**reputation**	*n.* 평판, 세간의 평가
1187.	**affirm**	*v.* 확인하다, 근거를 제공하다
1188.	**acquaintance**	*n.* 아는 사람, 안면 있는 사람
1189.	**dictate**	*v.* 받아쓰게 하다, 명령하다, 결정짓다
1190.	**afflict**	*v.* 괴롭히다, 피해를 입히다
1191.	**intensify**	*v.* 강화하다, 심하게 하다

check! 1□ 2□ 3□ 4□ 5□

1192.	**drastic**	*a.* 급격한, 과격한
1193.	**immense**	*a.* 거대한, 엄청난
1194.	**disposable**	*a.* 1회용의, 처분할 수 있는
1195.	**chronicle**	*n.* 연대기, 편년사 *v.* 사실을 기록하다
1196.	**arouse**	*v.* 일으키다, 유발하다, 깨우다
1197.	**immobile**	*a.* 움직일 수 없는, 고정된
1198.	**confine**	*v.* 가두다, 한정하다
1199.	**lease**	*n.* (부동산·장비 등의) 임대차 계약 *v.* 임대하다
1200.	**disrupt**	*v.* 교란하다, 지장을 초래하다
1201.	**premise**	*n.* 전제, 부동산, 사유지
1202.	**comprise**	*v.* 구성되다, 구성하다, 이루다
1203.	**chronological**	*a.* 연대순의, 발생 순서대로 나열한
1204.	**beneficiary**	*n.* 수혜자, 상속인
1205.	**endorse**	*v.* 뒷면에 서명하다, 지지를 선언하다
1206.	**invoice**	*n.* 판매물품 목록, 송장
1207.	**fabricate**	*v.* 제작하다, 짜맞추다, 날조하다
1208.	**allocate**	*v.* 할당하다, 배치하다
1209.	**elongate**	*v.* 연장하다, 늘어나다
1210.	**odd**	*a.* 이상한, 기묘한

1211.	sibling	n. 형제자매
1212.	spacious	a. 널찍한, 공간이 넉넉한
1213.	negotiate	v. 협상하다, 교섭하다
1214.	mediate	v. 중개하다, 타협하다
1215.	assimilate	v. 흡수하다, 제 것으로 만들다, 동화되다[시키다]
1216.	peculiar	a. 특이한, 이상한
1217.	simulate	v. 모의 실험하다, 가장하다
1218.	tentative	a. 임시의, 불확실한, 망설이는
1219.	prevail	v. 만연하다, 압도하다
1220.	empirical	a. 경험적인, 경험에 의한
1221.	curtail	v. 단축하다, 축약하다
1222.	moisten	v. 축축하게 하다, 수분을 공급하다
1223.	elicit	v. 얻어내다, 이끌어내다
1224.	reconciliation	n. 화해, 조화
1225.	ascend	v. 상승하다, 올라가다
1226.	stagger	v. 비틀거리다, 큰 충격을 주다
1227.	rehabilitate	v. 재활하다, 정비하다
1228.	embargo	n. v. 통상 금지 (명령을 내리다)
1229.	gender	n. (남녀의) 성, 성별

check! 1☐ 2☐ 3☐ 4☐ 5☐

1230.	**wither**	v. 시들다, 말라죽다, 신선함을 잃다
1231.	**wrinkle**	n. 주름, 구김살 v. 주름지(게 하)다
1232.	**orator**	n. 연설자, 웅변가
1233.	**prior**	a. 이전의, 앞서는
1234.	**erroneous**	a. 오류가 있는, 잘못된
1235.	**hilarious**	a. 엄청 웃기는
1236.	**indulge**	v. 충족시키다, 탐닉하다, 마음대로 하게 놔두다
1237.	**retreat**	v. 물러나다, 조용한 데로 가다 n. 후퇴, 휴양(지)
1238.	**contend**	v. 주장하다, 경쟁하다
1239.	**equivalent**	a. 동등한 n. 동등한 것, 해당하는 것
1240.	**inhale**	v. 흡입하다, 들이마시다
1241.	**radioactive**	a. 방사능의
1242.	**courtesy**	a. 무료의 n. 예의, 친절
1243.	**firsthand**	a. 직접적인, 직접 얻은 ad. 직접, 바로
1244.	**deodorize**	v. 냄새를 없애다
1245.	**whip**	v. (크림, 달걀을) 걸쭉해질 때까지 젓다
1246.	**conglomerate**	n. 대기업
1247.	**overall**	a. 모두 합친 ad. 다 합쳐서, 대체로
1248.	**imposition**	n. 부과, 실시

1249.	**maximize**	v. 최대화하다
1250.	**intermediate**	a. 중간 상태의, 중급의
1251.	**greasy**	a. 기름이 묻은, 기름기 많은, 느끼한
1252.	**whirl**	v. 돌다, 돌리다, 혼란스럽다
1253.	**exert**	v. (힘을) 동원하다, 이용하다
1254.	**seizure**	n. 압류, 압수, 발작
1255.	**turnstile**	n. 회전식 출입구
1256.	**foreseeable**	a. 예측 가능한
1257.	**vendor**	n. 행상, 판매자[회사]
1258.	**cutlery**	n. (포크, 나이프 등) 칼붙이
1259.	**innovative**	a. 혁신적인
1260.	**jeopardize**	v. 위험하게 하다, 위협하다
1261.	**quota**	n. 할당량, 몫
1262.	**millennium**	n. 천년간, 천년의 시작
1263.	**niche**	n. 적합한 일[장소], 틈새
1264.	**subside**	v. 진정하다, 낮아지다, (물이) 빠지다
1265.	**indispensable**	a. 필수적인, 빼놓을 수 없는
1266.	**portrayal**	n. 묘사
1267.	**recline**	v. 뒤로 기대어 앉다[눕다], 등받이를 기울이다

check! 1□ 2□ 3□ 4□ 5□

1268.	**invariably**	*ad.* 언제나, 반드시
1269.	**abundant**	*a.* 풍족한, 충분한
1270.	**addiction**	*n.* 중독, 탐닉
1271.	**dread**	*n.* 두려움 *v.* 두려워하다
1272.	**asthma**	*n.* 천식
1273.	**hangover**	*n.* 숙취
1274.	**oath**	*n.* 선서, 서약
1275.	**initially**	*ad.* 처음에는, 초기에는
1276.	**momentum**	*n.* 추진력, 여세
1277.	**lament**	*v.* 슬퍼하다, 한탄하다
1278.	**exterior**	*n.* 외부, 겉모습 *a.* 외부의
1279.	**cling**	*v.* 달라붙다, 붙잡다, 집착하다
1280.	**glisten**	*v.* (촉촉한 것이) 빛나다
1281.	**spouse**	*n.* 배우자, 결혼 상대
1282.	**disqualification**	*n.* 자격 박탈, 실격
1283.	**deteriorate**	*v.* 나빠지다, 악화하다
1284.	**kindle**	*v.* 불붙(이)다, (감정을) 일으키다
1285.	**integrate**	*v.* 통합하다, 어우러지다
1286.	**utilize**	*v.* 활용하다, 이용하다
1287.	**remainder**	*n.* 나머지

1288.	**provoke**	v. 유발하다, 도발하다
1289.	**proponent**	a. 지지자, 지원자
1290.	**instantaneous**	a. 즉각적인, 즉시 발생하는
1291.	**conversion**	n. 변환, 개조
1292.	**alleviate**	v. 덜어주다, 경감하다
1293.	**rigid**	a. 엄격한, 고집 센, 굳은
1294.	**resign**	v. 퇴임하다, 사직하다
1295.	**waive**	v. (권리를) 포기하다, (규칙을) 무시하다
1296.	**parallel**	a. 평행한 n. 비슷한 것, 견줄 만한 것
1297.	**insult**	n. 모욕 v. 모욕하다
1298.	**incredibly**	ad. 엄청나게, 믿기지 않을 만큼
1299.	**correspond**	v. 일치하다, 편지를 주고받다
1300.	**bleach**	v. 탈색하다, 흰색으로 변하다 n. 표백제
1301.	**oversee**	v. 감독하다
1302.	**podium**	n. 연단
1303.	**probe**	v. 조사하다, 알아보다 n. 조사, 탐사선
1304.	**consign**	v. (팔러) 보내다, 배송하다, 치워두다
1305.	**consolidate**	v. 굳히다, 확고히 하다, 통합하다
1306.	**endow**	v. (재산을) 증여하다, 기증하다
1307.	**adept**	a. 숙련된, 능숙한

check! 1□ 2□ 3□ 4□ 5□

1308.	**apparatus**	*n.* 기구, 도구
1309.	**vernacular**	*n.* 현지 언어, 일반인의 언어
1310.	**oral**	*a.* 입의, 구강의, 말로 하는
1311.	**convertible**	*a.* (형태나 용도를) 바꿀 수 있는 *n.* (지붕이 열리는) 오픈카
1312.	**superb**	*a.* 탁월한, 뛰어난
1313.	**subsidiary**	*a.* 자회사의, 부가적인, 이차적인, *n.* 자회사
1314.	**infer**	*v.* 추론하다
1315.	**texture**	*n.* 질감, 촉감
1316.	**strand**	*n.* 가는 줄, 가닥 *v.* 고립시키다, 오도 가도 못하게 하다
1317.	**fundraising**	*n.* 모금, 기금 조달
1318.	**laborious**	*a.* 힘든, 많은 시간·노력이 드는
1319.	**loose-fitting**	*a.* (옷이) 헐렁한, 편안한
1320.	**contradict**	*v.* 모순되다, 상반되다, 반발하다
1321.	**about-face**	*n.* (전면적인) 변화, 전환
1322.	**stumble**	*v.* 발이 걸리다, 비틀거리다, 말을 더듬다
1323.	**pant**	*v.* 헐떡거리다, 가쁜 숨을 쉬다
1324.	**morale**	*n.* 사기, 의욕
1325.	**offhand**	*a.* 무심한, 관심 없는, 준비 안 된 *ad.* 준비 없이, 즉석에서

1326.	**appraisal**	n. 평가, (전문가) 감정
1327.	**discrepancy**	n. 격차, 불일치
1328.	**certificate**	n. 증명서, 합격증
1329.	**influx**	n. 많이 들어옴, 유입
1330.	**deregulate**	v. 규제를 풀다
1331.	**signify**	v. 나타내다, 의미하다
1332.	**attest**	v. 증명하다, 확인하다
1333.	**sturdy**	a. 튼튼한, 확고한
1334.	**adamant**	a. 단호한, 완강한
1335.	**tranquil**	a. 고요한, 평화로운
1336.	**differentiate**	v. 구별하다, 차별하다
1337.	**reinforce**	v. 강화하다, 부추기다, 보강하다
1338.	**condense**	v. 농축하다, 요약하다
1339.	**trample**	v. 밟다, 무시하다
1340.	**entrust**	v. 맡기다, 위탁하다
1341.	**trustee**	n. (대학 등 법인의) 이사, (신탁) 수탁자, 수탁회사
1342.	**duplicate**	v. 복제하다, 복사하다, 반복하다 n. 복사(본)
1343.	**ascertain**	v. (사실 여부를) 확인하다
1344.	**subsequent**	a. 이후의, 차후의

check! 1□ 2□ 3□ 4□ 5□

1345.	**remit**	*v.* 송금하다, 면제하다, (빚을) 탕감하다
1346.	**static**	*a.* 정적인, 변화가 없는
1347.	**regrettable**	*a.* 유감스러운, 아쉬운
1348.	**utterly**	*ad.* 완전히, 전혀
1349.	**landlord**	*n.* 집주인, 세놓은 사람
1350.	**shrink**	*v.* 줄어들다, 축소되다, 겁먹고 물러서다
1351.	**subsidy**	*n.* (가격 인하를 위한) 보조금, 지원금
1352.	**juvenile**	*a.* 청소년의, 미성년의
1353.	**disperse**	*v.* 흩어지다, 해산시키다, 흩뿌리다
1354.	**puff**	*v.* 헐떡거리다, 연기를 뿜다
1355.	**vista**	*n.* 넓은 경치, 조망, 가능성
1356.	**shade**	*n.* 음영, 색조
1357.	**slippery**	*a.* 미끄러운
1358.	**unwittingly**	*ad.* 무심코, 의식하지 않고
1359.	**paternal**	*a.* 아버지의, 부성의
1360.	**relinquish**	*v.* 포기하다, 그만두다, 양도하다
1361.	**dosage**	*n.* 〈약〉 복용량
1362.	**steadily**	*ad.* 꾸준히, 서서히
1363.	**unwavering**	*a.* 굳센, 변함없는
1364.	**spontaneous**	*a.* 자발적인, 마음에서 우러난, 자연적인

1365.	**magnify**	v. 확대하다, 과장하다, 부풀리다
1366.	**tread**	v. 밟다, 걷다
1367.	**deduction**	n. 빼기, 공제, 추론, 연역
1368.	**horizontal**	a. 수평의
1369.	**infringe**	v. 침해하다, 침범하다, 위반하다
1370.	**demolish**	v. 헐다, 철거하다
1371.	**pirate**	v. 저작물을 불법 복제하다 n. 불법 복제하는 자; 해적
1372.	**ripen**	v. 무르익다, 숙성시키다
1373.	**postpaid**	a. 우편요금이 무료인 ad. 배송료 없이
1374.	**reciprocal**	a. 상호적인, 서로 돕는
1375.	**oppressive**	a. 억압하는, 답답한
1376.	**stance**	n. 입장, (정지) 자세
1377.	**contraction**	n. 축소, 위축, 근육 수축
1378.	**comprehensible**	a. 이해가 되는, 수긍이 가는
1379.	**abhor**	v. 혐오하다, 질색하다
1380.	**favor**	n. 부탁, 호의, 지지
1381.	**arrest**	n. 체포 v. 체포하다
1382.	**belief**	n. 믿음, 신앙
1383.	**bounty**	n. 현상금, 많은 음식, 부유함

check! 1☐ 2☐ 3☐ 4☐ 5☐

1384.	**rummage**	v. 뒤지다, 뒤적거리다
1385.	**setback**	n. 난관, 곤란
1386.	**sparse**	a. 듬성듬성한, 부족한
1387.	**simultaneously**	ad. 동시에
1388.	**hover**	v. (공중에) 떠있다, 근처에 머물다
1389.	**compliance**	n. (법) 준수, 복종
1390.	**candor**	n. 솔직함
1391.	**offset**	v. 상쇄하다, 만회하다
1392.	**ordinance**	n. 규정, 법령
1393.	**reputable**	a. 평판이 좋은, 존경받는
1394.	**abridge**	v. 축약하다, 단축하다
1395.	**invoke**	v. (법, 근거 등을) 언급하다, 적용하다
1396.	**grope**	v. 손으로 더듬다, 더듬어 찾다
1397.	**scoff**	v. 비웃다
1398.	**ponder**	v. 깊이 생각하다, 숙고하다
1399.	**stifling**	a. 답답한, 숨 막히게 하는
1400.	**germinate**	v. 싹트다, 싹틔우다, 생기기 시작하다
1401.	**endless**	a. 끝없는, 무한한
1402.	**landfill**	n. 파묻음, 매립지
1403.	**loud**	a. (색, 무늬가) 너무 화려한, 요란한

1404.	**impetus**	n. 자극제, 촉진제
1405.	**optimum**	a. 최상의, 최적의 n. 이상
1406.	**tuck**	v. 밀어[접어] 넣다, 쑤셔 넣다
1407.	**approximately**	ad. 대체로, 거의
1408.	**undergraduate**	n. 학부생
1409.	**skyscraper**	n. 고층 건물
1410.	**inclement**	a. 날씨가 험한, 추운, 비가 많이 오는
1411.	**zealous**	a. 열심인, 열광적인
1412.	**feat**	n. 위업, 묘기
1413.	**coarse**	a. 거친, 입자가 굵은, 상스러운
1414.	**capitalize**	v. 대문자로 쓰다, 자본으로 평가하다
1415.	**archetype**	n. 전형, 전형적인 예
1416.	**skim**	v. 대충 훑어보다, 스치다, (액체의) 지방을 걷어내다
1417.	**plateau**	n. 고지대, 고원, (성장 후의) 안정기
1418.	**roam**	v. 배회하다, 방랑하다
1419.	**shred**	v. 잘게 자르다 n. 조각난 것
1420.	**sublime**	a. 최고의, 굉장한
1421.	**evaluation**	n. 평가, 분석
1422.	**wreckage**	n. (파손되고 남은) 잔해

check! 1□ 2□ 3□ 4□ 5□

1423.	**corrode**	*v.* 부식하다, 서서히 파괴하다
1424.	**chronic**	*a.* 만성적인, 장기간 지속되는
1425.	**scrutinize**	*v.* 조사하다, 자세히 살피다
1426.	**incessant**	*a.* 계속되는, 멈출 줄 모르는
1427.	**bizarre**	*a.* 괴상한, 기묘한
1428.	**carnivorous**	*a.* 육식성의
1429.	**jam-packed**	*a.* 가득한, 꽉 들어찬
1430.	**steamy**	*a.* 야한, 외설적인
1431.	**writhe**	*v.* 몸을 뒤틀다, 몸부림치다
1432.	**sequel**	*n.* 후속편
1433.	**impenetrable**	*a.* 뚫리지 않는, 막힌, 이해하기 힘든
1434.	**solvent**	*a.* 지불 능력이 있는, 빚을 갚을 수 있는
1435.	**debacle**	*n.* 완전 실패
1436.	**cordially**	*ad.* 정중히, 깍듯이, 진심으로
1437.	**pungent**	*a.* (맛·냄새가) 강한, 매캐한
1438.	**ungainly**	*a.* 몸놀림이 둔한, 어색한
1439.	**wasted**	*a.* 잔뜩 술에 취한, 약에 취한
1440.	**baloney**	*n.* 헛소리, 말이 안 되는 말
1441.	**mystify**	*v.* 당혹케 하다, 어리둥절하게 하다
1442.	**despondent**	*a.* 불행한, 절망하는

1443.	**stringent**	*a.* 엄격한, 자금이 부족한
1444.	**amiable**	*a.* 다정한, 사랑스러운
1445.	**hunch**	*n.* 예감, 육감
1446.	**truant**	*n.* 무단 결석생 *v.* 무단 결석하다
1447.	**scary**	*a.* 무서운, 두려움을 주는
1448.	**witchcraft**	*n.* 마법
1449.	**drowsy**	*a.* 졸리는, 잠 오는
1450.	**expendable**	*a.* 소모성의, 쓰고 버리는
1451.	**impression**	*n.* 인상, 느낌
1452.	**inhospitable**	*a.* 지내기 힘든, 불친절한
1453.	**observable**	*a.* 관찰되는, 관찰 가능한
1454.	**outdoor**	*a.* 실외의, 바깥의
1455.	**palatable**	*a.* 맛좋은, 먹을 만한, 수용 가능한
1456.	**pertain**	*v.* (직접) 관계되다
1457.	**buy**	*v.* 믿다, 수긍하다
1458.	**chase**	*v.* 뒤쫓다, 쫓아내다
1459.	**coldly**	*ad.* 냉정하게, 냉담하게
1460.	**consumption**	*n.* 소비, 소모
1461.	**concerning**	*prep.* ~에 대하여, ~에 관하여
1462.	**dedication**	*n.* 헌신, 몰두

check! 1□ 2□ 3□ 4□ 5□

#		
1463.	**hefty**	*a.* 크고 무거운, 아주 많은
1464.	**imbue**	*v.* (사상, 감정을) 불어넣다, 주입하다
1465.	**incinerate**	*v.* 태워 없애다, 소각하다
1466.	**interval**	*n.* (장소, 시간) 간격, 휴식시간
1467.	**liberal**	*a.* 후한, 잘 베푸는
1468.	**stun**	*v.* 기절시키다, 무척 놀라게 하다
1469.	**abandon**	*v.* 저버리다, 버리고 가다
1470.	**opposition**	*n.* 반대, 저항, (경쟁)상대
1471.	**slowdown**	*n.* 침체, 부진
1472.	**attribute**	*n.* 속성, 특성, 자질
1473.	**compost**	*n.* 퇴비 *v.* 퇴비를 만들다
1474.	**consideration**	*n.* 검토, 숙고, 배려
1475.	**criteria**	*n.* 기준, 표준
1476.	**decaffeinated**	*a.* 카페인을 없앤
1477.	**hideous**	*a.* 끔찍한, 매우 추한
1478.	**breeze**	*n.* 쉬운 일
1479.	**racket**	*n.* 소음, 시끄러운 소리
1480.	**shame**	*n.* 창피함, 아쉬운 일, 유감스러운 일
1481.	**state-of-the-art**	*a.* 최첨단의
1482.	**tremendous**	*a.* 막대한, 엄청난, 굉장한

1483.	**unquestionable**	*a.* 의심할 수 없는, 확실한
1484.	**impeach**	*v.* 탄핵하다
1485.	**grueling**	*a.* 아주 힘든
1486.	**hip**	*a.* 최신유행을 따르는, 유행에 맞는
1487.	**supine**	*a.* 등을 대고 누운
1488.	**tense**	*a.* 긴장한, 근육이 뭉친
1489.	**beseech**	*v.* 애원하다, 간청하다
1490.	**indicative**	*a.* 표시하는, 암시하는
1491.	**balloon**	*v.* 급증하다, 갑자기 늘다
1492.	**considerably**	*ad.* 많이, 상당히
1493.	**activate**	*v.* 활성화하다, 작동시키다
1494.	**aficionado**	*n.* 애호가
1495.	**antique**	*n.* 골동품 *a.* 골동품의
1496.	**regimen**	*n.* 섭생, (건강을 위한) 식사·운동 계획
1497.	**roundabout**	*a.* 간접적인, 우회하는
1498.	**suspicious**	*a.* 미심쩍은, 의심스러운
1499.	**strap**	*v.* 띠로 매다
1500.	**inmate**	*n.* 수감자, 죄수
1501.	**torrential**	*a.* 폭우의, 많은 비가 내리는
1502.	**vim**	*n.* 활기, 정력

check! 1☐ 2☐ 3☐ 4☐ 5☐

1503.	**wreck**	*v.* 망치다, 파괴하다
1504.	**decadent**	*a.* 퇴폐적인
1505.	**embark**	*v.* (비행기·배에) 타다, 태우다
1506.	**forge**	*v.* 위조하다
1507.	**sedentary**	*a.* 앉아 있는, 주로 앉은 채 지내는
1508.	**squander**	*v.* 낭비하다, 놓치다
1509.	**expecting**	*a.* 임신한
1510.	**fad**	*n.* (일시적) 유행
1511.	**racy**	*a.* 흥분시키는, 야한
1512.	**affordable**	*a.* (가격이) 적당한, 감당할 만한
1513.	**refrain**	*v.* 삼가다, 참다
1514.	**chemotherapy**	*n.* (항암 치료) 화학 요법
1515.	**delicate**	*a.* 예민한, 다치기 쉬운, 연약한
1516.	**inflatable**	*a.* 부풀릴 수 있는, 공기를 집어넣는
1517.	**volatility**	*n.* 휘발성, 불안정, 심한 변동
1518.	**mediocre**	*a.* 그저 그런, 별로인, 이류의
1519.	**dingy**	*a.* 칙칙한, 어둡고 더러운
1520.	**exhale**	*v.* 숨을 내쉬다
1521.	**rib**	*v.* 놀려대다, 약올리다
1522.	**seclusion**	*n.* 은둔, 혼자 있음

1523.	spine-chilling	a. 등골이 오싹한, 스릴 넘치는
1524.	unscathed	a. 다치지 않은, 멀쩡한
1525.	merry-go-round	n. 회전목마, 급속도의 움직임[반복]
1526.	brash	a. 건방진, 화려한
1527.	cohesion	n. 결집력, 단결
1528.	amoral	a. 도덕관념이 없는
1529.	lowdown	n. 내막, 중요한 사실, 흥미로운 사실
1530.	fraudulent	a. 사기성의, 가짜의
1531.	narcissism	n. 자아도취
1532.	sorority	n. (대학의) 여학생 클럽
1533.	ultimatum	n. 최후통첩, 최후의 경고
1534.	incontrovertible	a. 반박할 수 없는, 확실한
1535.	expeditiously	ad. 신속히, 효율적으로
1536.	pantry	n. (가정의) 식품 저장실
1537.	unfailing	a. 변치 않는, 늘 있는
1538.	ardor	n. 열정, 열렬한 사랑
1539.	gusto	n. 열정, 활력
1540.	connoisseur	n. 감정가, 전문가
1541.	immunize	n. 면역[면제] 시키다
1542.	immunization	n. 예방접종, 면역 조치

check! 1☐ 2☐ 3☐ 4☐ 5☐

1543.	**fibrous**	*a.* 섬유의, 섬유질의
1544.	**recapture**	*v.* 되찾다, 탈환하다, 다시 체포하다
1545.	**fidelity**	*n.* (부부간) 정절, 충실함
1546.	**ignominious**	*a.* 굴욕적인, 창피스러운
1547.	**small-time**	*a.* 시시한, 삼류의
1548.	**homely**	*a.* 수수한, 별로 안 예쁜, 잘생기지 않은
1549.	**police**	*v.* 통제하다, 단속하다
1550.	**acquit**	*v.* 무죄 판결하다
1551.	**assault**	*n.* 폭행, 공격
1552.	**bad-mouth**	*v.* 헐뜯다, 험담하다
1553.	**callous**	*a.* 냉담한, 무관심한
1554.	**crook**	*n.* 사기꾼, 범죄자
1555.	**embroil**	*v.* (곤란한 일에) 끌어들이다, 연루시키다
1556.	**obese**	*a.* 비만인
1557.	**overstep**	*v.* 넘어서다
1558.	**deploy**	*v.* (병력, 장비를) 배치하다, 이용하다, 작동하다
1559.	**arable**	*a.* 재배하는, 경작하는
1560.	**larceny**	*n.* 절도, 훔침

토 플 테 마 영 단 어

PART 5

TOEFL
Theme Words

전 세계 어느 대학이든 유학을 가고 싶다면 TOEFL은 필수!
주제별 단어로 최대한 토플 환경에 가깝게 구성하였다.

토플

01. 우주 / 천문학 Cosmos & Astronomy

0001.	**manned**	*a.* 유인의, 사람이 조종하는
0002.	**launch**	*v.* 발사하다 *n.* 발사
0003.	**galaxy**	*n.* 은하계
0004.	**the solar system**	태양계
0005.	**sphere**	*n.* 구(球)
0006.	**celestial**	*a.* 하늘의, 천체의
0007.	**axis**	*n.* 회전축
0008.	**orbit**	*n.* 궤도 *v.* 궤도 운동을 하다
0009.	**lunar module**	달 착륙선
0010.	**meteor**	*n.* 유성
0011.	**satellite**	*n.* 위성
0012.	**astronaut**	*n.* 우주 비행사
0013.	**detect**	*v.* 탐지하다
0014.	**spaceship**	*n.* 우주선
0015.	**eclipse**	*n.* 일식, 월식
0016.	**Polaris**	*n.* 북극성
0017.	**equinox**	*n.* 주야 평분시, 춘[추]분
0018.	**asteroid**	*n.* 소행성
0019.	**atmosphere**	*n.* 대기, 분위기

check! 1☐ 2☐ 3☐ 4☐ 5☐

0020.	**chromosphere**	n. 채층(彩層); 태양 광구면 주위의 백열 가스층
0021.	**cosmos**	n. 우주
0022.	**cosmic ray**	우주선(宇宙線)
0023.	**ellipse**	n. 타원
0024.	**flare**	n. 플레어; 태양·별 등이 순간적으로 밝아지는 것 v. 확 타오르다
0025.	**gravity**	n. 중력
0026.	**gravitational collapse**	중력 붕괴
0027.	**heliocentric**	a. 태양을 중심으로 하는
0028.	**magnetic field**	자장(磁場)
0029.	**magnitude**	n. (항성의) 광도, 지진 규모
0030.	**tectonic**	a. 지질 구조의
0031.	**interstellar**	a. 별과 별 사이의, 성간(星間)의
0032.	**mass**	n. 질량
0033.	**eccentricity**	n. 이심률(異心率)
0034.	**eccentric**	a. 궤도가 편심적인
0035.	**leap year**	윤년(閏年)
0036.	**nebula**	n. 성운
0037.	**weightless**	a. 무중력 상태의
0038.	**diameter**	n. 지름, 직경

02. 생물학 Biology

0039.	**species**	n. 종(種)
0040.	**tissue**	n. 생물 조직
0041.	**bloom**	n. 꽃 v. 꽃 피다
0042.	**burrow**	v. 굴을 파다 n. (짐승이 파는) 땅굴
0043.	**carnivorous**	a. 육식성의
0044.	**carnivore**	n. 육식동물
0045.	**herbivorous**	a. 초식성의
0046.	**herbivore**	n. 초식동물
0047.	**omnivorous**	n. 잡식성
0048.	**omnivore**	n. 잡식동물
0049.	**prey**	n. 포식동물의 먹이
0050.	**cocoon**	n. 고치
0051.	**zoology**	n. 동물학
0052.	**cub**	n. (사자·곰 등의) 새끼
0053.	**fang**	n. (뱀·들개의) 날카로운 이빨
0054.	**canine**	n. 송곳니, 개
0055.	**flock**	n. (새·양) 떼 v. 떼 지어 다니다
0056.	**fungus**	n. 버섯, 균류
0057.	**fungal**	a. 균의

check! 1☐ 2☐ 3☐ 4☐ 5☐

0058.	**genus**	*n.* (생물 분류상의) 속(屬)
0059.	**lure**	*n.* 미끼 *v.* 꾀다
0060.	**marine**	*a.* 바다의
0061.	**graze**	*v.* 풀을 뜯어먹다, 방목하다
0062.	**botany**	*n.* 식물학
0063.	**botanical**	*a.* 식물학의
0064.	**botanist**	*n.* 식물학자
0065.	**gene**	*n.* 유전자
0066.	**genetic**	*a.* 유전자의
0067.	**genetically**	*ad.* 유전적으로
0068.	**dominant gene**	우성 유전자
0069.	**recessive gene**	열성 유전자
0070.	**genetics**	*n.* 유전학
0071.	**geneticist**	*n.* 유전학자
0072.	**genetic engineering**	유전 공학
0073.	**anatomy**	*n.* 해부, 분석
0074.	**anatomical**	*a.* 해부의
0075.	**anatomist**	*n.* 해부학자
0076.	**physiology**	*n.* 생리학, 생리 기능
0077.	**physiological**	*a.* 생리적인

0078.	**capillary**	n. 모세혈관
0079.	**blood vessel**	n. 혈관
0080.	**artery**	n. 동맥
0081.	**vein**	n. 정맥
0082.	**evolution**	n. 진화
0083.	**evolutionary**	a. 진화의
0084.	**evolve**	v. 진화하다
0085.	**creation**	n. 창조
0086.	**fossil**	n. 화석
0087.	**fossilize**	v. 화석화하다
0088.	**amber**	n. 호박; 광물의 일종
0089.	**natural selection**	자연 선택
0090.	**ferment**	v. 발효하다, 발효시키다
0091.	**fermentation**	n. 발효
0092.	**alga**	n. 조류(藻類), 바닷말
0093.	**metabolism**	n. 신진대사
0094.	**metabolic**	a. 신진대사의
0095.	**metabolize**	v. 신진대사를 하다
0096.	**replicate**	v. (DNA 등이) 자가 복제하다
0097.	**replication**	n. 자가 복제

0098.	**conjugation**	n. (세포의) 결합, 접합
0099.	**conjugate**	v. 결합하다
0100.	**microbe**	n. 미생물, 세균
0101.	**microorganism**	n. 미생물
0102.	**microbiology**	n. 미생물학
0103.	**germinate**	v. 싹트다, 싹틔우다
0104.	**germination**	n. 발아
0105.	**nutrition**	n. 영양
0106.	**nutritious**	a. 영양가 높은
0107.	**nutrient**	n. 영양분
0108.	**nourish**	v. 영양을 공급하다
0109.	**nurture**	v. 키우다
0110.	**photosynthesis**	n. 광합성
0111.	**photosynthesize**	v. 광합성하다
0112.	**coniferous**	a. 침엽수의
0113.	**broadleaf**	a. 활엽수의
0114.	**conifer**	n. 침엽수
0115.	**pollen**	n. 꽃가루
0116.	**petal**	n. 꽃잎
0117.	**stem**	n. 잎자루, 꽃자루

0118.	**trunk**	*n.* 나무의 큰 줄기, 기둥
0119.	**annual ring**	나이테
0120.	**deciduous**	*a.* 낙엽성의, 잎을 떨구는
0121.	**defoliate**	*v.* (약을 뿌려) 잎을 떨구다
0122.	**defoliant**	*n.* 고엽제
0123.	**fern**	*n.* 양치류
0124.	**mammal**	*n.* 포유류
0125.	**mammalian**	*a.* 포유류의
0126.	**viviparous**	*a.* 태생(胎生)의
0127.	**viviparity**	*n.* 태생
0128.	**oviparous**	*a.* 알에서 깨어나는
0129.	**oviparity**	*n.* 난생
0130.	**migration**	*n.* (철 따라 하는) 이동, 대량 이주
0131.	**migrate**	*v.* 철 따라 이동하다
0132.	**migrant**	*n.* 철새
0133.	**migratory**	*a.* 이동하는
0134.	**reptile**	*n.* 파충류
0135.	**reptilian**	*a.* 파충류의
0136.	**carapace**	*n.* 등딱지, 갑각
0137.	**crustacea**	*n.* 갑각류

check! 1☐ 2☐ 3☐ 4☐ 5☐

0138.	**hibernate**	v. 겨울잠을 자다
0139.	**hibernation**	n. 겨울잠
0140.	**demise**	n. 죽음
0141.	**annihilation**	n. 파멸, 멸종
0142.	**amphibian**	n. 양서류
0143.	**amphibious**	a. 양서류의
0144.	**metamorphosis**	n. (생물의) 변태
0145.	**metamorphose**	v. 변태하다
0146.	**gill**	n. 아가미
0147.	**fin**	n. 지느러미
0148.	**scale**	n. 비늘
0149.	**larva**	n. 애벌레, 유충
0150.	**nucleus**	n. 핵
0151.	**nuclei**	n. 세포핵
0152.	**sperm**	n. 정자
0153.	**egg**	n. 난자, 정액
0154.	**fertilized egg**	수정란
0155.	**fertilization**	n. 수정, 수태
0156.	**fertilize**	v. 수정시키다
0157.	**fertility**	n. 생식력

0158.	**enzyme**	n. 효소
0159.	**parasite**	n. 기생 생물
0160.	**rear**	v. 키우다, 양육하다
0161.	**forage**	v. 먹을 것을 찾아다니다 n. 가축의 먹이
0162.	**foray**	n. 찾아다님
0163.	**mate**	v. 짝짓기하다
0164.	**habitat**	n. 서식지
0165.	**habitation**	n. 서식
0166.	**hospitable**	a. 거주하기에 적절한
0167.	**foliage**	n. 잎들
0168.	**bark**	n. 나무 껍질
0169.	**stump**	n. 그루터기, 밑동
0170.	**pollinate**	v. 가루받이하다
0171.	**pollination**	n. 가루받이
0172.	**nectar**	n. 꽃의 꿀물
0173.	**coral**	n. 산호
0174.	**reef**	n. 암초, 산호초
0175.	**clam**	n. 조개, 조가비
0176.	**pest**	n. 해충, 농작물을 망치는 동물
0177.	**pestilence**	n. 악성 전염병, 역병

check! 1☐ 2☐ 3☐ 4☐ 5☐

0178.	**nocturnal**	*a.* 야행성의, 야간의
0179.	**diurnal**	*a.* 주행성의
0180.	**pesticide**	*n.* 농약
0181.	**hatch**	*v.* 부화하다, 부화시키다
0182.	**hatchery**	*n.* 부화장
0183.	**caterpillar**	*n.* 송충이, 유충, 애벌레
0184.	**centipede**	*n.* 지네
0185.	**nest**	*v.* 둥지를 틀다, 둥지에서 살다 *n.* 둥지
0186.	**reproduction**	*n.* 번식
0187.	**reproduce**	*v.* 번식하다
0188.	**brood**	*v.* 알을 품다 *n.* 같이 태어난 새끼들
0189.	**incubate**	*v.* (알이 깰 때까지) 품다
0190.	**incubation period**	잠복기
0191.	**camouflage**	*n.* 위장 *v.* 위장하다
0192.	**perch**	*v.* 새가 ~에 앉다 *n.* 횃대
0193.	**interact**	*v.* 상호작용하다
0194.	**interaction**	*n.* 상호작용
0195.	**interactive**	*a.* 상호작용하는
0196.	**offspring**	*n.* 새끼들, 자손
0197.	**adapt**	*v.* 적응하다, 적응시키다

0198.	**genotype**	n. 유전자형, 인자형
0199.	**hybrid**	n. 잡종, 이종
0200.	**hybridization**	v. 잡종을 만들다
0201.	**hybridization**	n. 잡종 교배
0202.	**inbreeding**	n. 동종 번식, 근친 교배
0203.	**inherit**	v. 물려받다
0204.	**genesis**	n. 탄생, 기원
0205.	**generation**	n. 생산, 세대
0206.	**vermin**	n. 해충, 인간에게 해로운 짐승
0207.	**mutant**	n. 돌연변이체
0208.	**mutate**	v. 돌연변이하다
0209.	**mutation**	n. 돌연변이
0210.	**biodiversity**	n. 생물의 다양성
0211.	**biotic**	a. 생명의, 생물의
0212.	**antibiotic**	n. 항생제
0213.	**tentacle**	n. 촉수
0214.	**decompose**	v. 썩다, 부패시키다
0215.	**decomposition**	n. 부패
0216.	**decomposer**	n. (박테리아, 균 등) 분해자
0217.	**flora and fauna**	식물과 동물

0218.	**floral**	*a.* 꽃의
0219.	**vegetation**	*n.* 초목, 한 지방의 식물
0220.	**vegetable**	*n.* 채소, 식물인간
0221.	**vegetarian**	*n.* 채식주의자
0222.	**cellular**	*a.* 세포의
0223.	**embryo**	*n.* 태아
0224.	**embryonic**	*a.* 태아의
0225.	**hereditary**	*a.* 유전의, 유전되는
0226.	**acquired**	*a.* 후천적인
0227.	**heredity**	*n.* 유전
0228.	**inheritance**	*n.* 물려받음, 유전
0229.	**chromosome**	*n.* 염색체
0230.	**breed**	*n.* 품종 *v.* 번식하다, 짝짓기하다
0231.	**aerobic**	*a.* 유산소의, 산소를 사용하는
0232.	**aerobics**	*n.* 유산소 운동
0233.	**specimen**	*n.* 표본
0234.	**aestivate**	*v.* 여름잠을 자다, 여름을 나다
0235.	**aestivation**	*n.* 여름잠
0236.	**agility**	*n.* 민첩성
0237.	**agile**	*a.* 민첩한

0238.	**anabolism**	n. 동화작용
0239.	**catabolism**	n. 이화작용
0240.	**arbor**	n. 나무가 드리워진 쉼터
0241.	**Arbor Day**	식목일
0242.	**arthropod**	n. 절지동물
0243.	**asexual reproduction**	무성 생식
0244.	**sexual reproduction**	유성 생식
0245.	**beak**	n. 부리
0246.	**carcass**	n. 짐승의 시체
0247.	**carrion**	n. 썩어가는 짐승의 시체
0248.	**chlorophyll**	n. 엽록소
0249.	**communicable**	a. 전염되는
0250.	**compound eye**	곤충의 겹눈, 복안(複眼)
0251.	**concentration**	n. 농축, 농도
0252.	**concentrate**	v. 농축하다
0253.	**crustacea**	n. 갑각류
0254.	**culture**	n. 배양
0255.	**sap**	n. 수액, 식물의 액즙
0256.	**scavenger**	n. 남은 고기를 먹는 동물, 넝마주이
0257.	**scavenge**	v. 쓰레기를 뒤지다

check! 1□ 2□ 3□ 4□ 5□

0258.	**school**	*n.* 물고기 떼
0259.	**secretion**	*n.* 분비, 분비물
0260.	**secrete**	*v.* 분비하다
0261.	**excretion**	*n.* 배설
0262.	**spore**	*n.* 포자, 홀씨
0263.	**sprout**	*v.* 싹트다, 봉오리를 맺다 *n.* 싹
0264.	**swoop**	*v.* (새가 공중에서) 덮치다, 달려들다
0265.	**terminate**	*v.* 종결시키다
0266.	**termination**	*n.* 종결
0267.	**torpid**	*a.* 움직이지 않는, 동면하는
0268.	**trait**	*n.* 특성, 형질
0269.	**wilt**	*v.* (식물이) 힘없이 처지다
0270.	**yeast**	*n.* 효모
0271.	**dormant**	*a.* 발육 정지 상태의, 활동을 중단한
0272.	**dormancy**	*n.* 잠복기
0273.	**dormant volcano**	휴화산
0274.	**extinct volcano**	사화산
0275.	**active volcano**	활화산
0276.	**eradicate**	*v.* 근절하다, 완전히 없애다
0277.	**eradication**	*n.* 근절

0278.	**ferocious**	a. 난폭한
0279.	**ferocity**	n. 난폭함
0280.	**hermaphrodite**	n. 암수한몸, 자웅동체
0281.	**hive**	n. 벌집
0282.	**exterminate**	v. (사람·동물을) 박멸하다, 씨를 말리다
0283.	**extermination**	n. 박멸
0284.	**exterminator**	n. 박멸자
0285.	**host**	n. 숙주
0286.	**inactivity**	n. 활동 중단, 휴면 상태
0287.	**infest**	v. (해충·해로운 짐승이 ~에) 들끓다
0288.	**infester**	n. 괴롭히는 사람[것]
0289.	**infestation**	n. 들끓음
0290.	**lair**	n. 짐승의 굴, 소굴
0291.	**poisoning**	n. 중독
0292.	**lead poisoning**	납중독
0293.	**food poisoning**	식중독
0294.	**addiction**	중독성 물질에 의한 중독
0295.	**heroin addiction**	헤로인 중독
0296.	**livestock**	n. 가축
0297.	**cattle**	n. 축산용 소들

check! 1☐ 2☐ 3☐ 4☐ 5☐

0298.	**mollusk**	n. 연체동물
0299.	**molluscan**	a. 연체동물의
0300.	**osmosis**	n. 삼투
0301.	**osmotic**	a. 삼투의
0302.	**predatory**	a. 포식성의, 동물을 잡아먹고 사는
0303.	**pupate**	v. (애벌레가) 번데기가 되다
0304.	**chrysalis**	n. 나비·나방의 번데기
0305.	**caterpillar**	n. 송충이
0306.	**quadruped**	n. 4지 동물
0307.	**biped**	n. 발이 두 개인 동물
0308.	**centipede**	n. 발이 백 개, 그만큼 많은 절지동물
0309.	**limb**	n. 팔다리
0310.	**rampant**	a. (식물이) 우거진, 마구 자라는
0311.	**classify**	v. 분류하다
0312.	**classification**	n. 분류
0313.	**organism**	n. 유기체, 생물
0314.	**organic**	a. 유기적인
0315.	**organized**	a. 체계적인
0316.	**organization**	n. 조직, 단체
0317.	**organ**	n. 장기

0318.	**cultivate**	v. 재배하다, 경작하다
0319.	**cultivation**	n. 재배, 경작
0320.	**cultivator**	n. 재배 농민, 경작 기계
0321.	**cultivated**	a. 재배된, 경작된, 교양 있는
0322.	**epidermis**	n. 표피, 외피
0323.	**dermatology**	n. 피부과
0324.	**dermatitis**	n. 피부염
0325.	**grain**	n. 나무의 결
0326.	**lay**	v. 알을 낳다
0327.	**surrounding**	n. 주변·환경
0328.	**posture**	n. 자세
0329.	**venom**	n. (뱀, 곤충의) 독
0330.	**venomous**	a. 독성을 지닌
0331.	**wildlife**	n. 야생 생물
0332.	**skeleton**	n. 해골
0333.	**skeletal**	a. 해골의
0334.	**skull**	n. 두개골
0335.	**pelvis**	n. 골반
0336.	**herd**	n. (소·코끼리 등 함께 먹고 사는) 떼
0337.	**invertebrate**	n. 무척추동물

check! 1□ 2□ 3□ 4□ 5□

0338.	**vertebrate**	*a.* 척추동물
0339.	**lush**	*a.* 초목이 무성한
0340.	**plume**	*n.* 깃털
0341.	**poultry**	*n.* 가금류(家禽類)
0342.	**primate**	*n.* 영장류(靈長類)
0343.	**progeny**	*n.* 새끼, 자손
0344.	**prowl**	*v.* (먹이를 사냥하려고) 배회하다, 어슬렁거리다
0345.	**swarm**	*n.* 곤충 떼, 벌 떼
0346.	**biochemistry**	*n.* 생화학
0347.	**biochemical**	*a.* 생화학의
0348.	**transformation**	*n.* (완전) 변화
0349.	**transform**	*v.* 완전히 달라지다, 전혀 다르게 바꾸다
0350.	**pathogen**	*n.* 병원균, 병원체
0351.	**pathogenic**	*a.* 병원균의
0352.	**pathology**	*n.* 병리학
0353.	**pathological**	*a.* 병리학의
0354.	**pathogenesis**	*n.* 병인, 발병
0355.	**pathobiology**	*n.* 병리생물학
0356.	**population**	*n.* (동물의) 개체수

0357.	**predator**	n. 포식동물
0358.	**taxonomy**	n. (생물의) 분류, 분류학
0359.	**taxonomic**	a. 분류상의
0360.	**taxonomist**	n. 분류학자
0361.	**clone**	n. 복제된 생물 v. 생물을 복제하다
0362.	**paleontology**	n. 고생물학
0363.	**paleontologist**	n. 고생물학자
0364.	**paleontological**	a. 고생물학의

03. 인류학 / 고고학 Anthropology & Archaeology

0365.	**anthropology**	n. 인류학
0366.	**anthropologist**	n. 인류학자
0367.	**anthropological**	a. 인류학의
0368.	**norm**	n. 표준, 전형
0369.	**antiquity**	n. 고대
0370.	**unearth**	v. 발굴하다
0371.	**chronology**	n. 연대기, 연대순 배열
0372.	**chronological**	a. 연대기의, 연대순의
0373.	**chronicle**	n. 연대기
0374.	**clan**	n. 씨족

check! 1☐ 2☐ 3☐ 4☐ 5☐

0375.	**cuneiform**	n. 설형문자
0376.	**decipher**	v. 해독하다
0377.	**indecipherable**	a. 해독 불가능한, 알아볼 수 없는
0378.	**descend**	v. 생겨나다, 자손이다
0379.	**descent**	n. 혈통
0380.	**descendant**	n. 후손, 파생된 것
0381.	**diggings**	n. 발굴터, 파헤친 곳
0382.	**dolmen**	n. 고인돌
0383.	**elapse**	v. 시간이 지나다
0384.	**erect**	v. 건립하다 a. 똑바로 선
0385.	**erection**	n. 건립
0386.	**homo erectus**	호모 에렉투스, 직립원인
0387.	**flourish**	v. 번성하다
0388.	**forebear**	n. 조상
0389.	**fragment**	n. 파편
0390.	**funerary**	a. 장례의
0391.	**implement**	n. 도구
0392.	**mound**	n. 둔덕
0393.	**neolithic**	a. 신석기 시대의
0394.	**paleolithic**	a. 구석기 시대의

0395.	**pottery**	n. 도자기
0396.	**relic**	n. 유물
0397.	**sculpture**	n. 조각, 조상
0398.	**sculptor**	n. 조각가
0399.	**sculpt**	v. 상을 만들다
0400.	**status**	n. 지위
0401.	**status quo**	현 상태
0402.	**tribe**	n. 종족
0403.	**tribal**	a. 종족의
0404.	**microscopic**	a. 현미경의, 미세한
0405.	**microscope**	n. 현미경
0406.	**cannibalism**	n. 식인
0407.	**cannibal**	n. 식인종, 식인 동물 a. 식인의
0408.	**coffin**	n. 관
0409.	**marital**	a. 결혼의
0410.	**extramarital**	a. 혼외의
0411.	**weave**	v. 엮다, 짜다
0412.	**ritual**	n. 예식, 의식
0413.	**aborigine**	n. (호주) 원주민
0414.	**aboriginal**	a. 원주민의, 토착의

check! 1☐ 2☐ 3☐ 4☐ 5☐

0415.	**lineage**	*n.* 혈통, 가계
0416.	**ethnic**	*a.* 민족의
0417.	**ethnicity**	*n.* 민족성
0418.	**primitive**	*a.* 원시적인
0419.	**excavate**	*v.* 발굴하다
0420.	**excavation**	*n.* 발굴
0421.	**ruin**	*n.* 유적지, 폐허
0422.	**artifact**	*n.* 유물
0423.	**demography**	*n.* 인구 통계학
0424.	**demographic**	*a.* 인구학의 *n.* 특정 인구
0425.	**demographics**	*n.* 인구 통계
0426.	**incise**	*v.* 새기다, 조각하다
0427.	**incision**	*n.* 절개
0428.	**pictogram**	*n.* 상형문자
0429.	**prehistoric**	*a.* 선사시대의
0430.	**prehistory**	*n.* 선사
0431.	**provenance**	*n.* 출처, 기원
0432.	**date**	*v.* 연대를 측정하다
0433.	**sedentary**	*a.* 앉아서 생활하는
0434.	**ethnography**	*n.* 민족지학

0435.	**ethnographer**	*n.* 민족지학자
0436.	**ethnographic**	*a.* 민족지학의
0437.	**ethnographically**	*ad.* 민족지학적으로
0438.	**subsistence**	*n.* 생계, 자급
0439.	**subsist**	*v.* 생존하다, 자급하다

04. 자연과학 Natural Science

0440.	**finding**	*n.* 연구 결과
0441.	**revolutionize**	*v.* 혁명을 일으키다, 혁신하다
0442.	**revolution**	*n.* 혁명
0443.	**revolutionary**	*a.* 혁명적인
0444.	**screen**	*v.* 차단하다
0445.	**speculation**	*n.* 추측
0446.	**speculate**	*v.* 추측하다
0447.	**speculative**	*a.* 추측하는
0448.	**hypothesis**	*n.* 가정, 가상
0449.	**hypothetical**	*a.* 가상의
0450.	**hypothetically**	*ad.* 가정하면
0451.	**hypothesize**	*v.* 가정하다
0452.	**accuracy**	*n.* 정확성

check! 1☐ 2☐ 3☐ 4☐ 5☐

0453.	**accurate**	*a.* 정확한
0454.	**determine**	*v.* 규명하다
0455.	**geometric**	*a.* 기하학적인
0456.	**transparency**	*n.* 투명함, 투명도
0457.	**ballast**	*n.* 바닥짐
0458.	**buoy**	*n.* 부표 *v.* 북돋우다, 격려하다
0459.	**device**	*n.* 장치
0460.	**utensil**	*n.* 주방용품
0461.	**gadget**	*n.* 작업을 편하게 해주는 작은 기구
0462.	**facilitate**	*v.* 편의를 돕다
0463.	**facilitation**	*n.* 편의 제공
0464.	**simplify**	*v.* 단순화하다
0465.	**harness**	*v.* (자연을) 동력으로 이용하다
0466.	**accelerate**	*v.* 촉진하다
0467.	**acceleration**	*n.* 촉진
0468.	**accelerator**	*n.* 가속장치
0469.	**approximate**	*v.* 근접하다, 근사치를 계산하다 *a.* 대략적인
0470.	**approximately**	*ad.* 대략
0471.	**breakthrough**	*n.* 돌파구, 획기적인 발견

0472.	**extant**	*a.* 현존하는, 전해 내려오는
0473.	**panacea**	*n.* 만병통치약
0474.	**periphery**	*n.* (혈관 등의) 말초, 주변부
0475.	**peripheral**	*a.* 주변의 *n.* 주변기기
0476.	**subsequently**	*ad.* 그 뒤로, 차후에
0477.	**subsequent**	*a.* 차후의
0478.	**systematic**	*a.* 체계적인
0479.	**systematically**	*ad.* 체계적으로
0480.	**systemize**	*v.* 체계화하다
0481.	**validity**	*n.* 타당성, 유효함
0482.	**valid**	*a.* 유효한
0483.	**magnify**	*v.* 확대하다
0484.	**magnifying glass**	돋보기
0485.	**magnifier**	*n.* 확대 장치
0486.	**static**	*a.* 정적인, 멈춘
0487.	**friction**	*n.* 마찰, 마찰력
0488.	**relativity**	*n.* 상대성
0489.	**relative**	*a.* 상대적인 *n.* 친척
0490.	**relatively**	*ad.* 상대적으로
0491.	**acoustics**	*n.* 음향 상태, 음향학

check! 1☐ 2☐ 3☐ 4☐ 5☐

0492.	**acoustic**	*a.* 음향의, 전기로 증폭하지 않은
0493.	**resonance**	*n.* 울림, 공명
0494.	**resound**	*v.* 공명하다
0495.	**resonant**	*a.* 공명의
0496.	**optical**	*a.* 광학의, 시각의
0497.	**optics**	*n.* 광학
0498.	**optic**	*a.* 눈의, 시각의
0499.	**vacuum**	*n.* 진공
0500.	**fission**	*n.* 분열
0501.	**kinematics**	*n.* 운동학, 운동 상태
0502.	**velocity**	*n.* 속도
0503.	**frequency**	*n.* 진동수, 주파수
0504.	**frequency modulation**	주파수 변조 방식(FM)
0505.	**streamlined**	*a.* 유선형의
0506.	**inertia**	*n.* 관성
0507.	**carbohydrate**	*n.* 탄수화물, 탄수화물이 많은 식품
0508.	**kinetic**	*a.* 운동의
0509.	**kinetic energy**	운동 에너지
0510.	**dilute**	*v.* 희석하다
0511.	**emanate**	*v.* (빛·열·소리를) 내뿜다, 발산하다

0512.	**emanation**	*n.* 발산
0513.	**particle**	*n.* 입자, 분자
0514.	**element**	*n.* 원소
0515.	**compound**	*n.* 화합물
0516.	**molecule**	*n.* 분자
0517.	**molecularn**	*a.* 분자의
0518.	**constituent**	*n.* 성분
0519.	**constitute**	*v.* 구성하다
0520.	**opaque**	*a.* 불투명한
0521.	**translucent**	*a.* 반투명한
0522.	**property**	*n.* 속성, 특성
0523.	**condense**	*v.* 농축하다
0524.	**immersion**	*n.* 담금, 몰입
0525.	**immerse**	*v.* 담그다, 몰입시키다
0526.	**carbon**	*n.* 탄소
0527.	**oxygen**	*n.* 산소
0528.	**glucose**	*n.* 포도당
0529.	**catalyst**	*n.* 촉매
0530.	**catalyze**	*v.* 촉매 작용을 하다
0531.	**catalytic**	*a.* 촉매의

check! 1☐ 2☐ 3☐ 4☐ 5☐

0532.	**carbon dioxide**	이산화탄소
0533.	**carbonated**	*a.* 음료에 탄소가 함유된
0534.	**carbon monoxide**	일산화탄소
0535.	**structural formula**	화학 구조식
0536.	**molecular formula**	분자 구조식
0537.	**toxic**	*a.* 유독한, 독성을 지닌
0538.	**toxicity**	*n.* 독성
0539.	**toxin**	*n.* 독성물질
0540.	**intoxicate**	*v.* 술·약에 취하게 하다
0541.	**intoxication**	*n.* 취함
0542.	**intoxicant**	*n.* 취하게 하는 물질
0543.	**solidify**	*v.* 고체화하다, 고체로 만들다
0544.	**solidification**	*n.* 고체화
0545.	**saturated**	*a.* 포화 상태의
0546.	**saturation**	*n.* 포화
0547.	**congeal**	*v.* 응고되다
0548.	**synthetic fiber**	합성섬유
0549.	**synthesis**	*n.* 종합, 합성
0550.	**synthesize**	*v.* 합성하다
0551.	**optic fiber**	광섬유

0552.	**dietary fiber**	식이섬유
0553.	**composition**	n. 구조, 조성
0554.	**solution**	n. 용액, 용해
0555.	**solute**	n. 용질
0556.	**purify**	v. 정화하다
0557.	**purification**	n. 정화
0558.	**content**	n. 함유량
0559.	**desalination**	n. 탈염(脫鹽)
0560.	**desalinate**	v. 소금을 제거하다
0561.	**saline**	a. 소금을 함유한 n. 소금물
0562.	**evaporation**	n. 증발
0563.	**evaporate**	v. 증발하다
0564.	**vapor**	n. 수증기
0565.	**oxidize**	v. 산화하다
0566.	**oxidation**	n. 산화
0567.	**corrosion**	n. 부식
0568.	**corrode**	v. 부식하다
0569.	**corrosive**	a. 부식하는
0570.	**extract**	v. 추출하다 n. 추출물
0571.	**tallow**	n. 수지(獸脂), 짐승 기름

check! 1☐ 2☐ 3☐ 4☐ 5☐

0572.	**charcoal**	n. 숯
0573.	**explosive**	n. 폭발물 a. 폭발의
0574.	**explode**	v. 폭발하다
0575.	**explosion**	n. 폭발
0576.	**distill**	v. 증류하다
0577.	**distillation**	n. 증류
0578.	**ore**	n. 광석
0579.	**solvent**	n. 용매, 용제
0580.	**dissolve**	v. 물에 녹다, 용해시키다

05. 컴퓨터 / IT Computer & Information Technology

0581.	**unzip**	v. 압축 파일을 풀다
0582.	**configuration**	n. (시스템의) 환경 설정, 기계 구성
0583.	**directory**	n. 디렉토리
0584.	**compress**	v. 압축하다
0585.	**compression**	n. 압축
0586.	**compressor**	n. 공기·가스 압축장치
0587.	**cursor**	n. 커서
0588.	**access**	n. 접근, 이용(권)
0589.	**accessible**	a. 접근할 수 있는

 토플

0590.	**incompatible**	a. 호환이 불가능한
0591.	**incompatibility**	n. 호환 불가능
0592.	**authentication**	n. 인증
0593.	**author**	n. 권위자
0594.	**resolution**	n. 해상도, 선명도
0595.	**definition**	n. 선명도
0596.	**high definition TV**	고화질 TV (HD TV)
0597.	**CGI**	컴퓨터 그래픽 = Computer Generated Imagery[Imaging]
0598.	**retrieve**	v. (정보를) 다시 불러오다
0599.	**retrieval**	n. 다시 불러옴
0600.	**interactive**	a. 상호 작용하는
0601.	**interactivity**	n. 상호작용
0602.	**fire wall**	n. (화재방지용, 네트워크) 방화벽
0603.	**process**	v. (정보 등을) 처리하다
0604.	**processor**	n. 처리 장치
0605.	**encode**	v. 부호화하다, 암호로 바꾸다
0606.	**binary**	a. 둘의, 이진법의
0607.	**undo**	v. (바로 전의 조작을 취소하고) 원래로 되돌리다
0608.	**delete**	v. 삭제하다

check! 1□ 2□ 3□ 4□ 5□

0609.	**deletion**	n. 삭제
0610.	**algorithm**	n. 알고리즘
0611.	**artificial intelligence**	인공 지능(AI)
0612.	**cybernetics**	n. 인공두뇌학
0613.	**cybernetic**	a. 인공두뇌의
0614.	**heuristic**	a. 스스로 깨우치는, 학습을 돕는
0615.	**infiltrate**	v. 시스템에 침입하다
0616.	**infiltration**	n. 침입
0617.	**infiltrator**	n. 침입자

06. 지구 Earth

0618.	**revolve**	v. 돌다, 공전하다
0619.	**revolution**	n. 회전
0620.	**rotate**	v. 자전하다
0621.	**meteorite**	n. 운석
0622.	**infrared**	a. 적외선의
0623.	**solstice**	n. 지점(至點)
0624.	**summer solstice**	하지
0625.	**winter solstice**	동지
0626.	**crude oil**	원유

0627.	**crude**	*a.* 가공되지 않은
0628.	**observatory**	*n.* 관측소, 전망대
0629.	**observe**	*v.* 관측하다
0630.	**observation**	*n.* 관측
0631.	**observant**	*a.* 관찰력이 뛰어난
0632.	**observable**	*a.* 관측 가능한
0633.	**abyss**	*n.* 심연, 무저갱(無底坑)
0634.	**abysmal**	*a.* 끔찍한
0635.	**aquaculture**	*n.* 수산 양식
0636.	**aquarium**	*n.* 수족관
0637.	**submersible**	*n.* 잠수정 *a.* 물에 잠길 수 있는
0638.	**estuary**	*n.* 강어귀, 후미
0639.	**fishery**	*n.* 어장, 양식장
0640.	**fisherman**	*n.* 어부, 낚시꾼
0641.	**fishing**	*n.* 어업, 낚시
0642.	**piscatorial**	*a.* 어업의, 어부의
0643.	**inshore**	*a.* 해안의 *ad.* 해안에서 가까이
0644.	**intertidal**	*a.* 만조와 간조 사이의, 조간대 해안에 서식하는
0645.	**longitude**	*n.* 경도

check! 1□ 2□ 3□ 4□ 5□

0646.	**latitude**	*n.* 위도
0647.	**longitudinal**	*a.* 경도의
0648.	**leeward**	*a. ad.* 바람이 부는 방향의[방향으로]
0649.	**littoral**	*a.* 해안의, 연해의 *n.* 연안, 해변
0650.	**navigation**	*n.* 항해, 항법
0651.	**navigate**	*v.* 항해하다
0652.	**navigational**	*a.* 항해의
0653.	**upstream**	*a.* 상류의 *ad.* 상류로
0654.	**downwind**	*ad.* 바람이 부는 쪽으로
0655.	**tide**	*n.* 조수, 밀물과 썰물
0656.	**tidal**	*a.* 조수의
0657.	**petroleum**	*n.* 석유
0658.	**tropical rainforest**	열대 우림
0659.	**tropical**	*a.* 열대의
0660.	**tropic**	*n.* 회귀선
0661.	**the tropics**	열대 지방
0662.	**radiation**	*n.* 방사, 방사능
0663.	**radiate**	*v.* 방사하다
0664.	**radioactive**	*a.* 방사능의
0665.	**radiant**	*a.* 방사하는

0666.	**radiance**	n. 은은한 빛
0667.	**evacuate**	v. ~의 주민을 대피시키다
0668.	**evacuation**	n. 대피
0669.	**ozone layer**	오존층
0670.	**precipitation**	n. 강수, 강수량, 응결
0671.	**precipitate**	v. 응결하다, 재촉하다
0672.	**alluvium**	n. 충적토
0673.	**alluvial**	a. 충적의
0674.	**aqueduct**	n. 수로, 수도
0675.	**geyser**	n. 간헐천
0676.	**hydroelectric power**	수력 발전
0677.	**hydroelectricity**	n. 수력
0678.	**harness**	v. (자연의 힘을) 동력화하다
0679.	**levee**	n. 둑, 제방
0680.	**outfall**	n. 배수구, 하구
0681.	**reservoir**	n. 저수지
0682.	**runoff**	n. 강으로 들어가는 빗물[액체]
0683.	**permeable**	a. 투과할 수 있는, 삼투성의
0684.	**permeability**	n. 삼투성
0685.	**sediment**	n. 앙금, 침전물

check! 1☐ 2☐ 3☐ 4☐ 5☐

0686.	**sedimentary**	*a.* 침전물의
0687.	**sedimentary deposits**	침천 퇴적물
0688.	**sedimentation**	*n.* 침전
0689.	**seepage**	*n.* 삼투, 서서히 흘러들어감
0690.	**seep**	*v.* 서서히 흘러들다
0691.	**sewage**	*n.* 하수
0692.	**sewage treatment plant**	하수 처리장
0693.	**sewer**	*n.* 하수도
0694.	**tributary**	*n.* 강의 지류
0695.	**watershed**	*n.* 분수령, 분수계

07. 경제학 / 경영학 Economics & Management

0696.	**barter**	*v.* 물물교환하다
0697.	**crash**	*n.* 주식 폭락 *v.* 폭락하다
0698.	**curtail**	*v.* 줄이다, 제한하다
0699.	**dwindle**	*v.* 감소하다
0700.	**domestic**	*a.* 국내의
0701.	**scarce**	*a.* 부족한
0702.	**scarcity**	*n.* 부족
0703.	**afford**	*v.* 감당하다, 부담하다

0704.	**affordable**	*a.* 감당할 수 있는
0705.	**amass**	*v.* 축적하다
0706.	**consumption**	*n.* 소비
0707.	**consume**	*v.* 소비하다
0708.	**consumer**	*n.* 소비자
0709.	**unemployment**	*n.* 실업
0710.	**unemployed**	*a.* 실업 상태의
0711.	**invest**	*v.* 투자하다
0712.	**investment**	*n.* 투자
0713.	**investor**	*n.* 투자자
0714.	**prosperity**	*n.* 번영
0715.	**prosper**	*v.* 번영하다
0716.	**prosperous**	*a.* 번영하는
0717.	**soar**	*v.* 치솟다, 급등하다
0718.	**allocate**	*v.* 할당하다
0719.	**allocation**	*n.* 할당
0720.	**capacity**	*n.* 가동 능력, 생산량
0721.	**decline**	*n.* 감소, 쇠퇴 *v.* 감소하다
0722.	**dominate**	*v.* 장악하다
0723.	**domination**	*n.* 장악

check! 1☐ 2☐ 3☐ 4☐ 5☐

0724.	**domineering**	*a.* 주도하는, 독선적인
0725.	**analyst**	*n.* 분석가, 애널리스트
0726.	**analyze**	*v.* 분석하다
0727.	**analysis**	*n.* 분석
0728.	**analytic**	*a.* 분석적인
0729.	**bankrupt**	*a.* 파산한
0730.	**bankruptcy**	*n.* 파산
0731.	**devalue**	*v.* (화폐) 평가절하하다, 가치를 내리다
0732.	**devaluation**	*n.* 평가 절하
0733.	**depreciation**	*n.* 평가 절상
0734.	**exploit**	*v.* 착취하다, (자연자원을) 개발하다
0735.	**exploitation**	*n.* 착취
0736.	**exploiter**	*n.* 개발자
0737.	**exploitable**	*a.* 개발 가능한
0738.	**nationalize**	*v.* 국유화하다
0739.	**nationalization**	*n.* 국유화
0740.	**privatization**	*n.* 사유화
0741.	**personnel**	*n.* 인사과
0742.	**productivity**	*n.* 생산성
0743.	**productive**	*a.* 생산적인

0744.	**unbridled**	*a.* 고삐 풀린, 통제되지 않은
0745.	**bridle**	*n.* 고삐
0746.	**transaction**	*n.* 매매, 상거래
0747.	**transact**	*v.* 매매하다
0748.	**sluggish**	*a.* 침체된
0749.	**consolidate**	*v.* 통합하다, 강화하다
0750.	**consolidation**	*n.* 통합
0751.	**remit**	*v.* 송금하다
0752.	**remittance**	*n.* 송금, 송금액
0753.	**deduction**	*n.* 빼기, 공제액
0754.	**deduct**	*v.* 공제하다
0755.	**deductible**	*a.* 공제되는
0756.	**enumerate**	*v.* 나열하다, 열거하다
0757.	**enumeration**	*n.* 나열
0758.	**joint**	*a.* 공동의, 합작의
0759.	**margin**	*n.* 이문(利文), 매매 차익금, 여백
0760.	**marginal**	*a.* 약간의, 소수의
0761.	**executive**	*n.* 중역, 이사 *a.* 행정의, 중역의
0762.	**stockholder**	*n.* 주주
0763.	**principal**	*n.* 원금

check! 1☐ 2☐ 3☐ 4☐ 5☐

0764.	**deposit**	*n.* 선금, 계약금
0765.	**down payment**	선금
0766.	**surplus**	*n.* 흑자, 잉여
0767.	**affiliation**	*n.* 제휴, 합동
0768.	**affiliate**	*v.* 가맹시키다 *n.* 계열사
0769.	**arbitrage**	*n.* 차액을 노린 거래
0770.	**arbitrageur**	*n.* 차액 거래인
0771.	**subcontractor**	*n.* 하청업자, 하도급 업자
0772.	**subcontract**	*n.* 하도급 *v.* 하청 계약하다
0773.	**consumer goods**	소비재
0774.	**capital goods**	자본재
0775.	**output**	*n.* 생산량, 출력
0776.	**aggregate demand**	총수요
0777.	**aggregate supply**	총공급
0778.	**aggregate**	*a.* 총계의
0779.	**aggregation**	*n.* 총합
0780.	**total**	*v.* 모으다
0781.	**equilibrium**	*n.* 평형 상태
0782.	**break-even point**	손익 분기점
0783.	**break even**	손익 분기점에 이르다

0784.	**tax evasion**	탈세
0785.	**evasion**	n. 회피
0786.	**evade**	v. 회피하다
0787.	**evasive**	a. 회피하는
0788.	**tax avoidance**	합법적인 조세 회피, 절세
0789.	**tax haven**	세금 피난처
0790.	**taxpayer**	n. 납세자
0791.	**levy tax on**	~에 세금을 부과하다
0792.	**deduct tax**	세금을 공제하다
0793.	**tax deduction**	세금 공제
0794.	**value-added tax**	부가가치세(VAT)
0795.	**income tax**	소득세
0796.	**inheritance tax**	상속세
0797.	**tax revenue**	세입
0798.	**tax return**	납세 신고서
0799.	**merger**	n. 기업 합병
0800.	**mergers and acquisitions**	합병과 인수(M&A)
0801.	**merge**	v. 합병하다
0802.	**mortgage**	n. 저당, 주택 담보
0803.	**monopoly**	n. 독점

check! 1□ 2□ 3□ 4□ 5□

0804.	**monopolize**	*v.* 독점하다
0805.	**dividend**	*n.* 배당금
0806.	**depositor**	*n.* 예금자, 공탁자
0807.	**deposit**	*v.* 예금하다
0808.	**savings account**	예금 계좌
0809.	**subsidize**	*v.* 보조금을 지급하다
0810.	**subsidiary**	*n.* 자회사 *a.* 자회사의, 보조적인
0811.	**audit**	*n.* 회계 감사 *v.* 감사를 실시하다
0812.	**auditor**	*n.* 감사원
0813.	**revenue**	*n.* 세입, 수입, 재원
0814.	**fiscal**	*a.* 회계의, 세입의
0815.	**stagnant**	*a.* 침체된, 불경기의
0816.	**stagnate**	*v.* 침체되다
0817.	**stagnation**	*n.* 불경기
0818.	**per capita**	1인당
0819.	**per annum**	1년간
0820.	**per diem**	1일간
0821.	**entrepreneur**	*n.* 기업가, 벤처사업가
0822.	**entrepreneurial**	*a.* 기업가의
0823.	**depreciation**	*n.* 가치 하락, 감가상각

0824.	**depreciate**	v. 가치를 하락시키다
0825.	**liabilities**	n. 부채금액, 빚
0826.	**liable**	a. 빚을 진
0827.	**currency**	n. 통화, 돈
0828.	**current**	n. 조류, 해류, 전류 a. 현재의
0829.	**currently**	ad. 현재는
0830.	**multinational**	a. 다국적의 n. 다국적 기업
0831.	**anti-trust**	a. 담합을 방지하는, 반독점의
0832.	**balance**	n. 잔고, 잔금
0833.	**denomination**	n. 화폐 단위, 액면 금액
0834.	**denominate**	v. 화폐 가치를 매기다
0835.	**enominator**	n. 분수의 분모
0836.	**nominator**	n. 분자
0837.	**tax return**	납세 신고서
0838.	**listed company**	상장 회사
0839.	**listed shares**	상장주
0840.	**unlisted shares**	비상장주
0841.	**expenditure**	n. 지출, 비용
0842.	**make expenditures**	지출하다
0843.	**public expenditure**	공공 지출

check! 1☐ 2☐ 3☐ 4☐ 5☐

0844.	**expense**	*n.* 지출해야 할 돈, 지출의 원인
0845.	**have expenses**	지출할 곳이 있다
0846.	**travel expenses**	교통비
0847.	**living expenses**	생활비
0848.	**subsidy**	*n.* 보조금
0849.	**subsidize**	*v.* 보조금을 지급하다
0850.	**equity**	*n.* 재산의 순수 가격 (담보·과세 등을 뺀 가격)
0851.	**liquidity**	*n.* 유동성
0852.	**trade-off**	*n.* 교환 협정, 교환 조건
0853.	**lease**	*v.* 임대하다 *n.* 임대차 계약
0854.	**rent**	*v.* 빌리다·빌려주다
0855.	**charter**	*v.* 비행기·선박을 빌리다

08. 교육 Education

0856.	**admission**	*n.* 입학[입장] 허가
0857.	**admit**	*v.* 입학[입장]을 허가하다
0858.	**advanced**	*a.* 상급의
0859.	**specialize**	*v.* 전공하다, 전문으로 하다
0860.	**major**	*n.* 전공 *v.* 전공하다

0861.	**minor**	n. 부전공
0862.	**enlightenment**	n. 계몽, 명확한 이해
0863.	**enlightened**	a. 계몽된
0864.	**intelligible**	a. 쉽게 이해가 가는
0865.	**intelligibly**	ad. 쉽게 이해되도록
0866.	**intelligibility**	n. 쉬운 이해
0867.	**aptitude**	n. 적성
0868.	**certificate**	n. 수료증, 합격증, 증명서
0869.	**certify**	v. 증명하다, 자격을 부여하다
0870.	**certification**	n. 증명, 인증
0871.	**diploma**	n. 〈영〉 수료증, 〈미〉 졸업장
0872.	**degree**	n. 학위
0873.	**bachelor's degree**	학사 학위
0874.	**master's degree**	석사 학위
0875.	**doctorate**	박사 학위
0876.	**qualification**	자격, 자격증
0877.	**teaching qualification**	교사 자격증
0878.	**compulsory**	a. 의무적인
0879.	**compel**	v. 강제하다
0880.	**compulsion**	n. 강제, 의무

check! 1□ 2□ 3□ 4□ 5□

0881.	**evaluate**	v. 평가하다
0882.	**evaluation**	n. 평가
0883.	**enroll**	v. 등록하다
0884.	**enrollment**	n. 등록
0885.	**intermediate**	a. 중급의, 중간 정도의
0886.	**adolescent**	n. 청소년
0887.	**adolescence**	n. 청소년기, 사춘기
0888.	**retain**	v. 보유하다
0889.	**retention**	n. 보유
0890.	**puberty**	n. 사춘기
0891.	**pubescent**	a. 사춘기의
0892.	**vocational school**	직업학교
0893.	**vocational**	a. 직업의
0894.	**vocation**	n. 천직, 소명의식
0895.	**requirement**	n. 필수과목
0896.	**elective**	n. 선택과목
0897.	**faculty**	n. 교직원, 학부
0898.	**transcript**	n. 성적증명서
0899.	**probation**	n. 낙제 유예기간
0900.	**probe**	v. 규명하다, 탐사하다 n. 탐사선

0901.	**dropout**	n. 중퇴자
0902.	**drop out**	v. 중퇴하다, 중도 탈락하다
0903.	**outcast**	n. 사회 부적응자, 왕따
0904.	**truant**	n. 무단 결석자
0905.	**alumni**	n. 동창생들
0906.	**alumnus**	n. 여자 동창생 (복수형은 alumnae)
0907.	**coed**	a. 남녀공학의, 혼성의
0908.	**mixed**	n. 남녀공학의 여학생
0909.	**curriculum**	n. 교과과정
0910.	**curricular**	a. 교과과정의
0911.	**extracurricular**	a. 교과과정 외의
0912.	**dissertation**	n. 학위논문
0913.	**thesis**	n. 석사학위 논문
0914.	**autistic**	a. 자폐증의
0915.	**autism**	n. 자폐증
0916.	**peer group**	또래 집단
0917.	**peer**	n. 또래, 직업·계급 등이 비슷한 사람
0918.	**peer pressure**	또래 집단과 같이 다니며 같은 일을 해야 한다는 압력
0919.	**syllabus**	n. 강의 요강

check! 1□ 2□ 3□ 4□ 5□

0920.	**transfer**	v. 전학 가다, 전근 보내다, 옮기다
0921.	**transferable**	a. 양도할 수 있는
0922.	**tuition**	n. 등록금
0923.	tutoring	n. 소그룹[개인] 지도
0924.	**explicit**	a. 명확한, 노골적인
0925.	**inference**	n. 추론, 함축된 의미
0926.	**infer**	v. 추론하다
0927.	**expository**	a. 설명적인
0928.	**explicable**	a. 설명 가능한
0929.	**interpretative**	a. 해석의, 설명적인
0930.	**interpret**	v. 해석하다, 통역하다
0931.	**interpretation**	n. 해석
0932.	**interpreter**	n. 통역사
0933.	**citation**	n. 인용
0934.	**cite**	v. 인용하다, 근거를 들다
0935.	**bibliography**	n. 참고문헌, 서지학(書誌學)
0936.	**biblical**	a. 성경의
0937.	**bibliophile**	n. 독서광
0938.	**plagiarism**	n. 표절
0939.	**plagiarize**	v. 표절하다

0940.	**plagiarist**	*n.* 표절한 자
0941.	**footnote**	*n.* 각주
0942.	**assumption**	*n.* 가정, 전제
0943.	**assume**	*v.* 가정하다
0944.	**deductive**	*a.* 연역적인
0945.	**inductive**	*a.* 귀납적인
0946.	**deduction**	*n.* 연역 추론
0947.	**induction**	*n.* 귀납 추론
0948.	**fallacy**	*n.* 오류, 그릇된 통념
0949.	**abstract**	*n.* 개요, 발췌문
0950.	**excerpt**	*n.* 글·음악작품 중 임의로 뽑은 일부분

09. 공학 Engineering

0951.	**maneuver**	*v.* 정교하게 조종하다 *n.* 정교한 조종
0952.	**aviation**	*n.* 항공, 비행술
0953.	**aviator**	*n.* 항공기 조종사
0954.	**dashboard**	*n.* 계기판
0955.	**cog**	*n.* 톱니바퀴, 톱니바퀴의 이
0956.	**combustion**	*n.* 연소, 발화
0957.	**spontaneous combustion**	자연 연소

check! 1☐ 2☐ 3☐ 4☐ 5☐

0958.	**combustible**	*a.* 가연성의
0959.	**mechanized**	*a.* 기계화된
0960.	**mechanize**	*v.* 기계화하다
0961.	**mechanization**	*n.* 기계화
0962.	**mechanical**	*a.* 기계적인
0963.	**mechanic**	*n.* 정비공
0964.	**module**	*n.* (건축, 제작의) 기본 치수, 모듈
0965.	**modulate**	*v.* 변조하다, 조정하다
0966.	**modulation**	*n.* 변조, 조정
0967.	**ventilate**	*v.* 환기시키다
0968.	**ventilation**	*n.* 환기
0969.	**ventilator**	*n.* 환기 장치
0970.	**interchangeable**	*a.* 교환할 수 있는, 호환 가능한
0971.	**interchangeably**	*ad.* 교환 가능하게
0972.	**interchangeability**	*n.* 호환
0973.	**grid**	*n.* 전기 배관망
0974.	**semiconductor**	*n.* 반도체
0975.	**semiconducting**	*a.* 반도체의
0976.	**patent**	*n.* 특허
0977.	**ultraviolet**	*a.* 자외선의

0978.	**infrared**	*a.* 적외선의
0979.	**insulation**	*n.* 절연, 소리·열의 차단
0980.	**insulate**	*v.* 절연하다, 소리·열을 차단하다
0981.	**insulator**	*n.* 절연체
0982.	**conductor**	*n.* 도체

10. 지리 / 지질학 Geography & Geology

0983.	**fault**	*n.* 단층
0984.	**granite**	*n.* 화강암
0985.	**ridge**	*n.* 산등성이, 산마루
0986.	**undulate**	*v.* 기복이 지다, 물결지다
0987.	**deposit**	*n.* 퇴적물, 매장된 것 *v.* 점점 쌓다
0988.	**dale**	*n.* 계곡
0989.	**moor**	*n.* 황무지 *v.* 배를 정박시키다
0990.	**marsh**	*n.* 늪, 습지
0991.	**lagoon**	*n.* 석호; 물가에 있는 얕은 방죽, 늪
0992.	**haff**	*n.* 바닷가에 있는 기다란 석호
0993.	**seismic**	*a.* 지진의
0994.	**seismic intensity**	지진의 강도, 진도
0995.	**seismograph**	*n.* 지진계

check! 1□ 2□ 3□ 4□ 5□

0996.	**earthquake**	*n.* 지진
0997.	**quake**	*n.* 진원지
0998.	**strata**	*n.* 지층
0999.	**glacier**	*n.* 빙하
1000.	**iceberg**	*n.* 빙산
1001.	**plate**	*n.* 〈지질〉 플레이트
1002.	**archipelago**	*n.* 군도
1003.	**peninsula**	*n.* 반도
1004.	**isle**	*n.* 작은 섬
1005.	**desert island**	무인도
1006.	**range**	*n.* 산맥
1007.	**fissure**	*n.* (땅의 갈라진) 틈
1008.	**erupt**	*v.* 분출하다
1009.	**eruption**	*n.* 분출
1010.	**crater**	*n.* 분화구
1011.	**molten**	*a.* (금속·암석이) 녹은
1012.	**adjacent**	*a.* 인근의, 바로 옆의
1013.	**crust**	*n.* 지각(地殼)
1014.	**hemisphere**	*n.* 반구
1015.	**the southern hemisphere**	남반구

1016.	**the northern hemisphere**	북반구
1017.	**latitude**	n. 위도
1018.	**altitude**	n. 고도
1019.	**fertile**	a. 비옥한, 생식력이 있는
1020.	**border**	v. 인접하다 n. 경계
1021.	**designate**	v. 지정하다
1022.	**designation**	n. 지정
1023.	**dot**	v. 산재하다, 드문드문 있다
1024.	**drain**	v. 물을 빼다 n. 배수로, 하수 시설
1025.	**extend**	v. 연장하다, 뻗다
1026.	**extension**	n. 연장, 내선번호
1027.	**hub**	n. 중심지
1028.	**located**	a. ~에 위치한
1029.	**location**	n. 입지, 위치 찾기
1030.	**occupy**	v. 점유하다
1031.	**occupancy**	n. 점유
1032.	**stretch**	n. (길고 좁은) 땅
1033.	**tract**	n. 넓은 지역
1034.	**strip**	n. (길고 좁은) 땅
1035.	**bluff**	n. 가파른 절벽

check! 1☐ 2☐ 3☐ 4☐ 5☐

1036.	**canal**	*n.* 운하
1037.	**cape**	*n.* 곶
1038.	**clay**	*n.* 진흙
1039.	**colliery**	*n.* (건물·설비를 포함한) 탄갱
1040.	**mirage**	*n.* 신기루
1041.	**continental shelf**	대륙붕
1042.	**continental**	*n.* 대륙의
1043.	**continental lithosphere**	대륙 지각
1044.	**continent**	*n.* 대륙
1045.	**downwelling**	*n.* 하강류
1046.	**upwelling**	*n.* 상승류
1047.	**dune**	*n.* 모래 언덕
1048.	**inlet**	*n.* 후미, 작은 만
1049.	**lowlands**	*n.* 저지대
1050.	**lowlander**	*n.* 저지대 주민
1051.	**meander**	*v.* 굽이치다
1052.	**watercourse**	*n.* 수로, 운하
1053.	**peak**	*n.* 봉우리
1054.	**summit**	*n.* 어떤 산악지대에서 가장 높은 꼭대기, 정상

#		
1055.	**hazard**	n. 위험
1056.	**hazardous**	a. 위험한
1057.	**rift**	n. 균열, 지구(地溝); 단층에 따라서 이어진 열곡
1058.	**rugged**	a. 바위투성이의, 울퉁불퉁한
1059.	**ragged**	a. 너덜너덜한, 울퉁불퉁한
1060.	**swamp**	n. 늪, 습지 v. 쇄도하다, 잠기게 하다
1061.	**tremor**	n. 작은 떨림, 소규모의 지진
1062.	**epicenter**	n. 진원지
1063.	**tsunami**	n. 쓰나미, 지진 해일
1064.	**inaccessible**	a. 접근할 수 없는, 접근하기 힘든
1065.	**landmass**	n. 대륙, 광대한 땅
1066.	**nodule**	n. 단괴(團塊); 퇴적암 속 특정 성분이 응집되어 단단해진 덩어리
1067.	**subterranean**	a. 지하의
1068.	**basin**	n. 분지, 유역
1069.	**cavern**	n. 큰 동굴
1070.	**hinterland**	n. 후배지, 오지
1071.	**meridian**	n. 자오선, 태양·항성의 최고점
1072.	**mountainous**	a. 산이 많은, 산악지대의
1073.	**mountaineer**	n. 등반가

check! 1☐ 2☐ 3☐ 4☐ 5☐

1074.	**mountaineering**	*n.* 등반
1075.	**contour**	*n.* 등고선
1076.	**isotherm**	*n.* 등온선
1077.	**steppe**	*n.* 초원
1078.	**meadow**	*n.* 들풀·들꽃이 자라는 들판
1079.	**prairie**	*n.* 북미 지역의 초원·밀밭
1080.	**savanna**	*n.* 아프리카의 초원
1081.	**subtropical**	*a.* 아열대의
1082.	**mild climate**	온화한 기후
1083.	**inhospitable climate**	사람이 살기 힘든 기후
1084.	**arid[dry] climate**	건조 기후
1085.	**humid climate**	습한 기후
1086.	**equatorial climate**	적도 기후
1087.	**Mediterranean climate**	지중해성 기후
1088.	**temperate climate**	온대 기후
1089.	**tropical climate**	열대 기후
1090.	**equator**	*n.* 적도
1091.	**equatorial**	*a.* 적도의
1092.	**ice cap**	만년설
1093.	**circumpolar**	*a.* 극지방 부근의

1094.	**polar**	*a.* 극지방의
1095.	**North Pole**	북극
1096.	**South Pole**	남극
1097.	**Arctic**	*a.* 북극 지방의
1098.	**Antarctic**	*a.* 남극 지방의
1099.	**freezing**	*a.* 무척 추운
1100.	**Antarctica**	*n.* 남극 대륙
1101.	**saturate**	*v.* 촉촉히 적시다
1102.	**strait**	*n.* 해협
1103.	**weather**	*v.* 풍화하다, 견디다
1104.	**soil exhaustion**	지력(地力)의 고갈
1105.	**exhaustion**	*n.* 극심한 피로, 고갈
1106.	**exhaust**	*v.* 다 써버리다, 혹사시키다
1107.	**soil erosion**	토양 침식

11. 농업 Agriculture

1108.	**agrarian**	*a.* 농업의
1109.	**agronomy**	*n.* 농경학
1110.	**agronomist**	*n.* 농경학자
1111.	**fertility**	*n.* 비옥함

check! 1☐ 2☐ 3☐ 4☐ 5☐

1112.	**weed**	n. 잡초 v. 잡초를 뽑다
1113.	**regenerate**	v. 재생하다, 소생하다
1114.	**regeneration**	n. 재생
1115.	**regenerative**	a. 재생하는
1116.	**fallow**	a. 밭을 묵히고 있는, 경작을 쉬고 있는
1117.	**slash and burn**	화전(火田)
1118.	**horticulture**	n. 원예
1119.	**hoe**	n. 괭이
1120.	**agrichemical**	a. 농화학의 n. 농약
1121.	**agriculture**	n. 농업
1122.	**agricultural**	a. 농업의
1123.	**fertilizer**	n. 비료
1124.	**fertilize**	v. 비옥하게 하다
1125.	**manure**	n. 거름
1126.	**compost**	n. 퇴비
1127.	**herbicide**	n. 제초제
1128.	**nutrient**	n. 양분
1129.	**intensive agriculture**	집약적 농업
1130.	**intensive**	a. 집약적인, 심한
1131.	**intensity**	n. 집약, 강도

1132.	**intensify**	v. 심화하다
1133.	**intensification**	n. 심화
1134.	**prune**	v. 가지를 치다
1135.	**accretion**	n. 증대, 부착
1136.	**irrigate**	v. 물을 대다, 관개하다
1137.	**irrigation**	n. 관개, 물대기
1138.	**topsoil**	n. 표토(表土)
1139.	**desertification**	n. 사막화
1140.	**erode**	v. 침식하다
1141.	**erosion**	n. 침식
1142.	**geology**	n. 지질학
1143.	**outcrop**	n. 노출된 광맥
1144.	**elevation**	n. 해발 고도
1145.	**chasm**	n. (지면·바위의) 갈라진 틈
1146.	**ditch**	n. 도랑, 배수로
1147.	**gutter**	n. (차도와 인도 사이의) 도랑, 홈통
1148.	**pebble**	n. 조약돌
1149.	**pebbly**	a. 조약돌의
1150.	**gravel**	n. 도로 포장에 쓰이는 자갈
1151.	**precipitous**	a. 아찔하게 높은, 무척 가파른

check! 1□ 2□ 3□ 4□ 5□

1152.	**precipice**	*n.* 가파른 절벽
1153.	**terrain**	*n.* 지형
1154.	**plateau**	*n.* 고원
1155.	**drainage**	*n.* 배수, 물 빼기

12. 역사 History

1156.	**abolish**	*v.* 폐지하다
1157.	**abolition**	*n.* 폐지
1158.	**archive**	*n.* 문서 보관소, 보관된 문서
1159.	**cataclysm**	*n.* 재앙, 격변
1160.	**cataclysmic**	*a.* 재앙의
1161.	**radical**	*a.* 급진적인
1162.	**intact**	*a.* 멀쩡한, 그대로 보존된
1163.	**depredation**	*n.* 약탈
1164.	**bustling**	*a.* 부산한, 북적거리는
1165.	**inchoate**	*a.* 방금 시작한, 미숙한
1166.	**patrician**	*a.* 귀족의
1167.	**pillar**	*n.* 기둥
1168.	**plebeian**	*a.* 평민의
1169.	**chiefly**	*ad.* 주로

1170.	**grip**	n. 장악
1171.	**hostile**	a. 적의, 적대적인
1172.	**hostility**	n. 적의
1173.	**nominal**	a. 명목상의
1174.	**outlaw**	n. 범법자 v. 법으로 금하다
1175.	**pioneer**	n. 선구자 v. 개척하다
1176.	**precise**	a. 정확한, 엄밀한
1177.	**precision**	n. 정확성
1178.	**progression**	n. 진행
1179.	**progressive**	a. 진보적인
1180.	**retaliate**	v. 보복하다
1181.	**retaliation**	n. 보복
1182.	**retaliatory**	a. 보복하는
1183.	**reprisal**	n. 보복
1184.	**revenge**	n. 복수
1185.	**avenge**	v. 복수하다
1186.	**trigger**	v. 촉발하다
1187.	**widespread**	a. 흔한, 만연한
1188.	**annex**	v. 병합하다
1189.	**annexation**	n. 병합

check! 1☐ 2☐ 3☐ 4☐ 5☐

1190.	**anomaly**	*n.* 변칙, 이례
1191.	**conflict**	*n.* 분쟁, 갈등
1192.	**armistice**	*n.* 휴전
1193.	**armor**	*n.* 기갑부대, 장갑
1194.	**armored**	*a.* 장갑의, 기갑의
1195.	**armory**	*n.* 무기고
1196.	**arsenal armament**	무장
1197.	**artillery**	*n.* 대포, 포병대
1198.	**benefactor**	*n.* 기부자
1199.	**captive**	*n.* 포로 *a.* 포로의
1200.	**captivity**	*n.* 포로 상태
1201.	**captor**	*n.* 포로를 잡은 자
1202.	**captivate**	*v.* 사로잡다, 매료시키다
1203.	**captivation**	*n.* 매료
1204.	**carnage**	*n.* 학살
1205.	**casualty**	*n.* 사상자
1206.	**toll**	*n.* 사상자 수
1207.	**death toll**	사망자 수
1208.	**ceasefire**	*n.* 휴전
1209.	**warfare**	*n.* 전쟁

1210.	**commoner**	n. 평민
1211.	**nobility**	n. 귀족
1212.	**convention**	n. 관습, 인습
1213.	**conventional**	a. 관습적인
1214.	**crusade**	n. 십자군 원정, 운동
1215.	**disarmament**	n. 군축, 무장 해제
1216.	**disarm**	v. 무장을 해제하다
1217.	**demilitarized zone**	비무장 지대
1218.	**dismemberment**	n. 지역 분할
1219.	**dismember**	v. 분할하다
1220.	**domesticate**	v. 길들이다
1221.	**domestication**	n. 길들임
1222.	**domestic**	a. 국내의, 가정의
1223.	**famine**	n. 기근
1224.	**famished**	a. 굶주린, 무척 배고픈
1225.	**imperialism**	n. 제국주의
1226.	**imperial**	a. 제국의
1227.	**emperor**	n. 황제
1228.	**royal**	a. 왕가의
1229.	**colonialism**	n. 식민주의

check! 1☐ 2☐ 3☐ 4☐ 5☐

1230.	**colonial**	*a.* 식민지의
1231.	**regal**	*a.* 왕의, 왕다운
1232.	**indiscriminate**	*a.* 무차별적인, 마구잡이의
1233.	**discriminate**	*v.* 차별하다, 구별하다
1234.	**infidel**	*n.* 이교도
1235.	**institution**	*n.* 제도
1236.	**itinerant**	*a.* 순회하는, 돌아다니는
1237.	**itinerary**	*n.* 여행 일정
1238.	**locomotive**	*n.* 기관차
1239.	**massacre**	*n.* 학살
1240.	**monument**	*n.* 기념물, 기념관
1241.	**memorial**	*a.* 기념의, *n.* 기념비
1242.	**commemorate**	*v.* 기념하다
1243.	**philanthropist**	*n.* 박애주의자, 자선가
1244.	**philanthropy**	*n.* 자선
1245.	**philanthropic**	*a.* 자선의
1246.	**promulgate**	*v.* 공표하다, 유포하다
1247.	**promulgation**	*n.* 공표
1248.	**promulgator**	*n.* 공표자
1249.	**public domain**	공공 영역

1250.	**suppress**	v. 진압하다
1251.	**suppression**	n. 압제, 억압
1252.	**tactic**	n. 전술
1253.	**tactical**	a. 전술적인
1254.	**strategy**	n. 전략
1255.	**strategic**	a. 전략적인
1256.	**relinquish**	v. 포기하다, 양도하다
1257.	**trial and error**	시행착오
1258.	**suffrage**	n. 참정권
1259.	**anachronism**	n. 시대착오
1260.	**anachronistic**	a. 시대착오적인
1261.	**era**	n. 시대
1262.	**bequeath**	v. 후세에 남기다, 유언으로 증여하다
1263.	**heir**	n. 상속인
1264.	**centennial**	n. 100주년, 100주년 기념일
1265.	**bicentennial**	n. 200주년
1266.	**coterie**	n. 동인, 한패
1267.	**recurrent**	a. 반복되는, 거듭 발생하는
1268.	**recur**	v. 거듭 발생하다
1269.	**recurrence**	n. 재발

check! 1☐ 2☐ 3☐ 4☐ 5☐

1270.	**capitulate**	v. 항복하다, 저항을 중단하다
1271.	**capitulation**	n. 항복
1272.	**confederation**	n. 연맹, 연합
1273.	**emancipate**	v. 해방하다
1274.	**emancipation**	n. 해방
1275.	**enshrine**	v. 신전에 모시다, 소중히 간직하다
1276.	**shrine**	n. 사당
1277.	**mercenary**	n. 용병
1278.	**oligarchy**	n. 과두정치(寡頭政治), 소수 독재정치
1279.	**dictatorship**	n. 독재
1280.	**dictator**	n. 독재자
1281.	**ordain**	v. (신·운명이) 정하다, 임명하다, (목사가) 안수하다
1282.	**ordination**	n. 안수, 임명
1283.	**propaganda**	n. 정치 선전, 왜곡
1284.	**propagandize**	v. 선전하다
1285.	**propagandist**	n. 선전가
1286.	**revolt**	n. 반란 v. 반란을 일으키다
1287.	**subdue**	v. 정복하다, 진압하다
1288.	**thrall**	n. 속박, 노예

1289.	**tyranny**	n. 전제 정치
1290.	**tyrant**	n. 폭군
1291.	**tyrannical**	a. 폭압적인
1292.	**upheaval**	n. 격변, 격동
1293.	**uprising**	n. 봉기
1294.	**inscription**	n. 비문(碑文)
1295.	**inscribe**	v. 새기다
1296.	**parchment**	n. 양피지(羊皮紙)
1297.	**defunct**	a. 사라지고 없는
1298.	**subjugate**	v. 진압하다
1299.	**subjugation**	n. 진압
1300.	**scripture**	n. 성경, 경전
1301.	**scriptwriter**	n. 영화·TV 시나리오 작가
1302.	**screenwriter**	n. 희곡 작가
1303.	**renounce**	v. (직위·권한을) 포기하다, 거부하다
1304.	**renunciation**	n. 거부
1305.	**transition**	n. 전환
1306.	**transitional**	a. 전환기의
1307.	**transit**	n. 교통, 수송
1308.	**outbreak**	n. 창궐, 발발

check! 1☐ 2☐ 3☐ 4☐ 5☐

1309.	**break out**	갑자기 발생하다
1310.	**concurrent**	*a.* 동시에 발생하는, 존재하는
1311.	**concur**	*v.* 동시에 발생하다
1312.	**concurrence**	*n.* 동시 발생
1313.	**kinship**	*n.* 혈연, 유대
1314.	**maiden voyage**	처녀항해
1315.	**precursor**	*n.* 효시, 전조
1316.	**remnant**	*n.* 잔재
1317.	**witness**	*v.* 목격하다
1318.	**treacherous**	*a.* 배반하는, 반역하는
1319.	**treachery**	*n.* 반역
1320.	**traitor**	*n.* 반역자
1321.	**traitorous**	*a.* 반역적인
1322.	**conspiracy**	*n.* 역적 모의
1323.	**conspire**	*v.* 역적 모의하다
1324.	**chivalry**	*n.* 기사도
1325.	**chivalrous**	*a.* 기사도를 지키는
1326.	**cavalry**	*n.* 기병대, 기갑부대
1327.	**peasant**	*n.* 소작농
1328.	**farmer**	*n.* 농장주

1329.	**landed**	*a.* 지주 계급의
1330.	**feudalism**	*n.* 봉건제
1331.	**feudal**	*a.* 봉건제의
1332.	**feudalistic**	*a.* 봉건적인
1333.	**bureaucracy**	*n.* 관료제
1334.	**bureaucratic**	*a.* 관료제의
1335.	**bureaucrat**	*n.* 관료
1336.	**red tape**	관료적 형식주의, 불필요한 행정절차
1337.	**reign**	*v.* 즉위하다, 재임하다
1338.	**unprecedented**	*a.* 전례 없는
1339.	**successor**	*n.* 후임자, 계승자

13. 국제 관계 International Relations

1340.	**hegemony**	*n.* (국제사회의) 주도권, 패권
1341.	**hegemonic**	*a.* 패권의
1342.	**trajectory**	*n.* 탄도, 궤도
1343.	**emigrate**	*v.* 이민 나가다
1344.	**emigration**	*n.* 이민 나감
1345.	**bilateral**	*a.* 쌍방의, 양자의
1346.	**unilateral**	*a.* 일방적인

check! 1☐ 2☐ 3☐ 4☐ 5☐

1347.	**deterrent**	*n.* 억제하는 힘, 방해물
1348.	**deter**	*v.* 억제하다
1349.	**deterrence**	*n.* 억제
1350.	**internal**	*a.* 국내의
1351.	**multicultural**	*a.* 다문화의
1352.	**multiculturalism**	*n.* 다문화주의
1353.	**multiethnic**	*a.* 다민족의
1354.	**asylum**	*n.* 망명, 피신처
1355.	**seek asylum**	망명을 신청하다
1356.	**asylum seeker**	망명 신청자
1357.	**refuge**	*n.* 피난
1358.	**refugee**	*n.* 난민
1359.	**persecute**	*v.* 박해하다
1360.	**persecution**	*n.* 박해
1361.	**persecutor**	*n.* 박해자
1362.	**truce**	*n.* 휴전
1363.	**territory**	*n.* 영토
1364.	**territorial**	*a.* 영토의
1365.	**multilateral**	*a.* 다자간의
1366.	**genocide**	*n.* 집단 학살

TOEFL

Theme Words

14. 언론 Journalism

1367.	**gazette**	*n.* 관보, 신문 (신문 이름에 사용)
1368.	**televise**	*v.* TV로 방영하다
1369.	**broadcast**	*v.* TV나 라디오로 방송하다
1370.	**screen**	*v.* 프로그램 · 영화를 TV로 방송하다
1371.	**coverage**	*n.* 보도, 취재 범위
1372.	**press conference**	기자 회견
1373.	**conference**	*n.* 회의
1374.	**correspondent**	*n.* 특파원, 통신원
1375.	**syndicate**	*n.* 신문[잡지]용 컨텐츠 공급 기업 *v.* 매체에 컨텐츠를 공급하다
1376.	**circulation**	*n.* 판매 부수
1377.	**circulate**	*v.* 유통시키다
1378.	**disseminate**	*v.* 유포하다, 퍼뜨리다
1379.	**dissemination**	*n.* 유포
1380.	**tabloid**	*n.* 타블로이드
1381.	**broadsheet**	큰 지면에 인쇄한 대판지
1382.	**glossy magazine**	반들반들한 종이에 인쇄한 여성잡지
1383.	**conservative**	*a.* 보수적인, 구닥다리인

check! 1☐ 2☐ 3☐ 4☐ 5☐

15. 법률 Law

1384.	**amend**	v. 수정하다
1385.	**amendment**	n. 수정, 수정 헌법
1386.	**restriction**	n. 규제, 제한
1387.	**restrict**	v. 규제하다
1388.	**safeguard**	v. 보호하다 n. 보호
1389.	**claim**	v. (소유권·권리를) 주장하다
1390.	**specify**	v. 명시하다, 규정하다
1391.	**specific**	a. 특정한, 구체적인
1392.	**specification**	n. 명시, 기준
1393.	**succeeding**	a. 다음의, 차후의
1394.	**successive**	a. 연속되는
1395.	**succession**	n. 연속, 계승
1396.	**accuse**	v. 기소하다, 비난하다
1397.	**accusation**	n. 기소, 비난
1398.	**adopt**	v. 채택하다
1399.	**adoption**	n. 채택
1400.	**apply**	v. 적용하다, 신청하다, 지원하다
1401.	**approval**	n. 승인
1402.	**approve**	v. 승인하다

1403.	**authorize**	v. 승인하다
1404.	**authorization**	n. 승인
1405.	**compensate**	v. 보상하다
1406.	**compensation**	n. 보상
1407.	**decision**	n. 판결
1408.	**eligible**	a. 자격이 되는, 요건을 충족하는
1409.	**eligibility**	n. 자격
1410.	**endorse**	v. 공식 승인하다
1411.	**justice**	n. 사법, 재판, 법관
1412.	**innocent**	a. 결백한
1413.	**interfere**	v. 개입하다
1414.	**interference**	n. 개입
1415.	**overrule**	v. 판결을 뒤집다
1416.	**precedent**	n. 선례
1417.	**provide**	v. 규정하다
1418.	**provision**	n. 규정
1419.	**unanimity**	n. 만장일치
1420.	**consensus**	n. 합의, 의견 일치
1421.	**uphold**	v. 판결을 확정하다, 지지하다
1422.	**compromise**	n. 타협 v. 타협하다

check! 1☐ 2☐ 3☐ 4☐ 5☐

1423.	**govern**	*v.* 관장하다, 다스리다
1424.	**governance**	*n.* 관리, 통치
1425.	**juvenile delinquent**	비행 청소년
1426.	**juvenile**	*a.* 미성년의
1427.	**minor**	*a.* 유치한
1428.	**delinquent**	*n.* 사회에 반항하는 청소년 *a.* 체납된
1429.	**delinquency**	*n.* 청소년 비행
1430.	**abide by**	준수하다
1431.	**law-abiding**	법률을 준수하는
1432.	**supreme court**	대법원
1433.	**supreme**	*a.* 최상의
1434.	**prostitution**	*n.* 매춘
1435.	**prostitute**	*n.* 매춘부
1436.	**codify**	*v.* 성문화하다
1437.	**codification**	*n.* 성문화
1438.	**code**	*n.* 법전
1439.	**the written law**	성문법
1440.	**the unwritten law**	불문법
1441.	**customary law**	관습법
1442.	**unconstitutional**	*a.* 위헌의

1443.	**confiscate**	*v.* 몰수하다
1444.	**confiscation**	*n.* 몰수
1445.	**penalize**	*v.* 처벌하다
1446.	**penalty**	*n.* 처벌, 반칙에 대한 페널티
1447.	**the death penalty**	사형
1448.	**penal**	*a.* 형벌의
1449.	**testimony**	*n.* 증언
1450.	**testify**	*v.* 증언하다, 증명하다
1451.	**witness**	*n.* 증인, 목격자
1452.	**eyewitness**	*v.* 목격하다
1453.	**evidence**	*n.* 증거, 증언
1454.	**verify**	*v.* 입증하다
1455.	**verification**	*n.* 입증
1456.	**vindicate**	*v.* 결백을 입증하다, 누명을 벗기다
1457.	**vindication**	*n.* 결백 입증
1458.	**prosecution**	*n.* 기소, 검찰
1459.	**prosecute**	*v.* 기소하다
1460.	**prosecutor**	*n.* 검사
1461.	**previous conviction**	전과
1462.	**conviction**	*n.* 유죄 판결

check! 1☐ 2☐ 3☐ 4☐ 5☐

1463.	**convict**	v. 유죄 판결하다
1464.	**defense attorney**	변호사
1465.	**lawyer**	n. 법률 전문가
1466.	**attorney general**	검찰총장
1467.	**counsel**	n. 변호사, 변호인단
1468.	**district attorney**	검사
1469.	**impound**	v. 압수하다
1470.	**gallery**	n. 방청석
1471.	**civil**	a. 민사의
1472.	**criminal**	a. 형사의
1473.	**civil law**	민법
1474.	**criminal law**	형법
1475.	**civil case**	민사 사건
1476.	**criminal case**	형사 사건
1477.	**civil lawsuit**	민사 소송
1478.	**sentence**	n. 구형 v. 판결하다
1479.	**probation**	n. 집행 유예, 보호 관찰
1480.	**counterfeit**	v. 위조하다 a. 가짜인
1481.	**homicide**	n. 타살, 살인
1482.	**suicide**	n. 자살

1483.	**attempted murder**	살인미수
1484.	**manslaughter**	n. 과실치사
1485.	**abduct**	v. 납치하다
1486.	**abduction**	n. 납치
1487.	**abductor**	n. 납치범
1488.	**abductee**	n. 납치된 자
1489.	**vandal**	n. 공공기물을 파손하는 자
1490.	**vandalism**	n. 공공기물 파손행위
1491.	**vandalize**	v. 공공기물을 파손하다
1492.	**arson**	n. 방화
1493.	**arsonist**	n. 방화범
1494.	**pyromania**	n. 방화벽, 불을 지르고 싶은 병적 충동
1495.	**pyromaniac**	n. 방화광
1496.	**forgery**	n. 위조
1497.	**forge**	v. 위조하다
1498.	**kidnap**	v. 납치하다
1499.	**kidnapper**	n. 납치범
1500.	**fraud**	n. 사기
1501.	**bluffer**	n. 사기꾼
1502.	**defraud**	v. 사기 치다

1503.	**bribery**	n. 뇌물 수수
1504.	**bribe**	n. 뇌물 v. 뇌물을 주다
1505.	**misappropriate**	v. 횡령하다
1506.	**misappropriation**	n. 횡령
1507.	**misappropriate**	v. 남이 맡긴 돈을 가로채다
1508.	**narcotics**	n. 불법 마약
1509.	**narcotic**	a. 마약의, 통증을 달래는
1510.	**smuggle**	v. 밀수하다
1511.	**smuggler**	n. 밀수범
1512.	**traffic**	v. 불법 매매하다
1513.	**trafficker**	n. 불법 매매인
1514.	**inmate**	n. 수감자, 죄수
1515.	**convict**	n. 기결수, 유죄 판결을 받은 자
1516.	**an escaped convict**	탈옥수
1517.	**ex-con**	n. 전과자 (ex-convict의 줄임말)
1518.	**libel**	n. (문서·방송에 의한) 비방, 명예훼손
1519.	**slander**	n. 말로 하는 비방
1520.	**acquit**	v. 무죄를 선고하다
1521.	**acquittal**	n. 무죄 선고
1522.	**conviction**	n. 유죄 선고

1523.	**perjury**	n. 위증
1524.	**perjure oneself**	v. 위증하다
1525.	**perjurer**	n. 위증한 증인
1526.	**infringe**	v. 권리를 침해하다
1527.	**infringement**	n. 침해
1528.	**contravene**	v. 의도하지 않고 위반하다
1529.	**piracy**	n. 불법 복제, 해적 행위
1530.	**pirate**	n. 불법 복제자 v. 불법 복제하다
1531.	**apprehend**	v. 체포하다
1532.	**apprehensive**	a. 우려하는
1533.	**reformatory**	n. 소년원
1534.	**penitentiary**	n. 중죄인이 수감된 대형 교도소
1535.	**correctional facility**	교도소, 교정 시설
1536.	**solitary confinement**	독방 수감
1537.	**mediator**	n. 중재인
1538.	**mediate**	v. 중재하다
1539.	**mediation**	n. 중재
1540.	**arbitration**	n. 중재, 조정
1541.	**arbitrate**	v. 중재하다
1542.	**arbitrator**	n. 결정권이 있거나 판결하는 중재자

check! 1□ 2□ 3□ 4□ 5□

1543.	**litigation**	n. 소송
1544.	**litigate**	v. 소송을 제기하다
1545.	**litigious**	a. 툭하면 소송을 거는
1546.	**litigant**	n. 소송 당사자
1547.	**interrogatory**	n. 질문, (pl.) 심문 조서
1548.	**interrogate**	v. 심문하다, 취조하다
1549.	**interrogation**	n. 심문
1550.	**interrogator**	n. 심문자
1551.	**interrogative**	a. 질문하는 n. 의문사
1552.	**eyewitness**	n. 목격자
1553.	**perpetrator**	n. 범인, 범법자
1554.	**perpetrate**	v. 범죄를 저지르다
1555.	**felony**	n. 중죄
1556.	**felon**	n. 중죄인
1557.	**petty criminal**	경범죄를 저지른 자
1558.	**petty thief**	좀도둑
1559.	**misdemeanor**	n. 경범죄
1560.	**culprit**	n. 범인
1561.	**detain**	v. 감금하다, 억류하다
1562.	**detention**	n. 감금

1563.	**custody**	n. 구류, 미성년자의 후견, 자녀 양육권
1564.	**allege**	v. (증거 없이) 주장하다, 혐의를 씌우다
1565.	**allegation**	n. 증거 없는 혐의
1566.	**allegedly**	ad. 사람들 말로는, 들리는 말로는
1567.	**oath**	n. 선서
1568.	**plead**	v. (피고가 유·무죄를) 주장하다
1569.	**plea**	n. 피고의 주장
1570.	**exonerate**	v. 무죄를 입증하다[선고하다]
1571.	**exoneration**	n. 무죄 입증[선고]
1572.	**clemency**	n. 관용, 온정적 조치
1573.	**reprieve**	n. 사형 등의 형 집행 연기·중지
1574.	**let off**	가벼운 처벌로 끝내다, 처벌을 면하다
1575.	**indict**	v. 기소하다
1576.	**indictment**	n. 기소
1577.	**indictable**	a. 기소될 수 있는
1578.	**indict**	v. 공식적으로 혐의를 제기하다
1579.	**verdict**	n. 배심원(jury)이 내놓는 평결
1580.	**judgment**	n. 판사(judge)가 하는 판결

check! 1☐ 2☐ 3☐ 4☐ 5☐

16. 언어 / 문학 Language & Literature

1581.	**linguistic**	a. 언어의, 언어학의
1582.	**linguistics**	n. 언어학
1583.	**linguist**	n. 언어학자, 어학의 귀재
1584.	**linguistically**	ad. 언어학적으로
1585.	**abbreviation**	n. 단어의 축약, 축약어
1586.	**abbreviate**	v. 축약하다
1587.	**vowel**	n. 모음
1588.	**consonant**	n. 자음
1589.	**phonetic**	a. 음성의, 음성학의
1590.	**phonetics**	n. 음성학
1591.	**phonetician**	n. 음성학자
1592.	**morphology**	n. 어형론, 형태론
1593.	**morphological**	a. 형태론의
1594.	**morphologically**	ad. 형태론적으로
1595.	**morpheme**	n. 형태소
1596.	**morph**	v. 변하다, 형태가 바뀌다
1597.	**semantics**	n. 의미론
1598.	**semantic**	a. 의미론의
1599.	**syntax**	n. 구문론, 통사론

1600.	**arbitrary**	a. 자의적인
1601.	**acquisition**	n. 습득
1602.	**acquire**	v. 습득하다
1603.	**cued speech**	수화
1604.	**cue**	v. 신호를 주다
1605.	**lexicon**	n. 어휘 목록
1606.	**lexical**	a. 어휘의, 사전 편찬의
1607.	**pragmatics**	n. 어용론(語用論), 화용론(話用論)
1608.	**pragmatic**	a. 실용적인, 실용주의의
1609.	**pragmatism**	n. 실용주의
1610.	**pragmatist**	n. 실용주의자
1611.	**inflection**	n. 어형 변화, 굴절, 억양
1612.	**inflect**	v. 어형이 변하다
1613.	**inflectional**	a. 굴절의
1614.	**conjugation**	n. 동사 변화, 동사의 활용
1615.	**conjugate**	v. 동사가 변화하다
1616.	**idiolect**	n. 개인 언어
1617.	**pidgin**	n. 혼성어
1618.	**abridge**	v. 축약하다
1619.	**abridgment**	n. 축약, 축약본

check! 1☐ 2☐ 3☐ 4☐ 5☐

1620.	**colloquial**	*a.* 구어체의
1621.	**colloquialism**	*n.* 구어
1622.	**convey**	*v.* 전달하다
1623.	**conveyance**	*n.* 전달
1624.	**fictional**	*a.* 허구의
1625.	**fiction**	*n.* 허구
1626.	**narrative**	*n.* 이야기, 설화
1627.	**vivid**	*a.* 생생한
1628.	**genre**	*n.* 장르
1629.	**inspire**	*v.* 영감을 주다
1630.	**inspiration**	*n.* 영감
1631.	**inspirational**	*a.* 영감을 주는
1632.	**liken**	*v.* 비유하다
1633.	**collection**	*n.* 전집
1634.	**collector**	*n.* 수집가
1635.	**collector's item**	수집 가치가 있는 것
1636.	**indicate**	*v.* 가리키다, 보여주다
1637.	**indicator**	*n.* 지표
1638.	**indication**	*n.* 지적, 암시
1639.	**indicative**	*a.* 지적하는

1640.	**playwright**	*n.* 희곡 작가
1641.	**prolific**	*a.* 많은 작품을 만드는, 다작의
1642.	**satirical**	*a.* 풍자의
1643.	**coin**	*v.* 신조어를 만들다
1644.	**coinage**	*n.* 신조어 (생성)
1645.	**register**	*n.* 언어 사용역
1646.	**referent**	*n.* (단어의) 지시 대상, 관계항
1647.	**articulation**	*n.* 명확한 발음, 분명한 표현
1648.	**articulate**	*a.* 발음이 분명한, 말이 조리 있는 *v.* 분명히 표현하다
1649.	**document**	*v.* 문서로 입증하다
1650.	**documentation**	*n.* 증빙서류
1651.	**villain**	*n.* 악역, 악당
1652.	**villainous**	*a.* 악당의
1653.	**allude**	*v.* 암시하다
1654.	**allusion**	*n.* 암시
1655.	**construe**	*v.* 특정 방식으로 이해하다
1656.	**misconstrue**	*v.* 잘못 해석하다
1657.	**revise**	*v.* 교정하다, 개정하다
1658.	**depict**	*v.* 묘사하다

1659.	**depiction**	n. 묘사
1660.	**folklore**	n. 민속, 민담
1661.	**pastoral**	a. 전원의, 목축의
1662.	**pastoralism**	n. 목축, 목가체
1663.	**portray**	v. 묘사하다
1664.	**portrayal**	n. 묘사
1665.	**portrait**	n. 초상화
1666.	**self-portrait**	n. 자화상
1667.	**recount**	v. 서술하다, 묘사하다
1668.	**revision**	n. 수정, 교정본
1669.	**saga**	n. 모험담, 서사
1670.	**verbal**	a. 구술의, 언어의
1671.	**oral**	a. 구두의
1672.	**grotesque**	a. 기괴한
1673.	**idyll**	n. 조용한 시골, 전원
1674.	**idyllic**	a. 전원의, 한적한
1675.	**miscellany**	n. 문집, 잡다한 것
1676.	**iscellaneous**	a. 잡다한
1677.	**anecdote**	n. 일화
1678.	**allegory**	n. 풍유, 우화

1679.	**allegorical**	*a.* 우화의
1680.	**alliteration**	*n.* 두운(頭韻)
1681.	**rhyme**	*n.* 각운(脚韻), 운 *v.* 각운을 맞추다
1682.	**nursery rhyme**	동요
1683.	**adaptation**	*n.* 각색
1684.	**protagonist**	*n.* 주인공, 주역
1685.	**hero**	*n.* 남자 주인공
1686.	**heroine**	*n.* 여자 주인공
1687.	**anthology**	*n.* 선집(選集)
1688.	**anthologist**	*n.* 선집 편찬자
1689.	**didactic**	*a.* 교훈적인, 설교하는
1690.	**epithet**	*n.* 수식어구
1691.	**ode**	*n.* 송시(頌詩)
1692.	**pathos**	*n.* 비애감, 정념
1693.	**persona**	*n.* 외적 인격, 페르소나
1694.	**rhetoric**	*n.* 수사법, 웅변술
1695.	**rhetorical**	*a.* 수사적인
1696.	**satire**	*n.* 풍자
1697.	**satiric**	*a.* 풍자의
1698.	**prose**	*n.* 산문

check! 1☐ 2☐ 3☐ 4☐ 5☐

1699.	**metaphor**	n. 은유
1700.	**metaphorical**	a. 은유의
1701.	**epic**	n. 서사시, 모험담, 모험소설[영화]
1702.	**lyric**	n. 서정시 a. 서정적인
1703.	**platitude**	n. 상투어, 진부한 말
1704.	**platitudinous**	a. 상투적인
1705.	**antagonist**	n. 악역, 경쟁 상대
1706.	**antagonistic**	a. 맞서는, 미워하는
1707.	**antagonize**	v. 화나게 하다
1708.	**antagonism**	n. 증오
1709.	**opponent**	n. 경쟁 상대, 적수, 반대자
1710.	**anti-hero**	n. 반영웅. 평범하거나 악한 주인공

17. 수학 Mathematics

1711.	**formula**	n. 공식, 비법
1712.	**quadruple**	v. 4배 증가하다, 4를 곱하다 a. 4배의
1713.	**remainder**	n. (뺄셈, 나눗셈의) 나머지
1714.	**equilateral triangle**	정삼각형
1715.	**equilateral**	a. 등변의, 변의 길이가 모두 같은
1716.	**isosceles triangle**	이등변 삼각형

1717.	**scalene triangle**	부등변 삼각형
1718.	**right triangle**	직각삼각형
1719.	**hypotenuse**	직각삼각형의 빗변
1720.	**right angle**	직각, 90°
1721.	**right-angled**	*a.* 직각을 이루는
1722.	**acute angle**	예각
1723.	**obtuse angle**	둔각
1724.	**corresponding angles**	동위각
1725.	**reflex angle**	우각(優角)
1726.	**interior angle**	내각
1727.	**exterior angle**	외각
1728.	**alternate angles**	엇각
1729.	**perpendicular**	*a.* 수직의
1730.	**vertical**	*n.* 수직선
1731.	**oval**	*n.* 타원형
1732.	**rectangle**	*n.* 직사각형
1733.	**rectangular**	*a.* 직사각형의
1734.	**square**	*n.* 정사각형, 광장
1735.	**rhombus**	*n.* 마름모
1736.	**rhomboid**	*n.* 장사방형

check! 1☐ 2☐ 3☐ 4☐ 5☐

1737.	**parallelogram**	*n.* 평행사변형
1738.	**variable**	*n.* 변수 *a.* 가변적인
1739.	**trillion**	*n.* 1조(兆)
1740.	**radius**	*n.* 반지름, 반경
1741.	**parabola**	*n.* 포물선
1742.	**parabolic**	*a.* 포물선의
1743.	**diagonal**	*a.* 대각선의
1744.	**polygon**	*n.* 다각형
1745.	**polygonal**	*a.* 다각형의
1746.	**quadrangle**	*n.* 사각형
1747.	**pentagon**	*n.* 오각형
1748.	**hexagon**	*n.* 육각형
1749.	**addition**	*n.* 덧셈
1750.	**add**	*v.* 더하다
1751.	**additional**	*a.* 추가적인
1752.	**add-on**	(컴퓨터·자동차 등의) 주변기기, 추가 장치
1753.	**addendum**	연설·책에 덧붙이는 추가 내용
1754.	**subtraction**	*n.* 뺄셈
1755.	**subtract**	*v.* 빼다

1756.	**multiplication**	n. 곱셈
1757.	**multiply**	v. 곱하다, 번식하다
1758.	**multiplication table**	구구단
1759.	**division**	n. 나눗셈
1760.	**divide**	v. 나누다
1761.	**geometry**	n. 기하학
1762.	**probability**	n. 확률
1763.	**probable**	a. 가망 있는
1764.	**probably**	ad. 아마도
1765.	**fraction**	n. 분수, 파편
1766.	**fractional**	a. 분수의, 아주 작은
1767.	**statistics**	n. 통계, 통계학
1768.	**decimal**	n. 소수
1769.	**numeral**	n. 숫자
1770.	**numeracy**	n. 수리능력
1771.	**numerous**	a. 수많은
1772.	**innumerable**	a. 수없이 많은

18. 의학 Medicine

1773.	**abuse**	n. 남용 v. 남용하다
1774.	**paralyze**	v. 마비시키다
1775.	**paralysis**	n. 마비
1776.	**paralytic**	a. 마비의
1777.	**application**	n. (약을) 바름
1778.	**apply**	v. 바르다
1779.	**condition**	n. 질환
1780.	**ailment**	n. 특정 신체부위의 질병
1781.	**disorder**	n. 장기적인 장애
1782.	**an eating disorder**	섭식 장애
1783.	**counterpart**	n. (같은 직업·상황의) 상대방
1784.	**disfigure**	v. 흉하게 만들다, 겉모습을 망치다
1785.	**disfigurement**	n. 망쳐 놓음
1786.	**deficiency**	n. 결핍증
1787.	**deficient**	a. 결핍된
1788.	**deficit**	n. 적자, 부족
1789.	**edible**	a. 먹을 수 있는, 먹을 만한
1790.	**feeble**	a. 쇠약한
1791.	**insufficient**	a. 부족한

1792.	**serving**	*n.* 1인분
1793.	**significantly**	*ad.* 크게, 상당히
1794.	**significant**	*a.* 상당한
1795.	**significance**	*n.* 중요성
1796.	**vocal**	*a.* 목소리의
1797.	**vocalize**	*v.* 목소리를 내다
1798.	**vocalization**	*n.* 목소리를 냄
1799.	**afflict**	*v.* 괴롭히다, 고생시키다
1800.	**affliction**	*n.* 괴롭힘
1801.	**alleviate**	*v.* 완화하다
1802.	**alleviation**	*n.* 완화
1803.	**arrest**	*v.* 억제하다, 방지하다
1804.	**brittle**	*a.* 잘 부러지는, 약한
1805.	**characterize**	*v.* 특징을 서술하다, 묘사하다
1806.	**characterization**	*n.* 특징 묘사
1807.	**consume**	*v.* 먹다, 섭취하다
1808.	**consumer**	*n.* 먹는 사람
1809.	**consumption**	*n.* 섭취
1810.	**excrete**	*v.* 배설하다
1811.	**intake**	*n.* 섭취

1812.	**excrement**	*n.* 대변
1813.	**human waste**	인간의 배설물
1814.	**feces**	*n.* 대변
1815.	**defecate**	*v.* 배변하다
1816.	**urine**	*n.* 소변
1817.	**urinal**	*a.* 소변의
1818.	**secretion**	*n.* (침, 땀 등의) 분비, 분비물
1819.	**fortify**	*v.* 비타민 등을 보충하다
1820.	**fortification**	*n.* 강화
1821.	**malnutrition**	*n.* 영양실조
1822.	**malnourished**	*a.* 영양실조에 걸린
1823.	**progressive**	*a.* 서서히 진행되는, 악화되는
1824.	**progress**	*v.* 진행하다, 진보하다
1825.	**stunt**	*v.* 발육을 방해하다
1826.	**symptom**	*n.* 증상, 징후
1827.	**symptomatic**	*a.* 증상의
1828.	**syndrome**	*n.* 증후군
1829.	**therapy**	*n.* 요법, 치료
1830.	**therapist**	*n.* 치료사
1831.	**therapeutic**	*a.* 요법의

1832.	**speech therapy**	언어 치료
1833.	**physical therapy**	물리 치료
1834.	**treatment**	n. 약이나 수술을 동원한 치료
1835.	**trauma**	n. 외상(外傷)
1836.	**traumatic**	a. 외상의
1837.	**traumatize**	v. 외상을 입히다
1838.	**accumulate**	v. 쌓다, 축적되다
1839.	**accumulation**	n. 축적
1840.	**accumulative**	a. 축적되는
1841.	**administer**	v. 투여하다
1842.	**administration**	n. (약물) 투여
1843.	**conventional medicine**	기존 의학
1844.	**conventional**	a. 기존의, 구시대의
1845.	**eliminate**	v. 병을 퇴치하다
1846.	**elimination**	n. 퇴치
1847.	**hallucination**	n. 환각, 망상
1848.	**hallucinate**	v. 환각을 겪다
1849.	**hallucinatory**	a. 환각의
1850.	**hallucinogen**	n. 환각제
1851.	**hallucinogenic**	a. 환각제의

check! 1☐ 2☐ 3☐ 4☐ 5☐

1852.	**egotistical**	*a.* 잘난 척하는
1853.	**hysteric**	*n.* 히스테리 발작
1854.	**hysteria**	*n.* 히스테리
1855.	**hysterical**	*a.* 히스테리를 부리는
1856.	**hypnosis**	*n.* 최면
1857.	**hypnotize**	*v.* 최면을 걸다
1858.	**hypnotic**	*a.* 최면의 *n.* 수면제
1859.	**hypnotherapy**	*n.* 최면요법
1860.	**apprehension**	*n.* 우려, 걱정; 체포
1861.	**delusion**	*n.* 망상
1862.	**extrovert**	*n.* 외향적인 사람 *a.* 외향적인
1863.	**introspective**	*a.* 내향적인
1864.	**mnemonic**	*n.* 기억 보조 장치
1865.	**neurosis**	*n.* 신경증, 노이로제
1866.	**neurotic**	*a.* 노이로제의
1867.	**psychiatric**	*a.* 정신과의
1868.	**psychiatry**	*n.* 정신과
1869.	**psychiatrist**	*n.* 정신과 의사
1870.	**psychoanalysis**	*n.* 정신 분석
1871.	**psychoanalyst**	*n.* 정신 분석가

1872.	**psychoanalytic**	*a.* 정신 분석의
1873.	**phobia**	*n.* 공포증
1874.	**claustrophobia**	*n.* 폐쇄공포증
1875.	**acrophobia**	*n.* 고소공포증
1876.	**aquaphobia**	*n.* 물 공포증
1877.	**Anglophobia**	*n.* 영국 혐오증
1878.	**xenophobia**	*n.* 외국인 혐오증
1879.	**claustrophobic**	*n.* 폐쇄공포증의
1880.	**paranoid**	*a.* 편집증의, 피해망상의
1881.	**paranoia**	*n.* 편집증
1882.	**paranoiac**	*n.* 편집증 환자 *a.* 편집증의
1883.	**schizophrenia**	*n.* 정신 분열증
1884.	**schizophrenic**	*a.* 정신 분열증의 *n.* 정신 분열증 환자
1885.	**incapacitate**	*v.* 무력하게 하다
1886.	**incapacitation**	*n.* 무력화
1887.	**mitigate**	*v.* 완화하다, 덜어주다
1888.	**mitigation**	*n.* 완화
1889.	**orchestrate**	*v.* 기획하다, 지휘하다
1890.	**orchestration**	*n.* 기획, 지휘
1891.	**persistent**	*a.* 끈덕진, 좀체 없어지지 않는

check! 1☐ 2☐ 3☐ 4☐ 5☐

#		
1892.	**recuperate**	v. 낫다, 회복하다
1893.	**recuperation**	n. 회복
1894.	**remedy**	n. 치료법, 치료제 v. 치료하다
1895.	**cough remedies**	기침을 멎게 하는 법
1896.	**antidote**	n. 해독제
1897.	**soothe**	v. 완화하다, 달래다
1898.	**stimulate**	v. 촉진하다
1899.	**stimulation**	n. 촉진
1900.	**stimulus**	n. 자극
1901.	**stimulant**	n. 자극제
1902.	**stimulative**	a. 촉진하는
1903.	**threshold**	n. 한계, 경계, 역; 자극에 반응하기 시작하는 분계점
1904.	**stupor**	n. 인사불성
1905.	**susceptible**	a. 취약한
1906.	**susceptibility**	n. 취약
1907.	**abstain**	v. 삼가다
1908.	**abstinence**	n. (술, 섹스) 등의 절제
1909.	**abstinent**	n. 절제하는
1910.	**impair**	v. 손상시키다

1911.	**impairment**	n. 손상
1912.	**hearing impaired**	청각 장애가 있는(deaf보다 공손한 말)
1913.	**chronic**	a. 만성적인
1914.	**chronically**	ad. 만성적으로
1915.	**contagious**	a. 전염되는
1916.	**contagion**	n. 전염
1917.	**contagious**	a. 신체 접촉으로 전염되는
1918.	**infectious**	a. 물이나 공기로 전염되는
1919.	**cramp**	n. 근육 경련, 쥐
1920.	**cripple**	v. 다리를 절게 만들다
1921.	**dose**	n. 약 1회 복용량
1922.	**dosage**	n. 일정 기간 동안 처방된 복용량
1923.	**overdose**	n. 과다 복용
1924.	**acute**	a. 급성의, 극심한
1925.	**endemic**	a. 풍토병의
1926.	**pandemic**	n. 넓은 지역 또는 전세계에 퍼진 병
1927.	**an AIDS pandemic**	에이즈의 만연
1928.	**tablet**	n. 알약
1929.	**contraceptive**	n. 피임약
1930.	**contraception**	n. 피임

check! 1☐ 2☐ 3☐ 4☐ 5☐

1931.	**epilepsy**	n. 간질
1932.	**epileptic**	a. 간질의
1933.	**gland**	n. 분비 기관, 선(腺)
1934.	**innocuous**	a. 해가 없는, 독이 없는
1935.	**insomnia**	n. 불면증
1936.	**insomniac**	a. 불면증의 n. 불면증 환자
1937.	**longevity**	n. 장수
1938.	**premature death**	제 명에 죽지 못함, 때 이른 죽음
1939.	**malignant**	a. 악성의
1940.	**uncancerous**	a. 양성의
1941.	**malign**	a. 해로운
1942.	**cancerous**	a. 암의
1943.	**cancerous cells**	암세포
1944.	**carcinogen**	n. 발암물질
1945.	**myopia**	n. 근시
1946.	**myopic**	a. 근시의
1947.	**perspire**	v. 땀 흘리다
1948.	**perspiration**	n. 땀
1949.	**prescribe**	v. 처방하다
1950.	**prescription**	n. 처방(전)

1951.	**prescriptive**	a. 지시하는
1952.	**quarantine**	n. 검역, 격리
1953.	**sensory**	a. 감각의, 오감의
1954.	**surgical**	a. 수술의
1955.	**surgeon**	n. 외과의사
1956.	**surgery**	n. 수술
1957.	**tactile**	a. 촉각의
1958.	**tactual**	a. 촉각에서 발생하는, 촉각으로 인한
1959.	**tactile**	a. 만져지는, 만질 수 있는
1960.	**benign**	a. 양성의
1961.	**urinary**	a. 소변의
1962.	**fecal**	a. 대변의
1963.	**urinate**	v. 소변 보다
1964.	**urination**	n. 소변 보기
1965.	**urinal**	n. 소변기
1966.	**allergen**	n. 알레르기 원인물질
1967.	**allergy**	n. 알레르기
1968.	**allergic**	a. 알레르기가 있는
1969.	**hygienic**	a. 위생적인
1970.	**hygiene**	n. 위생

check! 1☐ 2☐ 3☐ 4☐ 5☐

1971.	**implant**	v. 이식하다, 심다
1972.	**complication**	n. 합병증
1973.	**diarrhea**	n. 설사
1974.	**diagnosis**	n. 진단
1975.	**diagnose**	v. 진단하다
1976.	**diagnostic**	a. 진단의
1977.	**prognosis**	n. 예후(향후 병의 진행 양상을 예측함)
1978.	**asthma**	n. 천식
1979.	**asthmatic**	a. 천식의 n. 천식 환자
1980.	**sunstroke**	n. 일사병
1981.	**pneumonia**	n. 폐렴
1982.	**leukemia**	n. 백혈병
1983.	**immune**	a. 면역된
1984.	**immunity**	n. 면역
1985.	**immunize**	v. 면역 조치를 하다, 예방접종을 하다
1986.	**immunization**	n. 접종
1987.	**pharmacy**	n. 약국
1988.	**pharmacist**	n. 약사
1989.	**ulcer**	n. 궤양
1990.	**respiration**	n. 호흡

1991.	respire	v. 호흡하다
1992.	respiratory	a. 호흡의
1993.	inhale	v. 숨을 들이쉬다
1994.	inhalation	n. 들이쉼
1995.	cavity	n. 강(腔)
1996.	nasal cavity	비강
1997.	oral cavity	구강
1998.	saliva	n. 침
1999.	pediatrician	n. 소아과 의사
2000.	pediatrics	n. 소아과
2001.	vaccinate	v. 예방접종하다
2002.	vaccine	n. 접종 백신
2003.	vaccination	n. 예방접종
2004.	syringe	n. 주사기
2005.	inject	v. 주사를 놓다
2006.	injection	n. 주사
2007.	anesthesia	n. 마취
2008.	local anesthesia	국부 마취
2009.	general anesthesia	전신 마취
2010.	anesthetic	n. 마취제 a. 마취의

check! 1□ 2□ 3□ 4□ 5□

2011.	**anesthetize**	*v.* 마취하다
2012.	**anesthetist**	*n.* 마취 의사
2013.	**transplant**	*v.* 이식하다
2014.	**transplantation**	*n.* 이식
2015.	**diabetes**	*n.* 당뇨
2016.	**diabetic**	*a.* 당뇨의
2017.	**abdomen**	*n.* 배, 복부
2018.	**abdominal**	*a.* 복부의
2019.	**spinal**	*a.* 척추의
2020.	**spine**	*n.* 척추
2021.	**spinal cord**	척수
2022.	**spinal injury**	척추 부상
2023.	**anemic**	*a.* 빈혈의
2024.	**anemia**	*n.* 빈혈
2025.	**intestine**	*n.* 소장, 대장
2026.	**intestinal**	*a.* 장의
2027.	**large intestine**	대장
2028.	**small intestine**	소장
2029.	**clot**	*v.* 액체가 엉기다, 응고시키다 *n.* 엉긴 덩어리

2030.	**caesarean**	n. 제왕절개
2031.	**chemotherapy**	n. 화학요법
2032.	**dehydrate**	v. 탈수시키다
2033.	**dehydration**	n. 탈수, 탈수증
2034.	**fetal**	a. 태아의
2035.	**fetus**	n. 태아
2036.	**genital**	a. 성기의
2037.	**genitals**	n. 성기
2038.	**hypertension**	n. 고혈압
2039.	**intravenous**	a. 정맥 내의, 정맥 주사의
2040.	**ligament**	n. 인대
2041.	**tendon**	n. 힘줄
2042.	**tranquilizer**	n. 진정제
2043.	**tranquil**	a. 고요한
2044.	**tranquility**	n. 고요
2045.	**tranquilize**	v. 진정시키다
2046.	**depressant**	n. 진정제
2047.	**antidepressant**	n. 항우울제
2048.	**uterus**	n. 자궁
2049.	**uterine**	a. 자궁의

check! 1☐ 2☐ 3☐ 4☐ 5☐

2050.	**wheeze**	v. (천식 등으로) 씨근거리다
2051.	**epidemic**	n. 병의 유행, 만연
2052.	**incubation**	n. 병의 잠복
2053.	**incubate**	v. 알을 품다, 잠복하다
2054.	**incubator**	n. 미숙아 보육기, 인공 부화기
2055.	**plague**	n. 전염병, 역병
2056.	**rupture**	n. 탈장

19. 정치 Politics

2057.	**autonomy**	n. 자치
2058.	**autonomous**	a. 자치의
2059.	**censor**	v. 검열하다 n. 검열관
2060.	**censorship**	n. 검열
2061.	**censure**	n. 비판 v. 비판하다
2062.	**censorious**	a. 비판하는
2063.	**despotism**	n. 전제 정치, 독재 체제
2064.	**despot**	n. 폭군
2065.	**doctrine**	n. (정치적) 주의, (공식) 외교정책
2066.	**doctrinal**	a. 정책의
2067.	**dominance**	n. 군림

2068.	**domineer**	v. 군림하다
2069.	**domain**	n. 영역
2070.	**federal**	a. 연방의
2071.	**federation**	n. 연방
2072.	**forfeit**	v. 박탈당하다, 상실하다
2073.	**jurisdiction**	n. 관할권, 재판권
2074.	**nominate**	v. 지명하다
2075.	**nomination**	n. 지명
2076.	**nominee**	n. 피지명자
2077.	**regime**	n. 정권
2078.	**regulation**	n. 규정
2079.	**regulate**	v. 규제하다
2080.	**regulatory**	a. 규제의
2081.	**sovereign**	a. 주권을 가진 n. 주권자, 독립국
2082.	**sovereignty**	n. 주권
2083.	**stipulate**	v. 규정하다
2084.	**stipulation**	n. 규정
2085.	**subordinate**	a. 하위의, 부차적인
2086.	**legitimate**	a. 합법적인, 합당한
2087.	**legitimacy**	n. 합법성, 합당함

check! 1☐ 2☐ 3☐ 4☐ 5☐

2088.	**neutral**	*a.* 중립적인
2089.	**neutrality**	*n.* 중립
2090.	**reconcile**	*v.* 화해하다, 조정하다
2091.	**reconciliation**	*n.* 화해
2092.	**predecessor**	*n.* 전임자
2093.	**precedent**	*n.* 선례
2094.	**unprecedented**	*a.* 전례 없는
2095.	**reciprocal**	*a.* 상호적인, 호혜의
2096.	**reciprocity**	*n.* 호혜
2097.	**reciprocate**	*v.* 답례하다
2098.	**dissolve**	*v.* 해산하다, 종료하다
2099.	**dissolution**	*n.* 해산, 종료
2100.	**deregulate**	*v.* 규제를 철폐하다
2101.	**deregulation**	*n.* 규제 철폐
2102.	**move**	*v.* 법안에 동의를 제출하다
2103.	**second**	*v.* 재청하다, 찬성하다
2104.	**seconder**	*n.* 재청자
2105.	**consensus**	*n.* 합의
2106.	**unanimity**	*n.* 만장일치
2107.	**unanimous**	*a.* 만장일치의

2108.	**statutory**	*a.* 규정된, 규정의
2109.	**statute**	*n.* 규정
2110.	**faction**	*n.* 당파, 파벌
2111.	**factional**	*a.* 당파의
2112.	**coalition**	*n.* 연합, 제휴
2113.	**pledge**	*n.* 공약
2114.	**electoral**	*a.* 선거의, 투표의
2115.	**electorate**	*n.* 유권자
2116.	**constitution**	*n.* 헌법
2117.	**constitutional**	*a.* 헌법의, 합헌의
2118.	**judicial**	*a.* 사법의, 재판의
2119.	**judiciary**	*n.* 사법부
2120.	**legislature**	*n.* 입법부
2121.	**administration**	*n.* 행정부
2122.	**monarch**	*n.* 군주
2123.	**monarchy**	*n.* 군주제
2124.	**monarchical**	*a.* 군주의
2125.	**aristocracy**	*n.* 귀족, 귀족 정치
2126.	**aristocrat**	*n.* 귀족
2127.	**ratify**	*v.* 비준하다

check! 1☐ 2☐ 3☐ 4☐ 5☐

2128.	**ratification**	n. 비준
2129.	**veto**	v. 거부권을 행사하다
2130.	**hierarchy**	n. 위계질서
2131.	**hierarchical**	a. 위계질서의
2132.	**municipal**	a. 시의, 시 행정의
2133.	**petition**	n. 탄원 v. 탄원을 제출하다

20. 종교 Religion

2134.	**cardinal**	n. 추기경
2135.	**the clergy**	성직자들
2136.	**clergyman**	n. 성직자
2137.	**clerical**	a. 성직의, 사무직의
2138.	**monk**	n. 수도사
2139.	**nun**	n. 수녀
2140.	**monastery**	n. 수도사가 지내는 수도원
2141.	**convent**	n. 수녀가 지내는 수녀원
2142.	**layman**	n. 성직자가 아닌 평신도
2143.	**deity**	n. 신격, 신위
2144.	**secular**	a. 세속의
2145.	**sanctify**	v. 신성하게 하다, 축성하다

2146.	**sanctification**	*n.* 신성시
2147.	**sanctity**	*n.* 신성
2148.	**theological**	*a.* 신학의
2149.	**theology**	*n.* 신학
2150.	**theologist**	*n.* 신학자
2151.	**theism**	*n.* 유신론
2152.	**atheism**	*n.* 무신론
2153.	**atheist**	*n.* 무신론자
2154.	**agnostic**	*n.* 불가지론자 *a.* 불가지론의
2155.	**agnosticism**	*n.* 불가지론
2156.	**amoral**	*a.* 비도덕적인, 윤리관념이 없는
2157.	**asexual**	*a.* 무성의, 성별 구분이 없는
2158.	**atypical**	*a.* 전형에서 벗어난
2159.	**deism**	*n.* 이신론(理神論), 자연신론
2160.	**Protestant**	*n.* 개신교도
2161.	**Protestantism**	*n.* 개신교
2162.	**adherent**	*n.* 신자, 추종자
2163.	**dogma**	*n.* 교리, 교의
2164.	**dogmatic**	*a.* 독단적인
2165.	**heathen**	*n.* 이교도(異教徒)

check! 1☐ 2☐ 3☐ 4☐ 5☐

2166.	**pagan**	*n.* 기독교 등의 종교를 믿지 않는 사람
2167.	**heresy**	*n.* 이단
2168.	**heretic**	*n.* 이단자
2169.	**infidelity**	*n.* 배우자의 부정
2170.	**Reformation**	*n.* 종교개혁
2171.	**convert**	*n.* 개종한 자 *v.* 개종하다
2172.	**conversion**	*n.* 개종, 변환
2173.	**convertible**	*n.* 지붕이 열리는 자동차 *a.* 환전[전환] 가능한
2174.	**congregation**	*n.* 한 교회의 신도, 교회에 모인 자들
2175.	**congregate**	*v.* 모이다
2176.	**denomination**	*n.* 종파, 교파
2177.	**christen**	*v.* (기독교 의식을 통해) 이름을 붙이다
2178.	**baptize**	*v.* 세례를 거행하다, 세례명을 주다
2179.	**baptism**	*n.* 세례
2180.	**pious**	*a.* 신심 깊은
2181.	**piety**	*n.* 신앙심
2182.	**devout**	*a.* 독실한
2183.	**occult**	*n.* (마술 등의) 주술, 비술
2184.	**cult**	*n.* 광적인 신흥 종교, 숭배

21. 사회학 Sociology

2185.	**anonymous**	*a.* 익명의
2186.	**anonymity**	*n.* 익명성
2187.	**onlooker**	*n.* 구경꾼
2188.	**populate**	*v.* 점유하다, ~에 거주하다
2189.	**premarital**	*a.* 결혼 전의, 혼전의
2190.	**marital**	*a.* 혼인의
2191.	**prenatal**	*a.* 출산 전의
2192.	**sexism**	*n.* 성차별 의식
2193.	**sexist**	*n.* 성차별주의자
2194.	**sexual discrimination**	성차별
2195.	**sociable**	*a.* 사교성 좋은
2196.	**sociably**	*ad.* 붙임성 좋게
2197.	**sociability**	*n.* 사교성
2198.	**socialize**	*v.* 사회화시키다
2199.	**socialization**	*n.* 사회화
2200.	**duplicate**	*a.* 복제된 *n.* 복제된 것 *v.* 복제하다
2201.	**duplication**	*n.* 복제
2202.	**duplicitous**	*a.* 이중적인
2203.	**impoverish**	*v.* 피폐하게 하다, 저하시키다

2204.	**impoverishment**	n. 피폐
2205.	**insurgent**	a. 반란을 일으킨 n. 반란자
2206.	**insurgency**	n. 반란
2207.	**metropolitan**	a. 대도시의
2208.	**metropolis**	n. 대도시
2209.	**paternity**	n. 부성
2210.	**paternal**	a. 아버지의
2211.	**maternity**	n. 모성
2212.	**maternal**	a. 어머니의
2213.	**paterfamilias**	n. 가장, 집안의 아버지
2214.	**pater**	n. 아버지
2215.	**patriarchy**	n. 가부장제
2216.	**matriarchy**	n. 모계사회
2217.	**patriarchal**	a. 가부장제의
2218.	**fervor**	n. 열광
2219.	**fervent**	a. 열광하는
2220.	**fervid**	a. 광적으로 신봉하는
2221.	**highbrow**	a. 고상한, 지적 수준이 높은
2222.	**deviate**	v. 일탈하다, 탈선하다
2223.	**deviation**	n. 일탈

2224.	**seclusion**	n. 고립
2225.	**secluded**	a. 고립된
2226.	**burgeon**	v. 급격히 성장하다, 발전하다
2227.	**influx**	n. 유입, 쏟아져 들어옴
2228.	**antisocial**	a. 반사회적인, 사교성이 없는
2229.	**subculture**	n. 하위문화

22. 문화 Culture

2230.	**employ**	v. 이용하다, 구사하다
2231.	**employment**	n. 이용, 구사
2232.	**entertainment**	n. 오락물, 연예
2233.	**entertain**	v. 접대하다, 즐겁게 하다
2234.	**entertainer**	n. 연예인
2235.	**heritage**	n. 유산
2236.	**intermingle**	v. 섞다, 섞이다
2237.	**mingle**	v. 여러 사람들과 어울리다
2238.	**bond**	n. 유대감 v. 유대를 형성하다
2239.	**bondage**	n. 속박, 예속
2240.	**conduct**	n. 행실 v. 실행하다
2241.	**originate**	v. 생겨나다

2242.	**pastime**	*n.* 여가생활, 여흥
2243.	**predominant**	*a.* 지배적인
2244.	**reinforce**	*v.* 강화하다
2245.	**reinforcement**	*n.* 강화
2246.	**reliance**	*n.* 의존
2247.	**rely**	*v.* 의존하다
2248.	**derive**	*v.* 얻어내다, 파생하다
2249.	**inimical**	*a.* 해로운, 불리한
2250.	**proliferate**	*v.* 확산되다
2251.	**proliferation**	*n.* 확산
2252.	**fertility rate**	임신율
2253.	**fertile**	*a.* 생식력이 있는
2254.	**mortality rate**	사망률
2255.	**mortality**	*n.* 사망, 사망률
2256.	**pluralism**	*n.* 다원론
2257.	**pluralistic**	*a.* 다원주의의
2258.	**pluralist**	*n.* 다원론자
2259.	**acculturation**	*n.* (다른 문화 간의 접촉으로 인한) 문화 변용
2260.	**gender**	*n.* 성별

2261.	**masculinity**	n. 남성성
2262.	**masculine**	a. 남성다운
2263.	**femininity**	n. 여성성
2264.	**feminine**	a. 여성다운
2265.	**latent**	a. 잠재한
2266.	**monogamy**	n. 일부일처제
2267.	**monogamous**	a. 일부일처제의
2268.	**bigamy**	n. 중혼
2269.	**polygamy**	n. 일부다처제
2270.	**egalitarian**	a. 평등주의의
2271.	**egalitarianism**	n. 평등주의
2272.	**fad**	n. 일시적 유행
2273.	**faddish**	a. 잠깐 유행하는
2274.	**day care**	탁아, 보육

23. 미국학 American Studies

2275.	**electoral college**	(미국 각 주의) 선거인단
2276.	**segregation**	n. 인종 분리정책
2277.	**segregate**	v. 인종 분리정책을 펴다
2278.	**slavery**	n. 노예제

check! 1☐ 2☐ 3☐ 4☐ 5☐

2279.	**slave**	n. 노예
2280.	**enslave**	v. 노예로 만들다
2281.	**Prohibition**	n. 미국 금주법, 주류양조 판매금지
2282.	**prohibit**	v. 금지하다
2283.	**diversity**	n. 다양성
2284.	**diverse**	a. 다양한
2285.	**diversify**	v. 다양화하다
2286.	**integrate**	v. 통합하다
2287.	**integration**	n. 통합
2288.	**integrity**	n. 성실함
2289.	**integral**	a. 통합적인, 필수적인
2290.	**nomadic**	a. 유목민의, 떠도는
2291.	**nomad**	n. 유목민
2292.	**immigrant**	n. 이민자
2293.	**immigrate**	v. 이민 오다
2294.	**immigration**	n. 이민
2295.	**plantation**	n. 대규모 농장
2296.	**colonial**	a. 식민지의
2297.	**colony**	n. 식민지
2298.	**colonist**	n. 식민주의자 a. 식민주의의

2299.	**colonialism**	*n.* 식민주의
2300.	**independence**	*n.* 독립
2301.	**independent**	*a.* 독립한
2302.	**dependent**	*a.* 의존의
2303.	**patriot**	*n.* 애국자
2304.	**patriotism**	*n.* 애국
2305.	**patriotic**	*a.* 애국적인
2306.	**act**	*n.* 법령, 조례
2307.	**legislation**	*n.* 법률, 법 제정
2308.	**provision**	*n.* 조항, 규정
2309.	**provide**	*v.* 규정하다
2310.	**provisional**	*a.* 임시의
2311.	**delegate**	*n.* 대표, 사절 *v.* 파견하다
2312.	**delegation**	*n.* 파견
2313.	**chauvinism**	*n.* 국수주의
2314.	**chauvinist**	*n.* 국수주의자
2315.	**chauvinistic**	*a.* 국수주의의
2316.	**abolition**	*n.* (사형제, 미국 노예제 등의) 폐지
2317.	**abolitionism**	*n.* 폐지론
2318.	**recession**	*n.* 불경기

check! 1□ 2□ 3□ 4□ 5□

2319.	**melting pot**	다인종, 다양한 계층이 모여 사는 곳
2320.	**desegregate**	*v.* 인종 분리정책을 폐지하다
2321.	**desegregation**	*n.* 인종차별 폐지
2322.	**racial**	*a.* 인종의
2323.	**racist**	*n.* 인종차별주의자 *a.* 인종차별적인
2324.	**racism**	*n.* 인종차별
2325.	**disparity**	*n.* (부당한) 격차
2326.	**prestige**	*n.* 명성, 위세
2327.	**poverty line**	빈곤선(빈곤의 여부를 구분하는 최저 수입)
2328.	**alienate**	*v.* 소외시키다, 등 돌리게 만들다
2329.	**alienation**	*n.* 소외
2330.	**congress**	*n.* 국회
2331.	**senate**	*n.* 상원
2332.	**senator**	*n.* 상원의원
2333.	**representative**	*n.* 하원의원
2334.	**congressman**	*n.* 국회의원(보통 하원)
2335.	**representative**	*n.* 하원의원
2336.	**presidency**	*n.* 대통령직
2337.	**presidential**	*a.* 대통령의

2338.	presidential candidates	대통령 후보
2339.	inauguration	n. 취임, 취임식
2340.	inaugurate	v. 취임식을 하다
2341.	inaugural	a. 취임의 n. 취임식
2342.	depression	n. 불황
2343.	inaugural address	취임사

24. 건축학 Architecture

2344.	railing	n. 난간
2345.	residence	n. 주거, 주거지
2346.	reside	v. 거주하다
2347.	resident	n. 주민
2348.	residency	n. 주거권
2349.	Acropolis	n. (아테네의) 아크로폴리스
2350.	ambulatory	n. 유보 회랑 a. 보행의, 이동식의
2351.	spacious	a. 널찍한
2352.	spaciousness	n. 널찍함
2353.	spatial	a. 공간의
2354.	arcade	n. 아케이드, 회랑
2355.	atrium	n. 안뜰, 중앙 홀

check! 1□ 2□ 3□ 4□ 5□

2356.	**column**	*n.* 기둥
2357.	**crypt**	*n.* 지하실
2358.	**canopy**	*n.* 차양, 천개(天蓋)
2359.	**engrave**	*v.* 새기다
2360.	**facade**	*n.* 건물의 정면
2361.	**finial**	*n.* 용마루 널장식, 정식
2362.	**fluted**	*a.* 홈이 있는, 세로 홈을 판
2363.	**pagoda**	*n.* 여러 층으로 된 탑
2364.	**pantheon**	*n.* 만신전(萬神殿)
2365.	**pediment**	*n.* 박공벽; 박공처마 밑에 있는 삼각형 모양의 벽
2366.	**pilaster**	*n.* 벽기둥
2367.	**sanctuary**	*n.* 성소, 성역
2368.	**stupa**	*n.* 사리탑
2369.	**sublime**	*a.* 장대한
2370.	**sublimity**	*n.* 장대함
2371.	**picturesque**	*a.* 그림처럼 아름다운
2372.	**vault**	*n.* 지하저장실, 아치 천장이 있는 회랑
2373.	**urban**	*a.* 도시의
2374.	**urbanized**	*a.* 도시화된

2375.	**tenement**	n. 공동주택
2376.	**tenant**	n. 세입자
2377.	**amenity**	n. 편의시설
2378.	**occupancy**	n. 주거, 주거인의 수
2379.	**occupation**	n. 점유
2380.	**occupant**	n. 주거인
2381.	**renovate**	v. 보수하다, 수리하다
2382.	**renovation**	n. 보수

25. 환경 Environment

2383.	**ecosystem**	n. 생태계
2384.	**ecology**	n. 생태학
2385.	**ecoterrorism**	n. 환경을 파괴하는 행위에 대한 대항
2386.	**ecotourism**	n. 생태 관광
2387.	**eco-friendly**	a. 친환경적인
2388.	**conservationist**	n. 환경 보호주의자
2389.	**conservationism**	n. 환경 보호주의
2390.	**conserve**	v. 보호하다
2391.	**environmentalist**	n. 환경 보호 운동가
2392.	**percolate**	v. 좁은 틈을 통과하다, 삼투하다

check! 1□ 2□ 3□ 4□ 5□

2393.	**percolation**	*n.* 삼투, 여과
2394.	**permeate**	*v.* 배어들다, 스며들다
2395.	**toxin**	*n.* 독성 물질
2396.	**seaweed**	*n.* 해초
2397.	**disposal**	*n.* 폐기, 처분
2398.	**pollution**	*n.* 오염
2399.	**pollutant**	*n.* 오염물질
2400.	**biosphere**	*n.* 생물권
2401.	**litter**	*v.* ~에 쓰레기를 버리다, 어지르다
2402.	**aquatic**	*a.* 수중의, 물속에 사는
2403.	**encroach**	*v.* 잠식하다
2404.	**encroachment**	*n.* 잠식
2405.	**acid rain**	산성비
2406.	**acid**	*n.* 산, 신 것
2407.	**sulphuric acid**	황산
2408.	**acidity**	*n.* 신맛, 산성도
2409.	**contaminant**	*n.* 오염물질
2410.	**deforestation**	*n.* 삼림 벌채, 남벌
2411.	**deforest**	*v.* 삼림을 벌채하다
2412.	**disaster**	*n.* 재난, 재해

2413.	**disastrous**	*a.* 재난의
2414.	**extinction**	*n.* 멸종
2415.	**extinct**	*a.* 멸종한
2416.	**submerge**	*v.* 물에 잠기다 *n.* 수몰
2417.	**radioactive**	*a.* 방사능의
2418.	**irradiate**	*v.* 방사능을 쪼이다, 빛을 비추다
2419.	**atmospheric pollution**	대기 오염
2420.	**atmospheric**	*a.* 대기의
2421.	**conservation**	*n.* (환경) 보호
2422.	**conservatory**	*a.* 보수적인
2423.	**contaminate**	*v.* 오염시키다
2424.	**contamination**	*n.* 오염
2425.	**oil spill**	석유 유출
2426.	**overpopulation**	*n.* 인구 과잉
2427.	**overpopulated**	*a.* 인구 과잉의
2428.	**food chain**	먹이사슬
2429.	**insecticide**	*n.* 살충제
2430.	**landfill**	*n.* 매립지
2431.	**incinerator**	*n.* 소각로
2432.	**incinerate**	*v.* 태워 없애다

#		
2433.	**reclaimed land**	간척지
2434.	**ecocide**	n. (대규모의) 환경 파괴
2435.	**exhaust**	n. 배기가스
2436.	**exhaust fumes**	유독한 매연
2437.	**industrial waste**	산업 폐기물
2438.	**radioactive waste**	방사능 폐기물
2439.	**hazardous waste**	위험한 폐기물
2440.	**nuclear waste**	핵 폐기물
2441.	**inadvertently**	ad. 무심코, 실수로
2442.	**render**	v. ~하게 만들다, 유발하다
2443.	**sustain**	v. 지속시키다
2444.	**sustainable**	a. 지속 가능한
2445.	**delicate**	a. 예민한, 미묘한
2446.	**delicacy**	n. 예민함, 별미
2447.	**delicatessen**	n. 조제식품 판매점
2448.	**terrestrial**	a. 지구의, 지상의
2449.	**deplete**	v. 고갈시키다
2450.	**depletion**	n. 고갈
2451.	**diffuse**	v. 퍼뜨리다, 스며들다
2452.	**diffusion**	n. 확산

 토플

2453.	**environment**	n. 환경
2454.	**extensive**	a. 광범위한
2455.	**incidence**	n. 발생건수
2456.	**inevitable**	a. 불가피한
2457.	**inevitably**	ad. 불가피하게
2458.	**inevitability**	n. 불가피함
2459.	**isolation**	n. 격리, 고립
2460.	**isolate**	v. 격리하다
2461.	**pollute**	v. 오염시키다
2462.	**emission**	n. 배기, 배출
2463.	**exhaust fumes**	배기가스, 매연
2464.	**prevalent**	a. 만연한
2465.	**prevalence**	n. 만연
2466.	**prevail**	v. 만연하다
2467.	**recycle**	v. 재활용하다
2468.	**recyclable**	a. 재활용 가능한
2469.	**disposable**	a. 1회용의
2470.	**disposables**	n. 1회용품
2471.	**release**	v. 유출하다, 흘려보내다
2472.	**shelter**	v. 피난처를 제공하다, 피신하다

check! 1□ 2□ 3□ 4□ 5□

2473.	**shield**	v. 보호하다, 막아주다
2474.	**vulnerable**	a. 취약한
2475.	**vulnerability**	n. 취약함
2476.	**catastrophe**	n. 재난, 재앙
2477.	**catastrophic**	a. 재난의
2478.	**concern**	n. 우려, 배려
2479.	**deliberately**	ad. 고의로
2480.	**disrupt**	v. 교란하다
2481.	**disruption**	n. 교란
2482.	**disruptive**	a. 교란하는
2483.	**emit**	v. 방출하다
2484.	**endanger**	v. 위험에 빠뜨리다
2485.	**exceed**	v. 초과하다
2486.	**excess**	n. 과다
2487.	**excessive**	a. 과다한
2488.	**exceedingly**	ad. 엄청나게
2489.	**heighten**	v. 높이다, 심화하다
2490.	**primarily**	ad. 주로
2491.	**primary**	a. 주된
2492.	**profound**	a. 심대한, 심오한

2493.	**roam**	v. 돌아다니다
2494.	**seep**	v. 서서히 흘러들다
2495.	**survive**	v. 생존하다
2496.	**survival**	n. 생존
2497.	**survivor**	n. 생존자
2498.	**verge**	n. 가장자리, 위기
2499.	**withstand**	v. 견디다
2500.	**abundant**	a. 풍부한
2501.	**abound**	v. 풍부하다
2502.	**abundance**	n. 풍부함
2503.	**altogether**	ad. 완전히, 합쳐서
2504.	**cling**	v. 달라붙다
2505.	**collectively**	ad. 집단으로, 모여서
2506.	**decay**	v. 부패하다
2507.	**generate**	v. 생산하다
2508.	**indigenous**	a. 원주민의, 토착의
2509.	**nearby**	a. 근처의
2510.	**outpace**	v. 앞지르다
2511.	**peril**	n. 위험
2512.	**detriment**	n. 피해

26. 예술 Art

#		
2513.	**authenticate**	v. 진품임을 입증하다
2514.	**authentication**	n. 진품 감정
2515.	**authenticity**	n. 진품
2516.	**masterpiece**	n. 걸작
2517.	**intuitive**	a. 직관적인
2518.	**intuition**	n. 직관
2519.	**sensitivity**	n. 감수성, 예민함
2520.	**sensitive**	a. 감수성이 예민한
2521.	**sensible**	a. 분별력 있는
2522.	**sensibility**	n. 분별력
2523.	**sensual**	a. 육감적인
2524.	**sensuality**	n. 육감적임
2525.	**sensuous**	a. 감각을 즐겁게 하는, 육감적인
2526.	**overture**	n. 서곡
2527.	**routine**	n. 안무
2528.	**choreography**	n. 무용
2529.	**choreographer**	n. 무용가
2530.	**improvise**	v. 즉흥적으로 만들다, 공연하다
2531.	**improvisation**	n. 즉흥 제작[공연]

2532.	**bead**	n. 구슬
2533.	**laureate**	n. 수상자, 명예를 부여받은 자
2534.	**patron**	n. (예술가의) 후원자
2535.	**patronize**	v. 후원하다
2536.	**fiesta**	n. (스페인·라틴아메리카의 종교상의) 축제, 성일(聖日)
2537.	**easel**	n. 이젤
2538.	**authentic**	a. 진품의, 진짜의
2539.	**conspicuous**	a. 눈에 띄는, 인상적인
2540.	**empathy**	n. 공감
2541.	**empathic**	a. 공감하는
2542.	**emulate**	v. 모방하다
2543.	**emulation**	n. 모방
2544.	**enchant**	v. 매혹하다
2545.	**esthetic**	a. 미학의, 미적인
2546.	**esthetics**	n. 미학
2547.	**ineffable**	a. 묘사할 수 없는
2548.	**infatuated**	a. 매료된, 무척 좋아하는
2549.	**infatuation**	n. 매료
2550.	**mold**	n. 거푸집

check! 1□ 2□ 3□ 4□ 5□

2551.	**mystical**	*a.* 신비주의의
2552.	**mysticism**	*n.* 신비주의
2553.	**mystify**	*v.* 신비롭게 하다
2554.	**spectacular**	*a.* 인상적인
2555.	**adorn**	*v.* 장식하다
2556.	**adornment**	*n.* 장식
2557.	**ornamental**	*a.* 장식적인
2558.	**functional**	*a.* 기능적인
2559.	**ornament**	*n.* 장식
2560.	**glitter**	*n.* 반짝임, 반짝이 *v.* 반짝이다
2561.	**array**	*n.* 포진, 다수 *v.* 정렬하다
2562.	**hue**	*n.* 색조
2563.	**intricate**	*a.* 복잡한, 얽힌
2564.	**intricacy**	*n.* 복잡함
2565.	**symmetry**	*n.* 대칭
2566.	**symmetrical**	*a.* 대칭의
2567.	**asymmetry**	*n.* 비대칭
2568.	**perspective**	*n.* 원근법, 관점
2569.	**portrait**	*n.* 초상화
2570.	**portray**	*v.* 묘사하다

2571.	**portrayal**	n. 묘사
2572.	**school**	n. 학파, 유파
2573.	**movement**	n. 운동
2574.	**abstract**	a. 추상적인 n. 추상화
2575.	**concrete**	a. 구체적인
2576.	**manner**	n. 작풍(作風)
2577.	**medium**	n. 표현 매체
2578.	**chisel**	n. 조각칼
2579.	**plaster**	n. 회반죽 v. 표면에 바르다
2580.	**bronze**	n. 청동
2581.	**carve**	v. 조각하다
2582.	**cast**	n. 거푸집, 주형
2583.	**weld**	v. 용접하다
2584.	**prodigy**	n. 신동
2585.	**execution**	n. 제작 과정, 제작 방식
2586.	**stylize**	v. 양식화하다
2587.	**stylization**	n. 양식화
2588.	**contemporary**	a. 동시대의, 현대의 n. 동시대인
2589.	**exhibit**	n. 전시, 전시물 v. 전시하다
2590.	**feature**	n. 특징

check! 1☐ 2☐ 3☐ 4☐ 5☐

2591.	**versatile**	*a.* 재능이 많은, 다목적의
2592.	**versatility**	*n.* 다재다능, 다목적
2593.	**accompaniment**	*n.* 반주, 동반
2594.	**accompany**	*v.* 반주하다, 동반하다
2595.	**aisle**	*n.* (극장 등의) 통로
2596.	**antique**	*a.* 골동품의 *n.* 골동품
2597.	**antiquated**	*a.* 구식의
2598.	**appreciate**	*v.* 진가를 인정하다, 제대로 감상하다
2599.	**appreciation**	*n.* 감상
2600.	**arrange**	*v.* 편곡하다
2601.	**arrangement**	*n.* 편곡
2602.	**bow**	*n.* 현악기의 활
2603.	**cacophony**	*n.* 불협화음
2604.	**cacophonous**	*a.* 불협화음의
2605.	**caricature**	*n.* 캐리커처, 풍자 만화
2606.	**chamber music**	실내악
2607.	**chiaroscuro**	*n.* 명암의 배합, 명암법
2608.	**chromatic**	*a.* 색채의, 반음계의
2609.	**composer**	*n.* 작곡가
2610.	**compose**	*v.* 작곡하다

2611.	**composition**	n. 작곡
2612.	**concerto**	n. 협주곡
2613.	**connoisseur**	n. 감정가, 전문가
2614.	**conservatory**	n. 음악학교
2615.	**deformation**	n. 변형, 〈미술〉 데포르마시옹
2616.	**deformed**	a. 변형된, 기형이 된
2617.	**deformity**	n. 기형
2618.	**emboss**	v. 돋을새김을 하다, 양각 무늬를 넣다
2619.	**etching**	n. 에칭, 부식 동판술
2620.	**etch**	v. 동판에 식각하다
2621.	**limpid**	a. 투명한, 맑은
2622.	**limpidity**	n. 투명함
2623.	**lithography**	n. 석판화 기법
2624.	**lithograph**	n. 석판화
2625.	**luminous**	a. 야광의, 색이 아주 밝은
2626.	**luminosity**	n. 야광
2627.	**luster**	n. 광택, 윤
2628.	**mason**	n. 석공
2629.	**masonry**	n. 석공술
2630.	**motley**	a. 잡다한

check! 1□ 2□ 3□ 4□ 5□

2631.	**uniform**	*a.* 균일한
2632.	**opaque**	*a.* 불투명한
2633.	**transparent**	*a.* 투명한
2634.	**translucent**	*a.* 반투명한
2635.	**pantomime**	*n.* 판토마임
2636.	**pigment**	*n.* 색, 색소
2637.	**pigmentation**	*n.* 생물의 색소 형성, 자연스러운 착생
2638.	**solemnity**	*n.* 엄숙함
2639.	**solemn**	*a.* 엄숙한
2640.	**threnody**	*n.* 비가(悲歌)
2641.	**vantage point**	전망 좋은 곳, 관점
2642.	**variation**	*n.* 변주, 변주곡
2643.	**lurid**	*a.* 색이 아주 밝은, 노골적인

27. 날씨 / 기후 Weather & Climate

2644.	**meteorological**	*a.* 기상의, 날씨의
2645.	**meteorology**	*n.* 기상학
2646.	**meteorologist**	*n.* 기상학자
2647.	**overcast**	*a.* 구름이 많은, 잔뜩 흐린
2648.	**parched**	*a.* 매우 건조한

 토플

2649.	**centigrade**	n. 섭씨
2650.	**Fahrenheit**	n. 화씨
2651.	**hail**	n. 우박
2652.	**weather bureau**	기상청
2653.	**bureau**	n. 관청
2654.	**counterclockwise**	ad. 반시계 방향으로
2655.	**clockwise**	ad. 시계 방향으로
2656.	**heat wave**	(장기간의) 폭서
2657.	**cold spell**	반짝 추위, 평소보다 추운 기간
2658.	**humidity**	n. 습도, 습기
2659.	**humid**	a. 습한
2660.	**arid humidify**	v. 습하게 하다
2661.	**dry out**	v. 건조하게 하다
2662.	**lightning rod**	피뢰침
2663.	**fallout**	n. 낙진, (예기치 못한) 결과
2664.	**frigid**	a. 매우 추운
2665.	**front**	n. 기상 전선
2666.	**frost**	n. 서리
2667.	**frosty**	a. 서리의
2668.	**frostbite**	n. 동상

check! 1☐ 2☐ 3☐ 4☐ 5☐

2669.	**gale**	*n.* 강풍
2670.	**gust**	*n.* 돌풍, 갑자기 오는 비
2671.	**deluge**	*n.* 홍수
2672.	**dew**	*n.* 이슬
2673.	**downpour**	*n.* (잠시 동안의) 폭우
2674.	**drizzle**	*n.* 이슬비
2675.	**drought**	*n.* 가뭄
2676.	**chilly**	*a.* 쌀쌀한
2677.	**chill**	*v.* 으슬으슬하게 하다 *n.* 쌀쌀함
2678.	**warm**	*a.* 따뜻한
2679.	**avalanche**	*n.* 눈사태, 쇄도
2680.	**atmospheric pressure**	기압
2681.	**barometric**	*a.* 기압의
2682.	**barometer**	*n.* 기압계, 변화의 지표
2683.	**below freezing**	영하의
2684.	**above freezing**	영상의
2685.	**freezing point**	어는점
2686.	**boiling point**	끓는점
2687.	**blast**	*n.* 돌풍
2688.	**blizzard**	*n.* 눈보라

2689.	**arid**	a. 매우 건조한
2690.	**aridity**	n. 건조함
2691.	**distribute**	v. 배분하다, 분포하다
2692.	**distribution**	n. 배분, 분포
2693.	**cloudburst**	n. (잠깐 동안의) 폭우
2694.	**mist**	n. 안개
2695.	**misty**	a. 안개의
2696.	**fog mist**	보다 짙은 안개
2697.	**scorching**	a. 무척 더운
2698.	**shiver**	v. 몸을 떨다
2699.	**sleet**	n. 진눈깨비
2700.	**sultry**	a. 습도가 높은, 무더운
2701.	**sweltering**	a. (짜증나게) 더운
2702.	**temperate**	a. 온대의, 온화한
2703.	**extreme**	a. 극심한
2704.	**tornado**	n. 토네이도
2705.	**trough**	n. 기압골
2706.	**monsoon**	n. 장마, 장맛비